見る＋読む＝わかる イラスト六法

わかりやすい訴訟のしくみ

弁護士 石原豊昭 著
弁護士 國部 徹 補訂
山川直人 絵

［改訂9版］

自由国民社

はしがき

「悪いことをしたら、お巡りさんに捕まるよ」と子供の頃に、言われ、子供心にもモットモな事に思えるから、納得したまま大人になる。とはいえ中学生ぐらいになると少しは考える。「悪いこと」って何だろう。イケナーイことは、みな悪いことだろうか。女の先生が体操服に着替えるのをミーチャッタ。なんだか胸がワクワクした。あれはヒョットするとお巡りに捕まることだろうか。まさかア。

やがて大人になると、女の先生を見るのが好きな面々も居はするが、それよりモット金が欲しい方へ重点が行く。ところが金の問題は千変万化、判断がむづかしい。泥棒や背任が悪い事は分かっているが、でも背任ってナンだろう。出張旅費をごまかすのも背任か。それとも詐欺か。スレスレで引っかからん方法もあるだろう。引っかからぬなら悪いことではないのか。子供の頃を思い出してみると、女の先生が体操服に着替えるのを見たとき、先生は気がつきながらキャアとも言わなかった。それどころかハハハと笑ったではないか。こっちはワクワクしてイケナーイ悪漢になったような気がしたが、大したことではなかったらしい。

してみると一事が万事だ。すこし気がとがめるくらいがなんだ。なんだとは思うがヤッパリ気になる。もし問題になるとしたら、どんな形で問題になるのか。と、さすが大人だから、心配の仕方も具体的となる。甚だモットモな心配であって、現実の世界では、それがナニ罪かよりも、どんな形でコトが起こるのか、呼出がくるのか、それとも朝イキナリ刑事が踏み込んでくるのか、新聞に出るだろうか、という成り行きの方が差し当たっての気がかりとなる。つまり人生の現実では、まず手続きの方が重大事となる。

この手続きを定めた法律を手続法という。手続法は二つに分かれる。

民事問題についての手続法を民事訴訟法という（人事訴訟法や行政事件訴訟法もこのジャンルだ）。もし冒頭の件で女の先生から慰謝料を請求されるならば手続きは民事訴訟法によることになる。訴訟ではないが、調停や審判・非訟事件などの手続きもある。刑事問題については刑事訴訟法や少年法がある。これは裁判手続きだけでなく、警察や検察庁からの呼出や取調、逮捕、家宅捜査など捜査段階のこと（少年法には家庭裁判所などの手続き）も規定してある。捜査に続いての刑事裁判（法廷）のことも、もちろん規定してある。

このように実際の事件では、民事事件にせよ刑事事件にせよ、手続きの方がまず重大である。新聞を読むにしても興味がもてる。本書はその醍醐味を、絵、図、文の三拍子で知って頂こうとするものである。難しいことを易しく知るのであるからコツがいる。まずサラサラと見て、あと興味のある部分を繰り返し読んで欲しい。

今回の改訂では、非訟事件手続法、家事事件手続法（旧家事審判法）の改正に伴う内容の改変など全ページの見直しを行った。

さて、やっと本書が出来たが、内容面については細かい点に不満があろう。その点は拙作である『訴訟は本人で出来る』、『債権なにがなんでも回収法』などを参照されたい。

最後に担当の方々に厚く御礼を申し上げる。

平成二五年二月

著者記す

改訂版はしがき

旧版から七年経ちました。インターネットで情報を集めることが日常的になり、誰でも「何かしら」の情報は得られる時代になりました。しかし、とっつきやすい情報が正確であるとは限らず、かといって、正確さにこだわるとわかりにくくなってしまいます。

この本は、わかりやすく正確な情報提供を心がけたものです。

詳しい知識は別の書物に譲り、イラストで訴訟の流れをつかんでいただきたいと思います（特に、刑事手続のストーリーはリアルで秀逸です！）。

なお、本書は、令和二年四月に施行される債権法の改正に対応しています。

令和二年四月

補訂者記す　國部　徹

目次

債務

証拠

勝訴

巻頭・訴訟の基礎知識

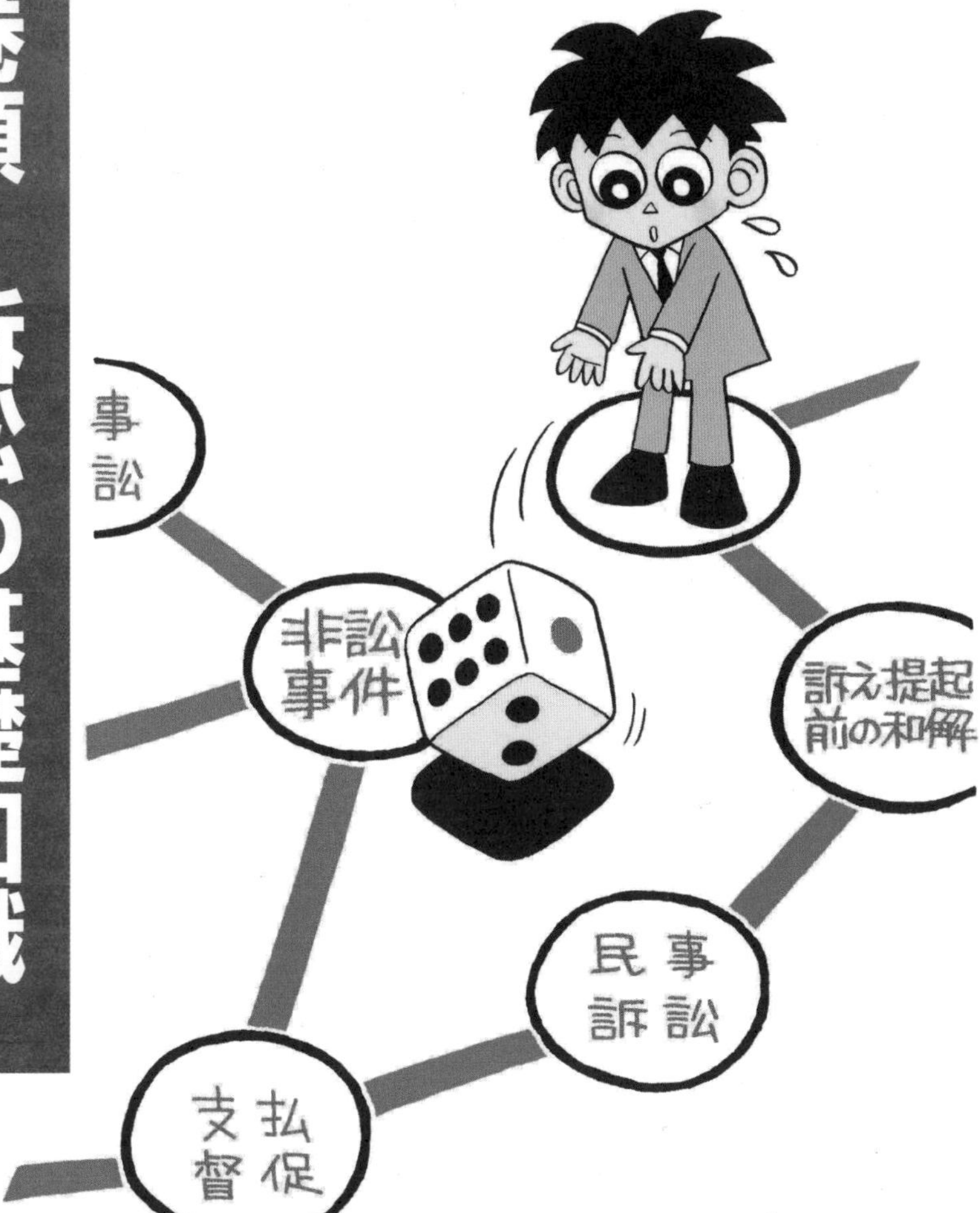
事
訟
非訟事件
訴え提起前の和解
民事訴訟
支払督促

第1章　紛争解決と裁判手続き

訴訟とは、司法権を有する裁判所の行う裁判によって、争訟を法律的に解決してもらうための手続きのことを言います。

訴訟を解決する機関としての裁判所は、民事・刑事・行政事件などの一切の争訟を裁判する権利を持っています。

訴訟法は、裁判所の行う訴訟手続きを円滑に行うためのルールを定めたものです。

1 訴訟と裁判の関係

紛争
そんなの知らないよん
法律的な手段で解決するしかないな…
X法律事務所
こうなったら裁判だ…！
裁判といってもいろいろあるのですよ
裁判っていえば原告と被告が争って裁判官が判決を下す
あれじゃないんですか？
それもそうですがそれだけではありません
事件や紛争にいろいろな形態があるようにそれを解決する裁判手続きもいろいろあるのです
本書では訴訟など各種の裁判手続き全体を解説していきます

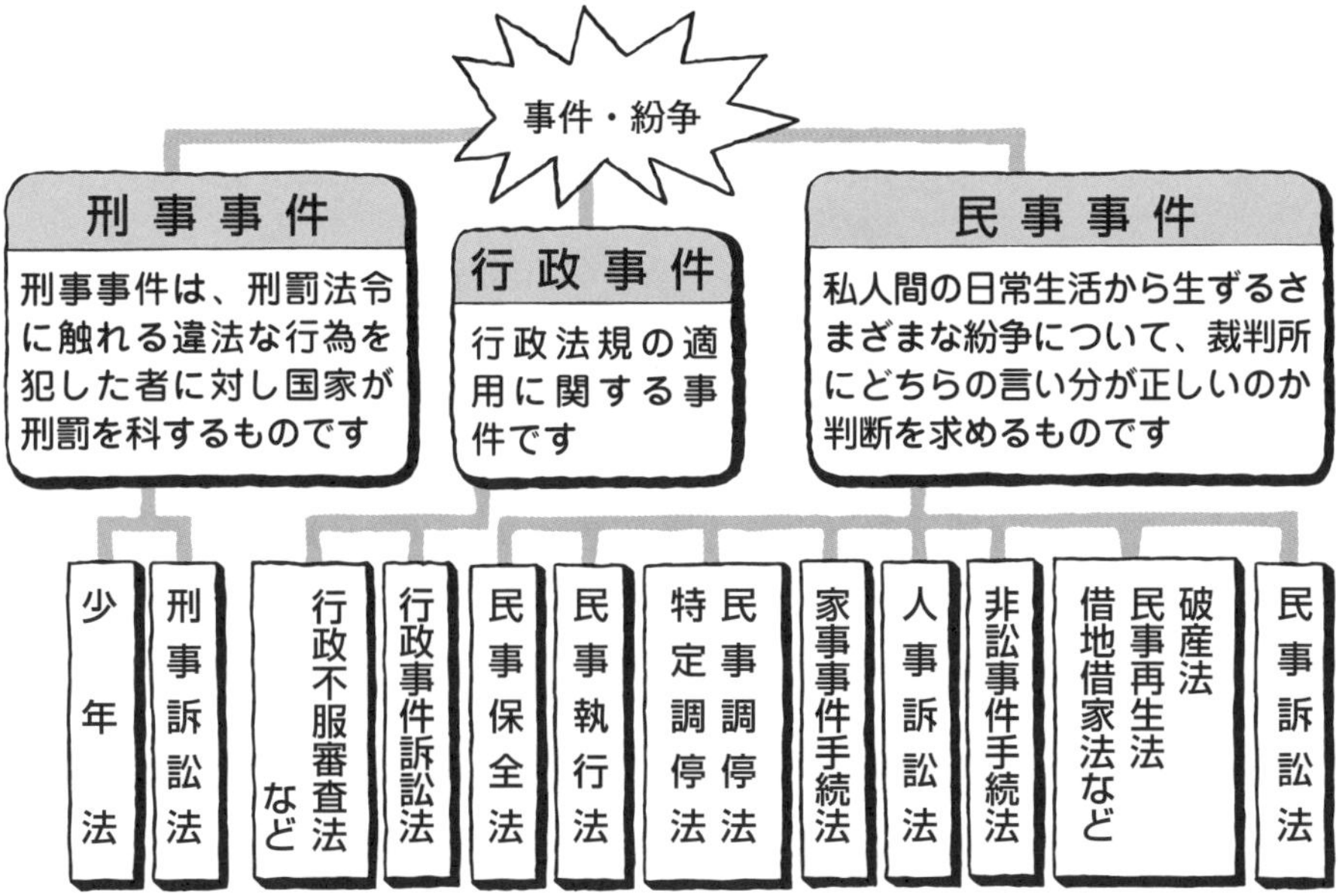

●裁判とは何か

世間で一般にいわれている「裁判」とは、具体的な紛争を解決するために「訴訟」を起こし、司法機関である裁判所、または裁判官が行なう「判決」などの法律行為によって白黒をつけることのようです。

しかし、訴訟法上の「裁判」の定義は、もっと広い概念です。裁判所の行う法律行為の中には、「判決」のほかに「決定」があり、また、裁判官の下す「命令」なども入ります。さらに、「判決」の中にも、「最終的な判決」と審理の途中でなされる「中間判決」などがあります。

●訴訟とは何か

「訴訟」とは、公権力（裁判権）の行使である裁判によって原告・被告間に生じた紛争・利害の衝突を法律的に解決するために、法律の適用を裁判所に求めるためになされる手続きのことをいいます。

「訴訟」は、その対象とする事件の性質によって「民事訴訟」「刑事訴訟」「行政訴訟」などの区別があります。各訴訟の手続きの詳細については、民事訴訟法、刑事訴訟法などの法律に定められています（上図参照）。

Q 実体法と手続法の関係は

訴訟は、法律を適用することで、紛争を解決する手続きですが、適用される法律には、実体法と手続法の二種類があります。

実体法とは、紛争の中身である、権利・義務の発生・変更・消滅の要件を定めた法律です。民法や刑法などがこれにあたります。

また、裁判において、裁判手続きを円滑に行うためには、一定のルールが必要です。このように、権利・義務の具体的な実現のための手続を定めた法律を手続法といいます。手続法には、民事訴訟法、刑事訴訟法などがあります。

2 裁判の公開原則

さて、訴訟となれば
それが公開の法廷で
行なわれることを
覚悟する必要が
あります
公開？
公開原則
裁判所
裁判所は正しく公平に行なわれなければ
なりません。そこで、裁判を公開にして
「裁判権」という公権力を行使する裁判所
を監視できるようになっているのです。
一方、これは
訴訟の当事者に
とっても紛争の
内容が公開される
ということです。
傍聴席
私人間のトラブル
が公開の法廷で
裁かれることに
なるのです。
ただし、すべての裁判が公開で行なわ
れるわけではありません
当事者のプライバシーにかかわるもの
などは、原則、非公開で行なわれます
家事審判・調停上の事件
非訟事件
ウーム
裁判にもいろいろ
あるんだな…
俺の紛争の
場合はどう
なるんだろう？
個々の紛争に
ついてどのような
解決手段があるか
次の章をご覧
下さい

手続／項目	民事訴訟手続	非訟事件手続
当事者	二当事者対立が原則（対審構造）	二当事者対立を必ずしも前提としない（対立構造をとらない）
処分権主義	適用あり（31ページ参照）	部分的に排除される
弁論主義	適用あり（35ページ参照）	職権探知主義がとられる
手続の公開	原則、公開（口頭弁論）	原則、非公開（審問）
裁判所の判断	①判　決 ②判決には理由を付す（253条）	①決　定 ②決定に理由の要旨を付す（非訟57条）
上訴	控訴・上告（三審制）	抗告（実質上の二審制）

●裁判の公開原則

裁判における口頭弁論や判決については、公開の法廷でこれを行なうという公開原則が憲法82条において規定されています。裁判は国民のすべてに対し、正しく、公平に行なわれなければならないからです。

特に、刑事裁判において、過去に密室裁判が行なわれることで国民の人権が侵害されたことがありました。そこで、裁判を公開にして、国民ならば誰でも裁判を傍聴できることにして、「裁判権」という公権力を行使する裁判所を監視できるようにしたのです。

●訴訟事件と非訟事件（上表参照）の原則

しかし、裁判のすべてが公開されるというわけではありません。

さまざまな紛争の中には、当事者のプライバシーに関わる性質のものもあります（清算、家事審判上の事件、借地非訟など）。

そのような性質の事件についてまで公開の法廷で行なわなければならないとすると、迅速に紛争を解決することができなくなってしまいます。そこで、訴訟事件と非訟事件を区別して、非訟事件については、公開の法廷で手続きを行なわなくてもよいことになっています。

Q　三審制度とはどんな制度か

同一事件について、三審級での審理および裁判を受けることを認める審級制度のことを三審制度といいます。

三審制においては、原則として判決手続においては控訴・上告を認め、決定手続においては、抗告・再抗告を認めています。

しかし現在では、民事訴訟において特別上告・特別抗告が認められたり、刑事訴訟において、上告審を憲法違反・判例違反に限るなど、三審制度はかなり修正されています。

第2章　各種紛争と解決法

訴訟には、時間と費用がかかります。時間と費用をかけずに、迅速に紛争を解決したいと考えているのであれば、紛争を解決するにあたり、訴訟を起こすことが最上の手段とはいえない場合もあります。そこで、訴訟以外の紛争解決手続きとその活用の仕方について、各紛争ごとにあらかじめ知っておく必要があります。

★具体的な紛争解決の手段

私の紛争の場合どうしたらいいんでしょう?
まず紛争の性格をよく検討して最善の方法をとることです
たとえばだまされて100万円損をしたとします
だまされた…
詐欺罪で訴えるのは刑事事件
刑事事件
民事事件
100万円の損害賠償金を支払えと訴えるのは民事事件です。
裁判所
捜査機関
民事事件
刑事事件(告訴)
民事か刑事かあるいは両方で訴えるかを考える必要があります。このように、同じ事件であってもいろいろな側面から訴訟等を起こすことが可能なのです。
また、紛争解決の方法は訴訟だけではありません
調停、和解などの手もあります
次のページから具体的な事例に即し、その解決方法を紹介します

1 金銭賃借のトラブル

貸主はまず「内容証明郵便」（144ページ）で催告をします。催告しても借主が応じないときは「支払督促」（154ページ）、「公正証書」（146ページ）による「強制執行」（158ページ）を図ります。話合いによる解決を望む場合は「民事調停」（66ページ）や「訴え提起前の和解」（70ページ）をすることもできます。これらの手続きでの解決が難しいようなら「民事訴訟」（24ページ）で勝訴判決を得て、強制執行をすることになります。
借主に支払能力がないときには、借主自ら「自己破産」（84ページ）や「民事再生」（90ページ）によって債務からの解放を図ることも考えられます。

2 手形・小切手のトラブル

訴訟以外の方法で紛争を解決したいと思うなら「民事調停」（66ページ）や「支払督促」（154ページ）を申立てることです。しかし、民事調停や支払督促で解決できないときは「手形・小切手訴訟」（74ページ）を提起するのが一般的です。勝訴判決を得れば「強制執行」（158ページ）ができるのはもちろんですが、訴訟提起前に保全処分をすることもできます。
手形・小切手訴訟で解決できない場合には、通常の「民事訴訟」（24ページ）を提起することになります。

3 借地・借家のトラブル

借主が賃料を払ってくれないときなど、貸主はまず「内容証明郵便」（144ページ）で通知します。効果のないときは、「民事調停」（66ページ）を申立て、あるいは、「民事訴訟」（24ページ）で争うことになります。

貸主の不当な明渡し要求などについては、「民事調停」（66ページ）の申立てや「民事訴訟」（24ページ）で争います。

貸主が賃料の受取を拒否した場合、借主は「供託」（162ページ）で対処します。

なお、借地をめぐるトラブルは、形態によって「借地非訟手続き」（80ページ）で解決を図ることもできます。

4 不動産売買のトラブル

まずは「内容証明郵便」（144ページ）で催告をします。催告しても効果がないときは「民事訴訟」（24ページ）で解決することになります。判決までに時間がかかるので「保全処分」（150ページ）をしてもらうこともあります。話合いによる解決を望むなら「民事調停」（66ページ）や「訴え提起前の和解」（70ページ）などがあります。

5 商取引のトラブル

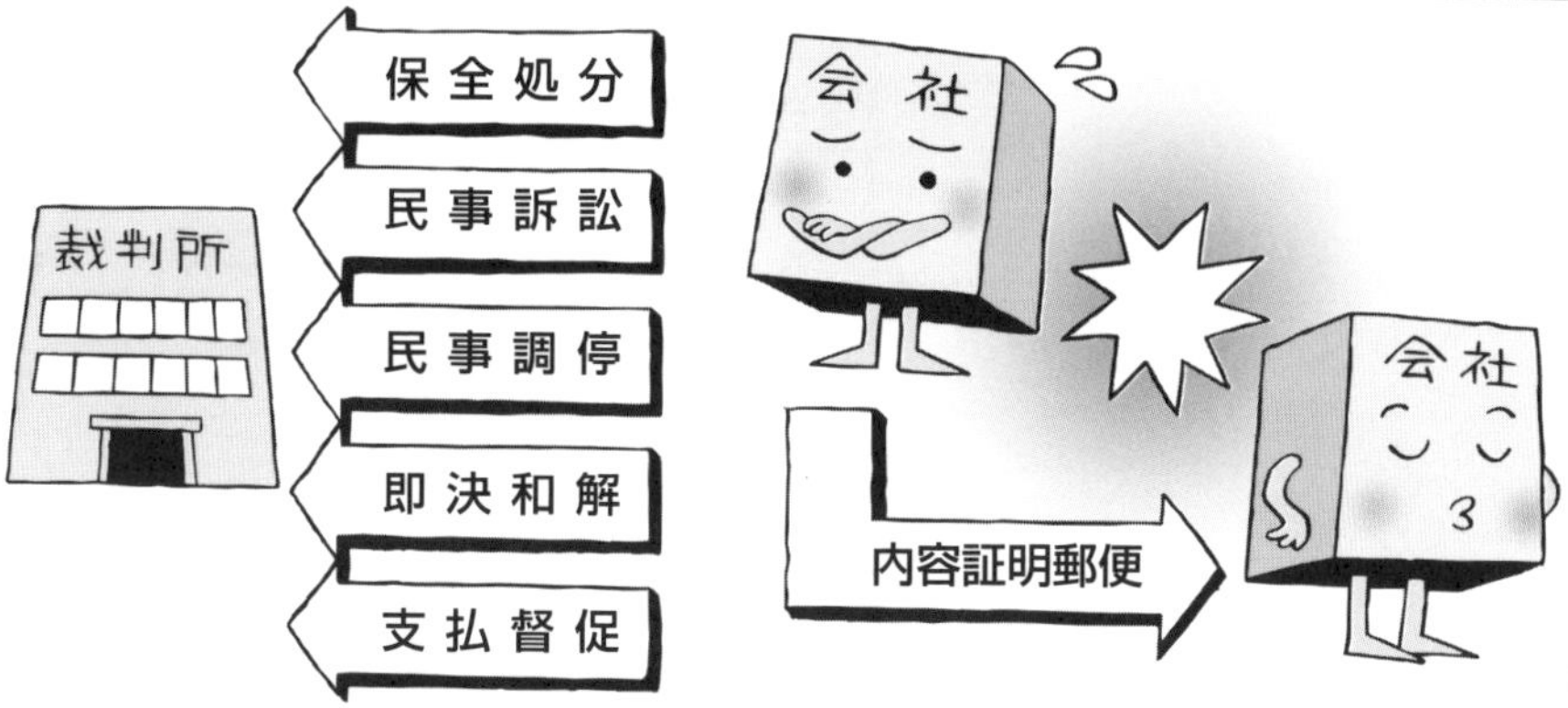

まずは「内容証明郵便」（144ページ）で通知をすることです。それでも効果がないときは「保全処分」（150ページ）の手続きをとったり、「民事訴訟」（24ページ）を提起することができます。訴訟以外の方法で迅速に解決を図りたいときは「民事調停」（66ページ）、「訴え提起前の和解」（70ページ）、「支払督促」（154ページ）などの手続きがあります。

6 隣地・隣家のトラブル

※境界争いについては、筆界特定制度があります。詳しくは法務局でお尋ねください。

近隣に関係する紛争については、権利関係がはっきりしない場合もあり、「民事調停」（66ページ）が適していることがあります。調停を申立てて不成立となった場合には、「民事訴訟」（24ページ）を提起し、勝訴判決を得て「強制執行」（158ページ）することになります。迅速に解決しなければならない場合には、判決を得て強制執行するには日数を要するので、「保全処分」（150ページ）を利用することもあります。

7 家庭内のトラブル

家庭内のトラブルは、いきなり訴訟で解決することはできません。各トラブルの類型によって家庭裁判所で「家事調停」または「家事審判」（54ページ）を受けます。家事調停で解決できないときには「家事審判」や「人事訴訟」、「民事訴訟」（24ページ）で解決することになります。

婚約破棄、内縁破棄、遺産分割などは「家事調停」によって解決を図るのが一般的です。家事調停でも紛争が解決しないときには紛争の種類により「家事審判」または「人事訴訟」「民事訴訟」によることになります。

8 男女間のトラブル

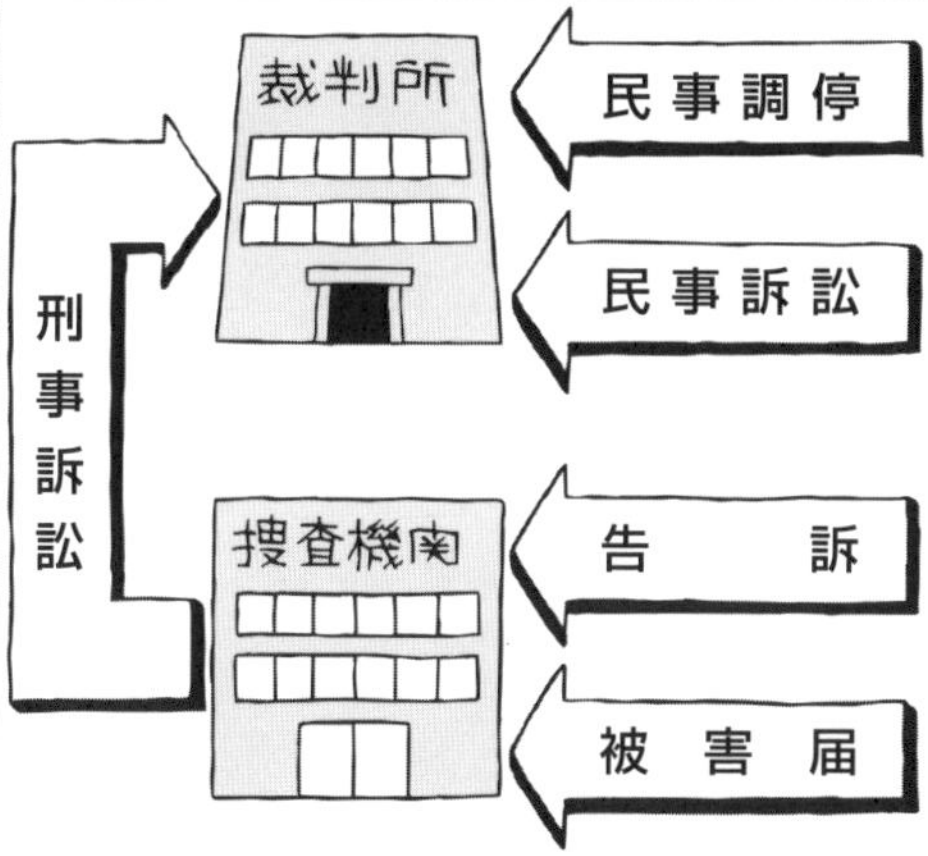

慰謝料などの損害賠償事件の場合には「民事訴訟」（24ページ）による解決が考えられます。訴訟以外の方法で解決したいのであれば「民事調停」（66ページ）などの手続きをとります。
なお、詐欺などの犯罪行為にまで進展すると刑事事件として「刑事訴訟」（114ページ）で裁かれることになります。

9 事故などの損害賠償のトラブル

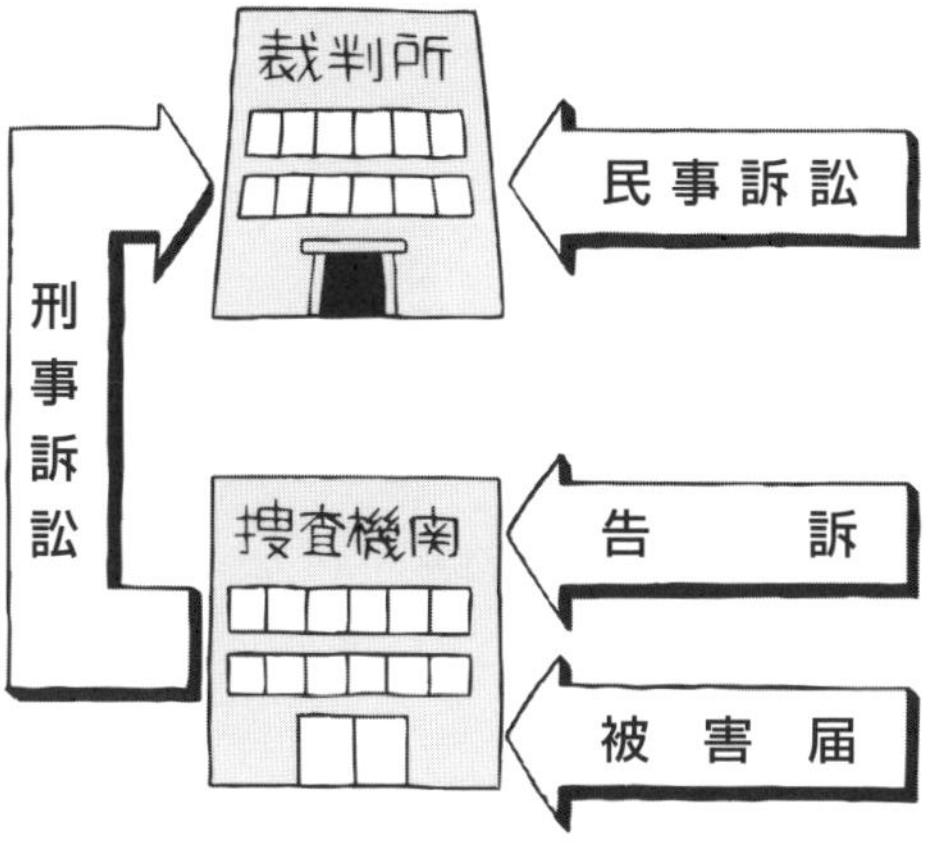

私人間のトラブルであれば「民事訴訟」（24ページ）によります。相手が国や公共団体の場合は「国家賠償」（111ページ）を起こすことも可能です。事故により被害者が出たり被害があれば犯罪とされ、刑事事件として「刑事訴訟」（114ページ）が提起されることもあります。

10 悪徳商法をめぐるトラブル

示談による解決を望むとき、示談書は「公正証書」（146ページ）にしておくべきでしょう。また、当事者だけでは解決がつかないときには「民事調停」（66ページ）を申立てることもできます。この他、損害額の返還等では「支払督促」（154ページ）の申立てによる解決もできます。訴訟で解決したいときは「民事訴訟」（24ページ）を提起します。なお、相手方の行為が犯罪にあたるときは「刑事訴訟」（114ページ）になることもあります。

11 交通事故のトラブル

刑事事件として「刑事訴訟」（114ページ）で裁かれることもあります。しかし、迅速な解決が必要なため、通常の刑事訴訟の手続きを簡易にした略式起訴という形式で行なわれることもあります。
その他、「民事訴訟」（24ページ）により損害賠償などを求めることができます。

⑫ 職場のトラブル

労働契約、労災など個別的労働関係紛争については、まずは総合労働相談コーナー(都道府県労働局、労働基準監督署などにあり)、労政事務所(都道府県による設置で名称が異なる所がある) へ相談をします。また、紛争調整委員会のあっせんを申請したり、「労働審判」手続きを申し立てることもできます (96ページ)。最終的には紛争の形態に応じて「民事訴訟」(24ページ)、「行政訴訟」(106ページ) を提起します。

労働組合と使用者との間のトラブルについては、労働委員会や労政事務所により解決をはかり (96ページ)、それでも解決できない場合は、紛争の形態に応じて民事訴訟、刑事訴訟、行政訴訟をそれぞれ提起します。

⑬ 国や公共団体とのトラブル

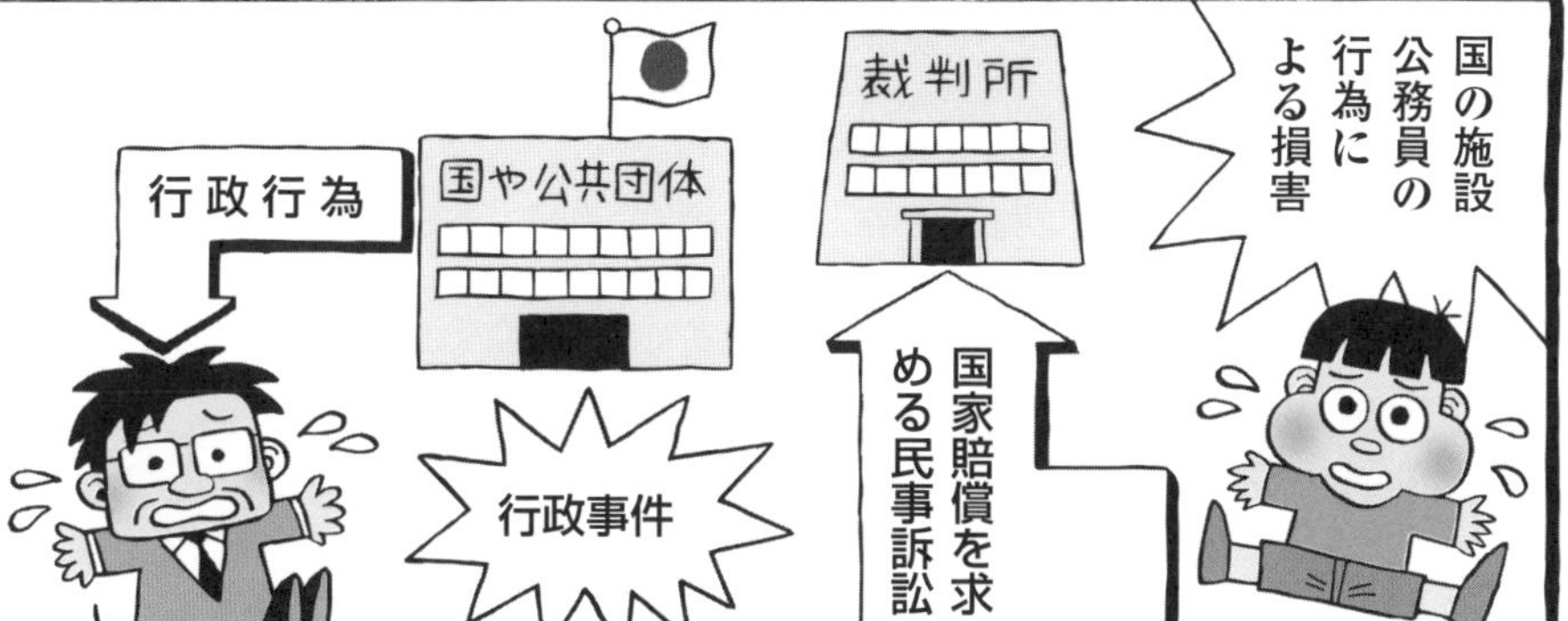

土地の収用や税金の賦課など、国や公共団体の行政行為に不満のあるときは「行政事件」(106ページ) として国や公共団体に対して不服を申立てます。最終的に行政訴訟を申立てる場合もあります。

国や公共団体の施設や公務員の行為によって損害を受けたときは、国や公共団体に対して「国家賠償」(111ページ) を求めることができます。

14 犯罪を処罰する手続き

「刑事訴訟」（114ページ）は、犯罪が発生し、捜査機関による捜査を経て検察官の起訴がなければ始まりません。捜査は、告訴・告発や検視、第三者からの通報などにより開始されます。起訴後に公判が始まり判決に至ります。また、犯罪により被害があれば「民事訴訟」（24ページ）も提起できます。なお、平成21年5月から、「裁判員制度」が始まっています。

15 少年事件の処分の手続き

いわゆる非行（犯罪）少年には「少年法」が適用され、「少年保護事件」（136ページ）として処分されます。

14歳未満の少年の場合には、補導、児童相談所への通告・指導や家庭裁判所の審査などがあります。14歳以上20歳未満の少年の場合には、家庭裁判所の審判が一般的ですが、刑事処分相当の場合は「刑事訴訟」（114ページ）として起訴されます。

このほか
- ▶民事上の時効（102ページ）
- ▶刑事事件の時効（140ページ）
- ▶弁護士の依頼（170ページ）

をご覧下さい。

第一部・民事事件と行政事件の解決手続き

第1章　民事訴訟の起こし方

民事訴訟は、私人間の生活上のトラブルを、国家の裁判権によって法律的かつ強制的に解決するための訴訟手続きです。

民事訴訟は、大きく分けると訴えを提起してから判決を得るまでの手続きと、判決を得てから強制執行するまでの手続きに分けられます。このうち、狭義の意味の民事訴訟とは、訴えから判決までの手続きのことをいいます。

1 民事訴訟のしくみ

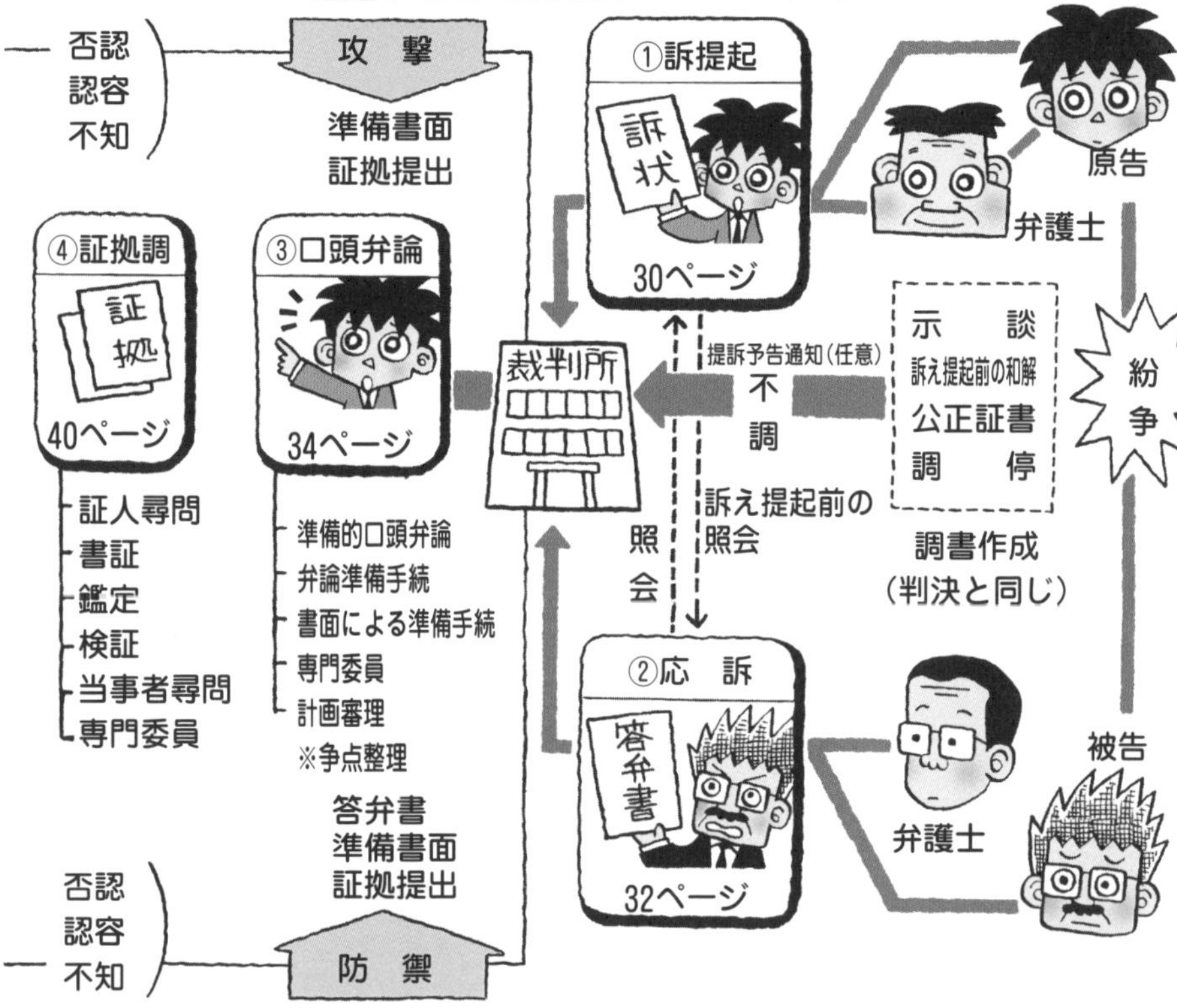

①民事訴訟は、原告が「訴状」という書面を作成して、管轄の裁判所に提出することによって開始されます。

②これに対し、被告は、「答弁書」を提出し、反論を詳しく記載します。

③口頭弁論期日には、原告・被告が法廷に出頭し、口頭でそれぞれの主張を陳述します。争点・証拠を整理する必要があるときは、事前に準備的口頭弁論、弁論準備手続などに付し、整理を行ないます。

④原告・被告双方の主張があらかた提出され、事件の輪郭が整理されると、どちらの主張が正しいかを決定するため証拠調べが行なわれます。

●訴えの種類

民事訴訟には、給付訴訟、確認訴訟、形成訴訟の三つの類型があります。

給付訴訟とは、物の給付や人の作為等を求める訴えです。たとえば、貸金の返還を求める訴え、騒音防止用の柵をつくれと求める訴えがこれにあたります。

確認訴訟とは、権利や法律関係の確認を求める訴えです。たとえば、土地の所有権の確認を求める訴え、宗教法人の理事たる地位にあることの確認を求める訴えがあります。

形成訴訟とは、新たな法律関係の形成を求める訴えです。認知を求める訴えや株主総会の決議の取消を求める訴え等があります。

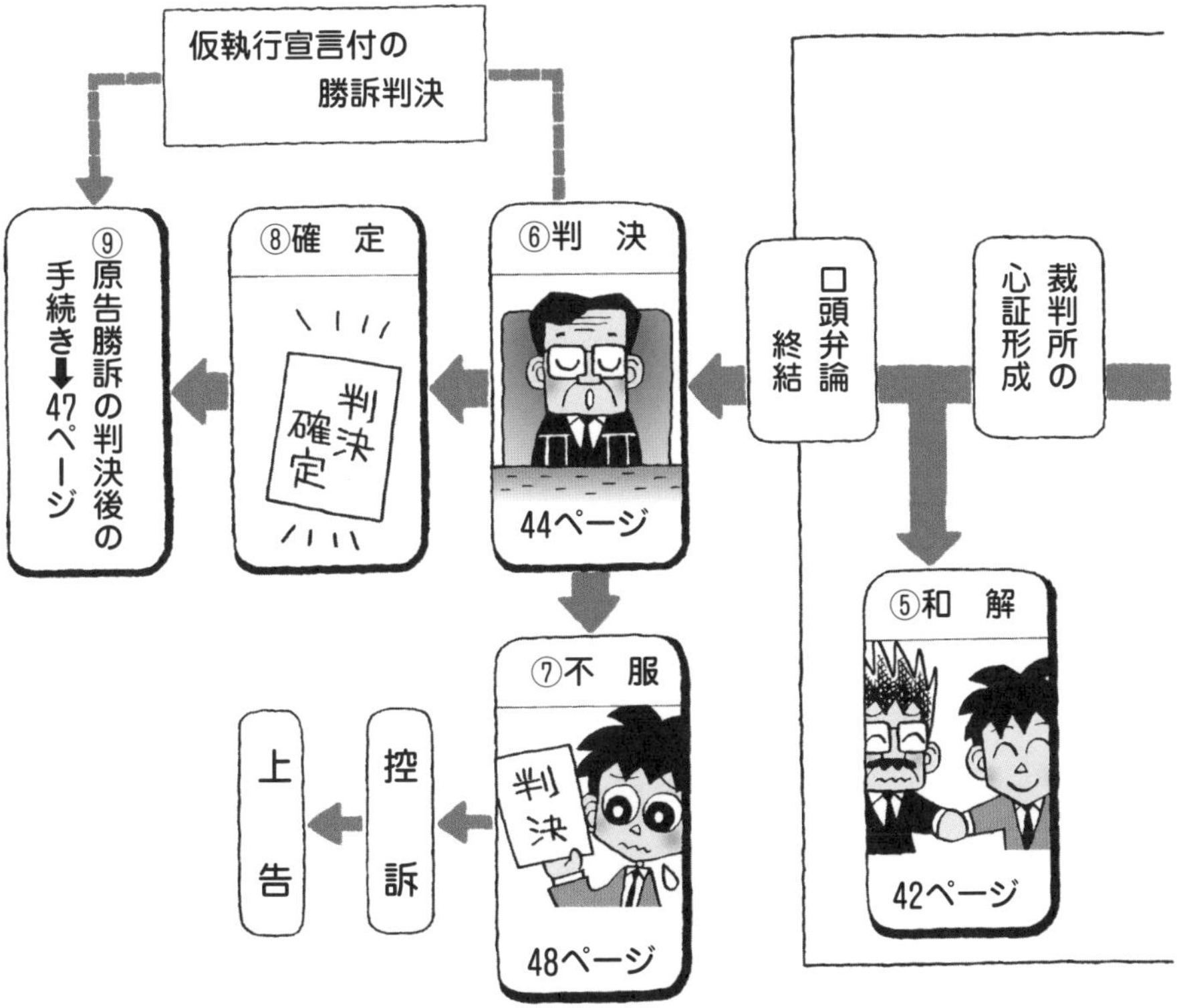

⑤訴訟の途中、判決の前に、原告・被告が話合いによって歩み寄り、和解をすることもできます。

⑥口頭弁論が終結すると、判決が言渡されます。その数日後には、原告・被告のもとへ判決正本が送達されます。

⑦判決の内容に不服のときは、判決送達後14日以内に控訴の申立てをします。

⑧判決送達後14日以内に控訴の申立てがなければ、その判決は確定します。

⑨原告勝訴の場合、訴訟の目的によってそれぞれ判決後の手続きをとります。判決に仮執行宣言が付いている場合は、判決の確定を待たずに強制執行の手続きがとれます。

2 訴訟にかかる費用と時間

頼む200万円貸してくれ！生きるか死ぬかなんだ…
僕だって決して楽なわけじゃないんですよ
ありがとうこれで首がつながる
じゃあ借用書書くよ
僕とあなたの仲で借用書なんて…
甲野くんはそう言いましたが数日後乙山さんは念書を書いて郵送してきました。
金・二百萬円お貸りしました。平成○年×月△日までに返します。乙山B作
数年後…
ああ困った仕事はうまくいかないし
女房は病気だ金がない
そうだ！乙山さんに貸してるんだ返してもらおう！
うわっ！立派な家建てたな
乙山さん成功しましたね…
誰かと思ったら甲野か
実は…カクカクシカジカこういうわけで金が必要なんですあの200万円返して下さい
200万円？借りてないぞ
そんな…念書だってホラ！
書いたおぼえも送ったおぼえもないね
ムムム…
こうなったら意地だ！訴訟を起こすぞ
ばかめ！訴訟には金と時間がかかるんだ
左のページを見ろ！

収入印紙

裁判所に提出する訴状の正本に、訴額に応じた額面の収入印紙を貼ります。

予納郵券

訴状の副本を相手方に送達する費用や、法廷の期日に出頭を命じる呼出費用などを、郵便切手で予納します（東京地裁＝相手一人あたり6000円）。

その他

また、証人尋問、鑑定、検証などを行なうことになれば、それを申立てた側が、その費用を予納することになります。

訴訟のバランスシート（200万円請求の場合）

㋑訴訟費用………3～5万円
㋺弁護士費用
㋩手取り費用……200万円－（㋑＋㋺）

訴訟で取れる額 －（ 訴訟の経費 ＋ 時間・労力 ）＝ 訴訟の利益

●訴訟には予想外の費用がかかる

訴訟を起こすのは当人の自由ですが、訴訟には予想外の費用と時間、労力がかかることを覚悟する必要があります。訴訟には勝っても、相手から取った金銭などより、訴訟にかかった費用、労力の方が大きいというのでは何にもなりません。また、勝訴判決を得て強制執行を行なうことになれば、強制執行の費用もかかります。

訴訟はビジネスです。上の計算式をご覧下さい。勝訴の見込みがどのくらいあるか。勝訴したとして「訴訟の利益」はどのくらいか。「訴訟の利益」が大きければ有利なビジネスである訴訟を起こすべきです。

「訴訟の利益」が小さい（または赤字）ようなら訴訟以外の紛争解決法を考えるべきです。

訴訟以外の紛争解決法としては、

・民事調停➡66ページ
・訴え提起前の和解➡70ページ

などがあります。

Q 弁護士費用は訴訟費用に含まれるか

裁判にかかった費用は、裁判に負けた方から取ればよいという考えを持っている人は多いと思います。

実際、民事訴訟法では、「訴訟費用は、敗訴の当事者の負担とする」と定めています（六一条）。しかし、弁護士に払った着手金・報酬金もすべて訴訟費用として敗訴した相手から取れると考えているとすればそれは誤解です。

訴訟費用というのは、訴えを起こすときに訴状に貼る印紙代とか、その訴訟に出頭した証人、鑑定人等に払う旅費、日当、鑑定料などの訴訟実費をいいます。

従って、訴訟に勝ったとしても、弁護士費用は訴訟費用に入らないため、相手方に負担させることはできないのです。なお、弁護士会の報酬基準が廃止されたので、弁護士費用は弁護士との交渉で決めます。

3 訴える前の準備

訴訟を決意した甲野くんは弁護士会の紹介でX弁護士の法律事務所を訪ねました。
よろしくお願いします…
訴訟を起こす前に確認しておくべきことがあります
まず、訴訟能力の確認です。原告・被告には誰でもなれますが、実際に訴訟行為ができるのは訴訟能力のある人だけです。未成年者などが原告・被告になるときは、代理人をたてる必要があります。
代理人
未成年
あります♡
訴訟能力
次に、相手の支払能力の確認です。支払能力のない相手を訴えても無意味です。
また、相手が財産を隠したりする気配があるときは、訴訟を起こす前に保全手続き（⬇150ページ参照）をとる必要があります。
支払能力
さらに、相手の名前、住所地を確認します。ことに、相手が会社などの法人の場合は注意が必要です。
株式会社
訴訟を起こす裁判所は、第一審は地方裁判所または簡易裁判所
原則として、被告の住所地・居所を管轄する裁判所に起こします。
簡易裁判所
・訴額が140万円以下の訴訟（不動産事件を除く）
・訴額が60万円以下の金銭の少額訴訟
地方裁判所
・訴額が140万円をこえる訴訟
・不動産に関する訴訟
・刑事訴訟（⬇114ページ参照）
家庭裁判所
・家事事件の調停・審判（⬇54ページ参照）
・家事事件で調停が不調に終わった場合・人事訴訟（⬇56ページ参照）
・少年の保護事件（⬇136ページ参照）
※ただし、簡易裁判所の管轄事件でも、当事者の申立てで地方裁判所に移される場合があります。

●法定代理人で訴訟をするとき

子供（未成年者）や成年被後見人は「訴訟能力」を有せず、自分で訴訟行為はできません。

このような場合は、原告（または被告）は未成年者や成年被後見人ですが、実際の手続きはそれぞれの親権者や後見人が法定代理人として訴訟行為をすることになります。

訴状などの書面を出すときは、両者を並べて記載することになります。

法定代理人のいない者を訴えるときは、裁判所へ特別代理人の選任を申立てることができます。

●弁護士を代理人にするとき

訴訟を起こす際に、弁護士を依頼するかどうかは自由です。ただし、代理人により訴訟をする場合、地方裁判所以上の裁判所での訴訟（訴額が140万円をこえる訴訟）は、弁護士でないと代理人として認められません。なお、簡易裁判所では司法書士あるいは許可を得ればその他の人も代理人となれます。

●同一人に対して複数の問題があるとき

一人の相手に対して、いくつもの訴訟を起こしたい場合があるものです。そのようなときは、ひとつの訴状で一度に併合して訴えを起こします。

●ひとつの訴状で何人をも相手に

訴える相手が数人いる場合も、同じ内容の訴訟なら、ひとつの訴状で一括して訴えを起こすことができます。

●訴える裁判所を間違えたら

管轄の異なった裁判所に間違えて訴えた場合は、「管轄違い」として正しい管轄裁判所に移送され、そこで審理されます。却下されることはありません。

●家事事件と人事訴訟は家庭裁判所へ

家事調停の対象事件は、家庭裁判所の調停を経ないと、訴訟を起こすことはできません。これを「調停前置主義」といいます。人事訴訟は家庭裁判所に提起します（➡56ページ参照）。

Q 裁判の管轄はどうなっているのか

・諸種多数の裁判所間の裁判権の分担の定めで裁判所ごとに決まっています。

専属管轄
とくに公益的要求の強いものについて特定の裁判所に裁判権を行使させる場合。

合意管轄
原告・被告両当事者が合意することで生ずる裁判の管轄で「第一審に限り」認められます（民訴法一一条）。
東京と大阪の間、名古屋で裁判をする場合などです。

管轄違い
受訴裁判所が、管轄権を有しない状態をいい、応訴管轄が生じない限り、管轄裁判所に移送されます。

応訴管轄
管轄違いの訴えに、被告が異議を述べずに応じるため生じる管轄。民訴法では第一審で専属管轄の定めがない場合に認められています（一二条・一三条）。

4 訴状の作り方

それでは訴状を作成しましょう
はい
訴状は裁判所にひな形もありますが自分で作ってもかまいません
必ず下描きをしてそれから清書するようにして下さい
訴状に限らず、訴訟に関する書面は基本的に「相手の数プラス2通」作ります。相手が数人いれば、人数分だけ作る必要があるからです。
相手の数プラス2通
正本→
訴状
裁判所
副本
訴状
訴状
最低でも、相手の分、裁判所の分、自分の分で3通。このうち、裁判所の分を「正本」相手の分を「副本」といいます。
予納郵券
管轄裁判所
窓口
正本
副本
印紙
できあがった訴状のうち正本と副本を裁判所の窓口に提出します。このとき当事者（原告・被告）の数に応じた分だけの予納郵券も添えます。こうしていよいよ訴訟が始まるのです。
訴状を提出するとその訴訟の番号「事件番号」が決められます。これを必ず聞いてメモしておきます。後で訴訟について問合わせるときに必要になります。
○○地方裁判所
令和○年(ワ)
第○○号事件

〔書式〕訴状のサンプル

収入印紙

訴　　状

令和　年　月　日

□□地方裁判所□□支部　御中

原告　　甲　野　太　郎　㊞

〒　－　　東京都○○区□□△丁目○番○号
原告　　甲　野　太　郎
電話　○○○－○○○－○○○○

〒　－　　東京都△△区××△丁目○番○号
被告　　乙　山　B　作
電話　○○○－○○○－○○○○

貸金請求事件
　訴訟物の価額　　２００万円
　ちょう用印紙額　　１万５千円

第１　請求の趣旨
１　被告は原告に対し、金 200 万円およびこれに対する平成　年　月　日から同年　月　日まで年１割の、同年　月　日から支払い済みまで年２割の各割合による金員を支払え。
２　訴訟費用は、被告の負担とする。
　との判決および仮執行の宣言を求める。

第２　請求の原因
１　原告は被告に対し、次のとおり金員を貸しつけた。
（１）貸付年月日　　平成　年　月　日
（２）貸付金額　　金 200 万円
（３）弁済期　　平成　年　月　日
（４）利息の割合　　年１割
（５）利息支払期　　………………
（６）期限後の損害金　　年２割………………
２（その他の事情）
　…………………………
３　そこで原告は被告に対し、つぎの金員の支払いを求める。
（１）元金　200 万円
（２）上記元金に対する平成　年　月　日から平成　年　月　日まで年１割の割合による利息、ならびに同年　月　日から支払済みまで年２割の割合による遅延損害金

証　拠　方　法
１　甲１号証　借用書

附　属　書　類
１　甲１号証（写し）　１通

●訴状の頭書部分

事件名は「貸金請求事件」とか「約束手形金請求事件」「家屋明渡し請求事件」というように、その事件の性質を書きます。

原告・被告の欄で、当事者が法人である場合は、法人名だけでなく代表者の肩書を付けて、代表者が記名・押印します。

原告の電話番号・ファックス番号など送達場所の記載が必要です。また借用書など基本的な証拠書類は添付することになっています。

●請求の趣旨と原因

「請求の趣旨」は、その訴訟で法律上請求できることについて何を請求するかの結論を説明ぬきで書くものです。たとえば、「金○万円を支払え」と結論そのものを書くだけです。続く「請求の原因」で、その理由・説明を書きます。原告の言い分を書くわけです。「貸金請求事件」を例にとれば、右のようになります。なお、簡易裁判所の訴訟手続では「請求の原因」に代えて「紛争の要点」で足りるとされています。

Q　民事訴訟における当事者の役割は

民事訴訟は、権利の行使は各人の自由であるという前提の上に成り立っています（私的自治の原則）。

このように、民事訴訟においては、裁判所は受け身であり、どんな訴えをおこすかは全く当事者の自由な処分に委ねられています。

このことを処分権主義といいます。

したがって、その訴訟でなにをどの程度要求するのか、ということは、原告が訴状における請求の趣旨において、自由に定めることで、裁判所はそれを認めるか認めないかの判断をするだけなのです。

5 訴えられた人の答弁書の作り方

原告が裁判所に訴状を提出すると…
訴提起
裁判所
訴状
よし！
原告
呼出状
被告
げげっ
呼出状
原告と被告のところへ、裁判所から口頭弁論期日呼出状が送られてきます。

訴えられた人は裁判所から送られて来る呼出状によって自分が被告になったことを知ります。放っておいて何もしないと、原告の言い分を認めたことになり敗訴してしまいます。
裁判所
訴状（副本）
呼出状
答弁書の提出
放っておくと欠席裁判で敗訴
被告は答弁書を作成・提出し、期日には法廷に出頭しなければなりません。

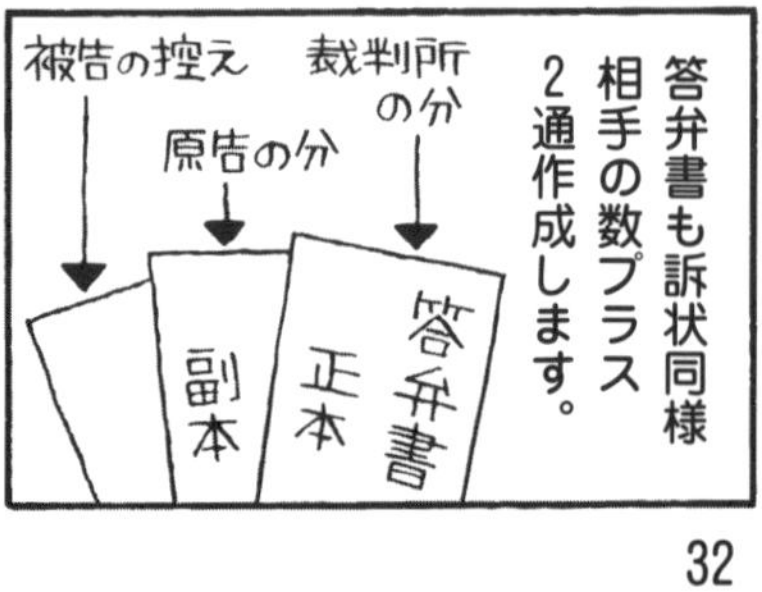
答弁書も訴状同様相手の数プラス2通作成します。
裁判所の分
原告の分
被告の控え
答弁書 正本
副本

呼出状には、答弁書を×日までに提出せよと書いてありますが
遅くなりました
第一回期日当日に書記官に提出しても間にあいます。

〔書式〕貸金請求事件の答弁書のサンプル

令和　年（ワ）第　　号事件

原告　　甲　野　太　郎
被告　　乙　山　Ｂ　作

答　弁　書

令和　年　月　日

○○地方裁判所民事部　御中

上記被告　　乙　山　Ｂ　作　㊞

第１　請求の趣旨に対する答弁
　１　原告の請求を棄却する
　２　訴訟費用は原告の負担とする
との裁判を求める。

第２　請求の原因に対する答弁
　１　請求の原因第１項は否認。
　２　第２項のうち……の事実は認めるがその余の事実は否認。
　３　第３項は不知。

被告の主張

被告は金２００万円を借りた覚えはなく、金銭の授受があったとしてもそれは原告から贈与を受けたものである。したがって被告には支払義務がないから原告の請求は失当である。

以　上

答弁書の左上に
事件番号を書きます
当事者の住所は
訴状で明らかなので
省略するのが
普通です

●答弁書とは何か

右のサンプルをご覧ください。

答弁書の文案のうち、まず「請求の趣旨に対する答弁」は、どの答弁書でも同じです。

次の「請求の原因に対する答弁」は、その事件によって異なります。原告の訴状の中の「請求の原因」を読んで、事項ごとに認めるか認めないかを答えていきます。同じ一つの事項の中で認める部分と認めない部分があれば、相手の文章を引用して「……の箇所は認めるが……の点は否認」などと書きます。

「被告の主張」とは、反撃するための言い分のことです。単に相手の言うことを否認するのではなく、別の言い分を出すことです。

Q　答弁書を作成する際の注意事項は

答弁書を作成するに当たっては原告の訴状を十分に検討して、原告の主張に対し、認める点は認め、事実と相違する点は、否認または争う、と明記しておく必要があります。

なお、自分で確信のもてないことは、不知としておくと争うことになります。

また、答弁は慎重にしなければなりません。というのは、民事訴訟では、被告が原告の主張する事実を認めると、たとえその事実が真実と違っていた場合でも裁判所は、それを事実として取り扱うことになっており（民事訴訟法一七九条）、うっかり認めてしまうと、それだけで敗訴という結果になることもあるからです。

6 口頭弁論による主張

◀第6法廷

呼出状

裁判所から送られてきた呼出状に指定された日時、法廷に、原告・被告が出頭して第一回の口頭弁論が行なわれます。

①原告の陳述

まず最初に原告の「訴え」の内容を聞きます。

請求の趣旨および原因は訴状記載の通りですか？
訴状記載の通りです

裁判官が原告に釈明を求める場合があります。

裁判官は訴状の内容が法律的に書けていないときや、必要なものが書かれていないときなどは、疑問点を質問することがあります。これを「釈明を求める」といいます。釈明を求められた事項がすぐ答えられるものであれば答えてかまいません。しかし、答えが長くなりそうな場合や重要な事項であるとき、調査した上でないと答えられない事項であるときは「次回までに準備書面にして提出します」と答えます。

②被告の陳述

答弁は答弁書記載の通りですか？
答弁書記載の通りです

次に、被告の「答弁」を聞くことになります。法廷における手続きは原告の陳述の場合と同じです。

③被告反論への反論

借用したのではなく譲り受けたのだという反論がありましたが…

被告の答弁が「反論」を含んでいるとき、原告はこれに反論する必要があります。ただし、先の釈明の場合同様、すぐに反論できないときは「次回までに準備書面にして提出します」と答えればよいのです。

次回の口頭弁論は○月×日△時第◎号法廷で

本書では訴訟の手続きの流れをわかりやすく解説するため一回の口頭弁論で進行しているようになっていますが、実際の訴訟ではこのページの内容だけでも数回に渡ることがあります。

その日の口頭弁論が終わると、裁判官は原告・被告の意見を聞いた上で次回の期日を指定します。

●口頭弁論

当事者双方が事件に関する事実を立証し、証拠の提出をすることを「弁論」といいます。

わが国では「口頭主義」が採用されており、口頭で行なわれる弁論を「口頭弁論」といいます。

口頭弁論のために開かれる期日を「口頭弁論期日」といいます。

●当事者照会

当事者は、訴訟の係属中にかぎり自己の主張または立証の準備のために必要な事項について相手に直接照会することができます。照会、回答とも書面で行なわれます。照会を受けた当事者は、正当な理由のないかぎり回答する義務があります。

Q 口頭弁論での、当事者の主張は

民事訴訟においては、訴訟の進め方も当事者の自由で、このように当事者が主張したことを前提として訴訟が進められ判決が出るという考えを弁論主義といいます。

主張は出廷して口頭で述べる建前になっていますが、実際は書面で提出し、その内容を陳述するというやり方をとっています。訴状や答弁書もそのような書面の一つです。

弁論主義のもとでは主張は自由ですが、反面、主張しないことは取り上げてもらえません。

また、争いのない事実については、そのまま判決で認定されます。さらに、当事者が申し出ない証拠については、裁判所は職権で調べることができません。

7 提訴前の証拠収集手続きと計画審理

裁判の迅速化を図るための制度が導入されていますのでいくつかを紹介します。民事訴訟の第一審は2年以内の早い期間の終局が目標とされています。

訴え提起前の照会

訴えますよ
その前にこれこれについて回答して下さい

訴訟提起しようとする人が被告となるべき人に対し、訴訟を予告する通知をすることができます。予告通知をしたときは、予告通知者は予告を受けた者に対して、訴訟の主張または立証の準備に必要な事項について、書面による回答を求めることができます。

訴え提起前における証拠収集の処分

裁判所は立証に必要な証拠となるべきものについて、申立人が自ら収集することが困難なときは、当事者の申立てにより訴えの提起前に証拠収集のための処分をすることができます。

このような証拠が必要なのですが自分で集めるのが難しくて…
では、こちらで収集しておきましょう
裁判所

計画審理

事件の規模が大きかったり複雑であったりする場合には、審理の計画を定めて迅速化を図らなければならないとされています。

新聞
裁判所
計画

専門委員の関与

医療事件や知的財産事件など専門的な知見が必要となる事件については、専門委員の意見を聴く制度などが導入されています。

それはつまり…

●訴え提起前の照会

訴訟提起しようとする者が被告となるべき者に対し、訴訟を予告する通知（予告通知）を書面でしたときは、予告通知者は予告通知を受けた者に対し4か月以内に限り、訴訟の主張または立証の準備に必要な事項について、相当の期間を定めて書面による回答を求めることができます。ただし具体的または個別的でない照会、相手を侮辱したり困惑させる照会など、当事者照会（35ページ）での制限事項に該当するもの、私生活上の秘密や営業秘密に関するもの、などは照会できません。

なお、予告通知を受けた側も、その予告通知に対する回答をしたときは、同種の照会ができます。それぞれの照会に対して回答しなかったとしても制裁はありません。

●訴え提起前における証拠収集の処分

裁判所は右記当事者の申立てにより、立証に必要な証拠となるべきものについて、申立人が自ら収集することが困難なときは、訴えの提起前に次に掲げる処分をすることができます。ただし時間や負担などが不相当にかかるときはこの限りではありません。①文書の所持者にその文書の送付を嘱託すること、②必要な調査を官庁もしくは公署、外国の官庁もしくは公署又は学校、商工会議所、取引所その他の団体に嘱託すること、③専門的な知識経験を有する者にその専門的な知識経験に基づく意見の陳述を嘱託すること、④執行官に対し、物の形状、占有関係その他の現況について調査を命ずること。

●計画審理

裁判所と当事者は適正かつ迅速な審理の実現のため、訴訟手続の計画的な進行を図らなければならないとされ、裁判所は審理すべき事項が多数であったり錯綜しているなど、事件が複雑であることなどにより迅速な審理のために必要があると認められるときは、審理の計画（①争点及び証拠の整理を行う期間、②証人及び当事者本人の尋問を行う期間、③口頭弁論の終結及び判決の言渡しの予定時期）を定めなければならないとされます。

裁判官は審理の計画が定められているときの攻撃及び防御方法の提出期間を定めて、当事者がその期間の経過後に提出した攻撃防御の方法については、審理の計画に著しい支障を生ずるおそれがあると認められるときは、却下できます。計画審理の対象となり得る事件としては、大規模訴訟、行政事件や医療事件など専門部の対象となる事件、などが考えられます。

●専門委員の関与

裁判所は医療事件や建設事件など専門的な知見が必要となる事件について、当事者の意見を聴いた上で、決定により、専門家である専門委員の説明を聴くため関与させることができます。

Q 裁判の迅速化に関する法律とは

平成一五年七月、時間がかかりすぎて役に立たないといった国民の不満の声に応えるため、「裁判の迅速化に関する法律」が公布施行されました。この法律では、あらゆる民事裁判について第一審の訴訟手続きについては二年以内のできるだけ短い期間内に終局させ、その他の裁判所における手続き（控訴審など）についてもそれぞれの手続に応じてできるだけ短い期間内にこれを終局させることが目標とされています（同法二条一項）。なお、裁判の迅速化にあたっては、当事者の正当な権利利益が害されないよう、手続きが公正かつ適正に実施されることが確保されなければならないとされています（同法二条二項）。

8 争点・証拠の整理手続き

何が争いになつているのかはつきりしないこともあります。
俺は自分で頑張った
恩知らずめ!!

争点・証拠の整理
何が争点か
整理しましょう
争点・証拠整理の必要があるとき裁判所は①準備的口頭弁論②弁論準備手続③書面による準備手続のいずれかを選択し争点を早期に明確にした上でこれに焦点を当てた証拠調べを行なうようにします。

この「争点・証拠の整理手続き」は民事訴訟を適正・迅速に進めるための手続きです。
電話会議システム
たとえば当事者が遠隔地にいる場合、③書面による準備手続きを採用し電話会議システムによる争点整理が行われることもあります。

また、事件によっては争点・証拠の整理のため専門委員から専門的な知見に基づく説明を聴くこともあります。
専門委員の関与
フムフム

争点整理のあとに集中して証拠調べが行われます。当事者の証拠収集方法として、提訴前の照会と証拠収集の処分、当事者照会、文書提出命令の申立てが認められています。

●争点・証拠の整理手続き

整理手続きは、準備的口頭弁論、弁論準備手続き、書面による準備手続きの三つです。

①準備的口頭弁論

裁判所が必要と認める場合に、開始する旨の決定をします。運用としては形式は普通の口頭弁論ですから、公開の法廷で行なわれ、中身は主張・証拠の事前整理となると思われます。ただし口頭弁論自体が丸テーブルで行なわれることがあるので、次の弁論準備手続きと似たものになると思われます。

主張についての準備書面の提出や、証拠（書証）の提出、証人などの証拠申し出はこの段階ですることになります。

この手続きが終わると裁判所による調書が作成され、または整理内容による書面の提出が命じられます。その後は、その手続きで提出済みのものに絞り、主張に関する攻防や、証拠調べが行なわれ、結審となります。

②弁論準備手続き

内容は準備的口頭弁論と似ていますが、ただし法廷ではなく、準備手続室または裁判官室で、くつろいだ雰囲気の中で行なわれます。その整理の結果は当事者が口頭弁論に移った際に陳述することになります。

当事者（原告被告や参加人）が遠隔地に居住するなど裁判所が相当と認めるときに、当事者の一方が期日に出頭すれば、いわゆる電話交信による手続きができます。一言いうために裁判所へ飛行機で出張するなどの無駄な手続きが省けることになります。

③書面による準備手続き

当事者が遠隔の地に居住しているなど裁判所が相当と認めるときは当事者の出頭なしに書面による準備手続きができるようにしたものです。準備書面の提出や電話交信システムによる協議等で、争点・証拠の整理をします。

●争点整理手続き終了後の審理

準備的口頭弁論、弁論準備手続きが終了した後の審理では、新しい主張や証拠の申し出は制限されます。新しい証拠や主張を申し出る際は、相手方から求められれば、整理手続きの終了前に提出できなかった理由を説明しなければなりません。説明が理由のないものであれば、その主張や証拠申し出は、時機に遅れたものとして提出できなくなることがあります。

●専門委員の関与の方法

専門委員の説明は書面により、また期日に当事者が立会いできる下に口頭で行われます。専門委員も除斥・忌避制度の対象であり、当事者双方が専門委員関与の決定の取消しを求めたときは、取り消されます。

Q 争点整理手続きの開始と終了は

準備的口頭弁論は争点・証拠を整理する必要があり、その手続きとして準備的口頭弁論が相当であると認められるときに裁判所の決定により開始され、争点等の整理に必要な証拠調べ、証人尋問、本人尋問等あらゆる行為の申請をすることができます。

弁論準備手続きの開始は、事前に当事者の意見を聴いたうえで、整理手続きとして弁論準備手続きが相当であると認められるときに裁判所が決定します。

書面による準備手続きについても、同様です。争点等の整理がまだ完了していなくとも、弁論準備手続きまたは書面による準備手続きでは争点等を早期に整理することが困難と判断されたときは、裁判所は決定を取り消し、他の整理手続きによって争点整理をします。

9 証拠調べと立証

証拠を提出して下さい
原告・被告双方の主張があらかた提出され事件の輪郭が整理されてくると口頭弁論は証拠調べに入ります。
①申出
この証拠を調べて下さい
原告・被告は自分の主張を裏付けるための証拠調べを申請します。
②許　可
許可します
裁判官は、どの証拠を調べたらよいか見通しをつけた上で、申出のあつた証拠の採用を許可します。
③証拠調べ
書証
検証
鑑定
証人
証拠調べには、書証、検証、鑑定、証人尋問、当事者（本人）尋問などがあります。詳細は左ページをご覧下さい。
これが被告の書いた念書です
そんなもの書いたおぼえはないぞ
二人は同じ大学の先輩・後輩で以前から1、2万円程度の貸し借りはよくあったようです返済はウヤムヤでした
昔の話だそれに額も違う！
念書の筆跡鑑定を申請します
甲第一号証
90％以上の確率でこの念書は被告の書いたものであると思われます
以上で証拠調べ手続きを終わります

●証拠調べの方法

①書証

借用書、契約書、手形などの書類を証拠とするとき、書証といいます。写真、録音テープ、ビデオテープなどの準文書も含まれます。

②証人尋問

原告・被告以外の第三者を法廷に呼び（遠隔地の場合はテレビ会議システムを利用できる）、過去に経験した事実について尋問します。

③検証

検証とは、物や場所などを裁判官に見てもらう、あるいはその他五感の作用により、事物の性状や現象を調べてもらうことをいいます。

④鑑定

鑑定とは、特別な知識を有する者に、その知識や判断を報告させて、裁判の証拠資料にすることです。

⑤当事者（本人）尋問

訴訟をしている当事者（原告・被告）の尋問のことで、あくまでも補充的なものです。

※争いのない事実・顕著な事実

当事者間で争いのない事実や、誰でも知っているような事項、または前に下した判決など裁判所が当然知っているような事項に、証拠は必要ありません。

●証拠はなぜ必要か

原告・被告とも、自分が主張した事実については、それを裏付ける証拠を出して「立証」する責任があります。証拠を出して「立証」することができないと、その事実を主張した側が不利になってしまいます。証拠が必要になるのは、原告・被告双方の主張の一致しない部分についてです。主張の一致した部分については「争いのない事実」として、裁判官もそのとおり認定します。

●証拠の申出

原告・被告は自分の主張を裏付けるため「この証拠を調べてほしい」という申出書を提出します。裁判官は、証拠としてどれを調べたら事件の白黒が決定できるか見通しをつけて、申出られた証拠を調べることになります。書証以外の証拠は、当日その場で調べられることはまれで、後日、あらためて期日を決めて証拠調べが行なわれるのが普通です。

●証拠調べでの専門委員の関与

裁判所は当事者の意見を聴いて、専門的な説明を聴くために専門委員を証拠調べに関与させる決定をすることができます。専門委員が証人尋問、当事者尋問、鑑定人質問において、説明をするときは、裁判長は当事者の同意を得た上で専門委員が証人、当事者本人または鑑定人に直接問いを発することを許す場合があります。

Q 口頭弁論での証拠調べは

証拠調べにおいては、裁判官にどのような心証を与えるかが重要です。

事実認定に用いられる証拠・その評価などについては、証拠の能力を制限せず、裁判官が自由に心証を形成できるとされています。これを自由心証主義といいます。

例えば、貸金返還請求事件において、被告が弁済を主張して、それを証拠によって証明することができなかったとしても、裁判所は原告や被告の態度からこれを認定してもかまわないのです。

また、証拠調べにおいては、証拠の評価が裁判所に委ねられるので、裁判所は一方当事者が提出した証拠を他方当事者のために有利に用いることも許されています。これは証拠共通の原則とよばれています。

⑩ 訴訟上の和解の仕方

おかげで勝てそうです
X法律事務
そうですね念書の鑑定の結果がよかったですね
にこにこ
一応お話しておきましょう
訴訟中に和解することもできるんですよ
和解？
和解とは紛争の当事者双方が話合いによって歩み寄ることです。和解するのが訴訟中である点で訴え提起前の和解（⬇70ページ参照）と異なります。
裁判官が和解を勧告することもあります。
和解調書
和解がまとまれば「和解調書」を作成します。調書には判決と同じ効力があります。
判決を待たずに和解した方がいいんでしょうか？
そういう場合もあります
次のページをご覧下さい
しかしあなたの場合は勝訴の見込みがありますし間もなく判決になるでしょう
和解せずこのまま行きましょう

和　解

訴訟中に判決を待たずに原告・被告が話合いによって歩み寄り和解することができる。

和解調書作成

一定の条件で和解が成立したら和解調書を作成する。調書には判決と同じ効力がある。

強制執行

相手が和解条項にある条件を任意に履行しないときには強制執行をすることができる。

●和解とは何か

和解とは、紛争の当事者双方が、話合いによって歩み寄ることです。訴訟を起こす前にする和解を「訴え提起前の和解」（70ページ参照）といいますが、訴訟の途中でも判決を待たずに和解することができます。

一定の条件で和解がまとまれば「和解調書」を作成します。調書には判決と同じ効力があります。

●和解のソロバン

判決を待たずに和解に持ち込んだ方がいいのは、次のようなときです。

①どう考えても敗訴しそうなとき。

②訴訟には勝てそうだが、判決まではまだまだ時間と費用がかかりそうなとき。

判決まで訴訟を続けて得られる利益と、和解に持ち込んだときに得られる利益を予想計算して、判断すべきでしょう。

●簡易裁判所の和解に代わる決定

簡易裁判所は、金銭の支払請求事件について当事者に事実関係の争いがなく、相当であると認めるときは、原告の意見を聴いて、5年を超えない範囲で支払期日の定めや分割払い等の定めをして被告に支払いを命じる決定ができます。当事者から2週間以内に異議の申立てがなければ、裁判上の和解と同一の効力を有します。

Q　民事訴訟の終了する場合とは

裁判は、通常判決が確定することで、終了します。しかし、以下に述べるように、判決までいくことなく、訴訟が終了することもあります。

訴訟上の和解

訴訟中に成立する和解のことをいいます。和解調書は債務名義になるので、強制執行ができます。

請求の放棄

原告が自ら請求の理由のないことを認める意思表示をすることです。

請求の認諾

請求の放棄と反対に、被告が原告の請求を認める意思表示をすることです。

訴えの取下げ

原告が判決を求めず、審理を打ち切ろうとすることをいいます。訴えを取り下げれば、訴訟は終了します。ただし、被告が防御の体制をととのえた後は、被告の同意が必要です。

11 判決の言渡し

口頭弁論の終結
結審します
来る○月×日△時に判決を言渡します
判決期日
判決
被告乙山B作は原告甲野太郎に元利合計○○○円を支払え
正本送達
後日判決の正本が原告・被告のもとへ送られてきました。

ばんざ〜い
よかったですね
でもあと少し大事な手続きが残ってます

〔書式〕原告が勝ったときの判決文のサンプル

令和□年（ワ）第　　　号貸金請求事件

判　　決

東京都○○区□□△丁目○番○号
原告　甲　野　太　郎
東京都△△区××△丁目○○番×号
被告　乙　山　Ｂ　作

主　　文

1　被告は原告に対し金 200 万円を支払え。
2　原告のその余の請求を棄却する。
3　訴訟費用は、これを5分し、その3を被告の、その余を原告の負担とする。
4　本判決は仮に執行することができる。

事実及び理由

第1　被告は、原告に対し、200万円を支払え。（ここでは原告被告双方の主張を記載する）……………

第2　事案の概要
1　（原告の貸付け）
………………
2　（争点）
………………

第3　争点に対する判断
（ここではどのような証拠を採用して原告を勝たせたかを記載する）

第4　結論
………………

令和　年　月　日

東京地方裁判所民事第　　部
裁判官　西　野　三　郎

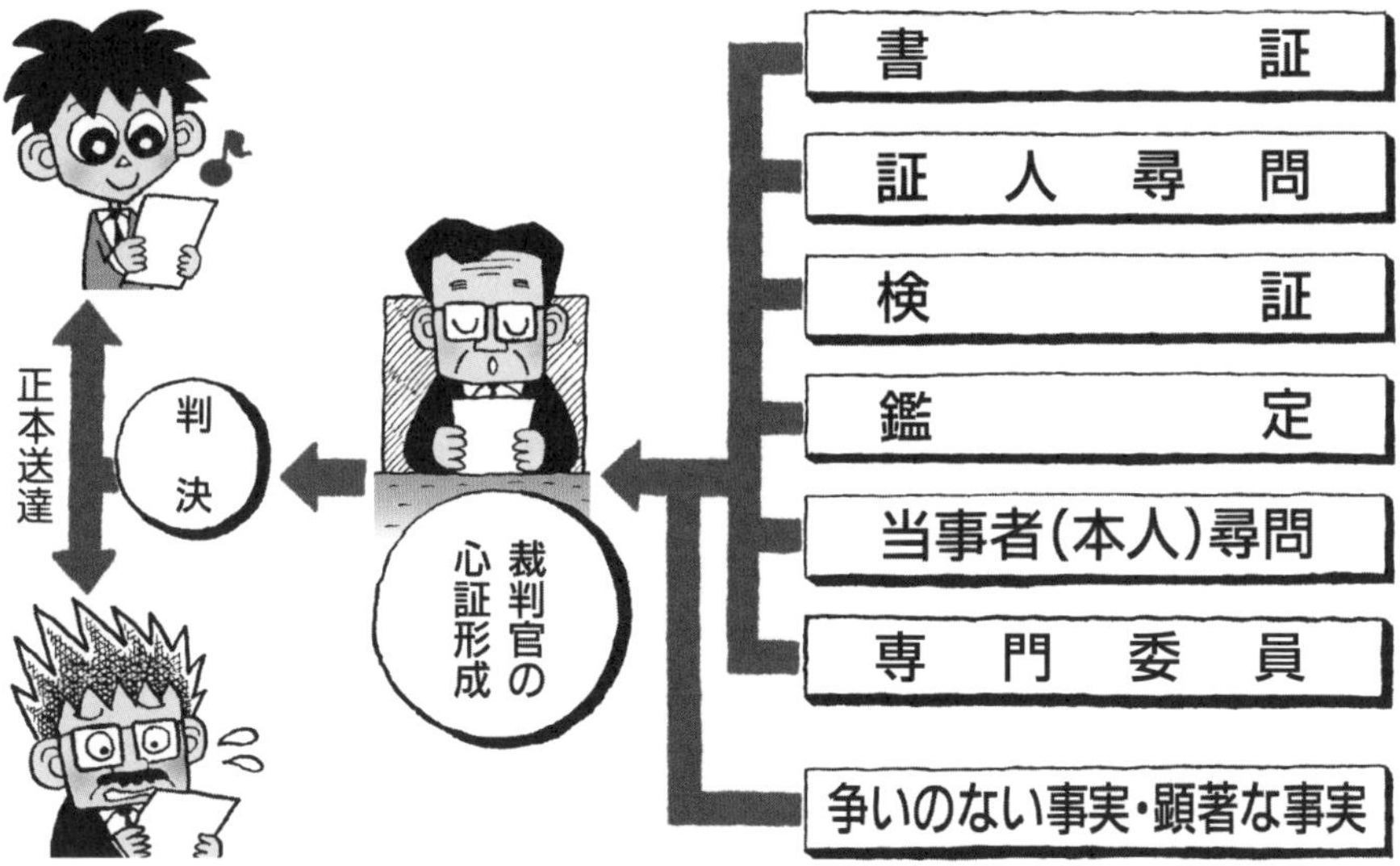

●判決の言渡し

証拠を調べた結果、事件のほぼ真相と考えるものが判明すると、口頭弁論は終結します。「追って指定する」という場合は、後日、裁判所から判決期日の呼出状が送られてきます。

判決期日は、判決を言い渡すだけの期日です。通常、裁判長が判決文を朗読するだけで、数分程度で終わります。

後日、判決の正本と呼ばれるものが、原告・被告のところへ送られてきます。

●判決文はどのように書いてあるか

前ページのサンプルは、原告が勝った場合の判決文です。主文には、訴状の「請求の趣旨」に記載したものと同趣旨のことが記載されています。

もちろん、原告が勝つ（請求認容）ときばかりではありません。原告が負ける（請求棄却）ときや、一部だけ勝つ（一部容認・棄却）ときもあります。そのとき、主文・理由が変わることは言うまでもありません。

Q 訴訟に負けたときにはどうするのか

判決に対する控訴期間は判決正本が送達されてから一四日間です。判決の言渡しは、当事者が欠席していてもできることになっており、後で正本をとりに行くこともできます。もし、とりにいかない場合には、裁判所から判決正本が送付されてきます。

被告が全面的に敗訴し、しかも無条件で仮執行の宣言がついているときには、判決を受け取ったらすぐに執行停止という手続きをとらないと強制執行されるおそれがあります。なるべく早く受け取って、控訴するか否かを定めたり、執行停止の手続きをとることが必要です。

一部だけ敗訴した場合には、勝った部分で満足するときは、そのまま引き下がればよく、不服であれば、負けた範囲について控訴の申立てができます。

12 判決内容の確定とその後の手続き

勝訴だ 勝訴だ
ウヒョ ウヒョ♡
判決正本
水を差すようで申訳ありませんが正本送達後14日間は、相手に控訴の申立てが許されるのです
えっ
相手が控訴の申立てをしてそれが認められると上級裁判所での控訴審で再び争うことになります。
控訴申立書
裁判所
第一審が地方裁判所なら高等裁判所へ
控訴についての詳細は52ページをご覧下さい。
それじゃあこの判決は…
しかし14日以内に控訴申立てがなければ
判決は確定します
判決が確定したら訴訟の目的に応じた手続きをとります
あなたの場合は金銭の支払いを求める訴訟だったのですから相手が判決に従って任意にそれを履行しないようなら強制執行の手続きをとります。強制執行については158ページをご覧下さい。
裁判所
執行委任
判決正本
ただし、判決に仮執行宣言が付いているときは判決確定を待たずに強制執行することができます。
仮執行宣言
勝訴の判決文も喜んでいるだけではただの紙きれですよ

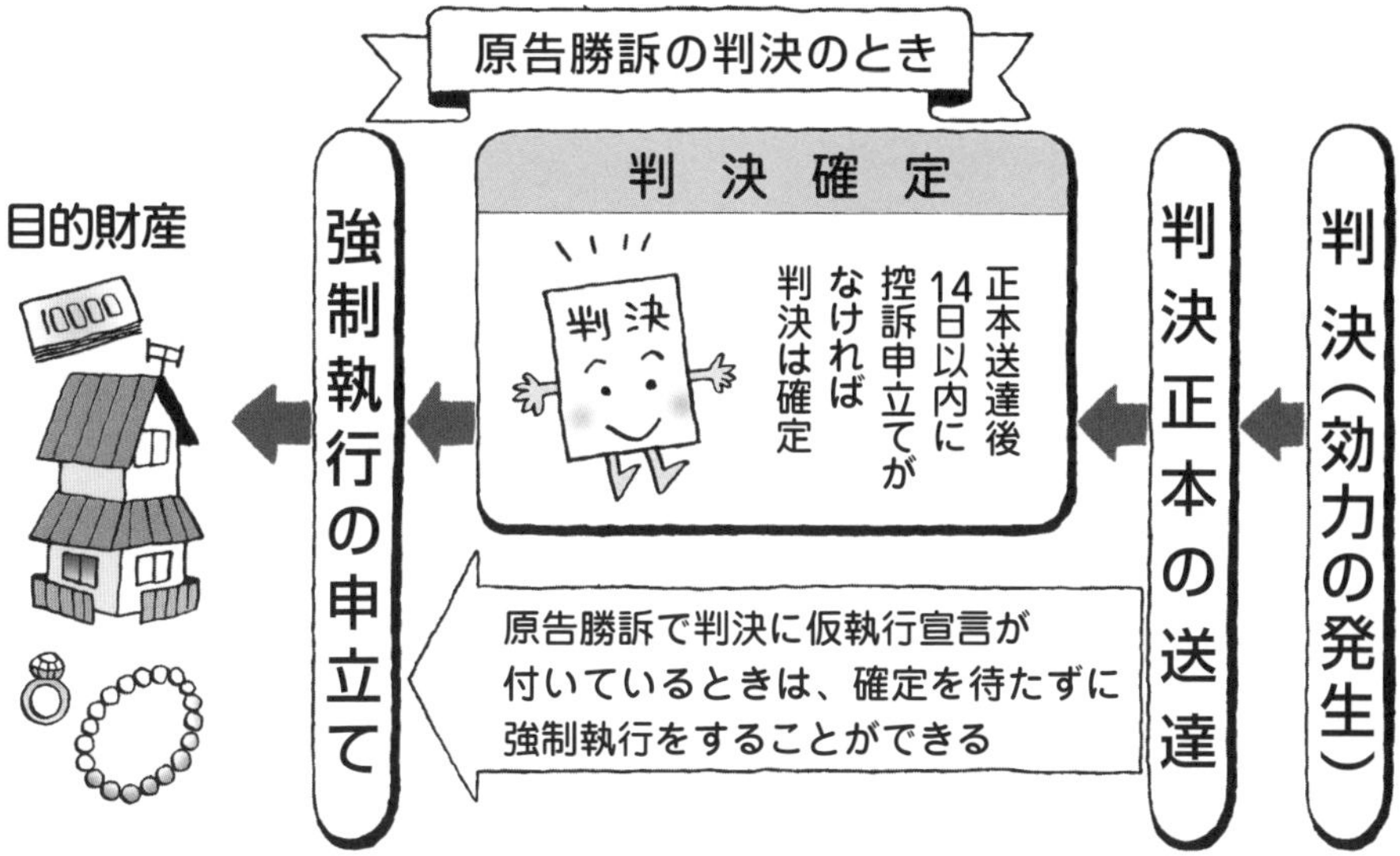
原告勝訴の判決のとき
判決（効力の発生）
判決正本の送達
判決確定
正本送達後
14日以内に
控訴申立てが
なければ
判決は確定
判決
強制執行の申立て
目的財産
10000
原告勝訴で判決に仮執行宣言が
付いているときは、確定を待たずに
強制執行をすることができる

●判決の効力と確定

上図のように、判決の言渡しと同時に、「判決の効力」が発生し、判決正本送達後14日以内に控訴の申立てがなければ、判決が確定します。

原告の全面勝訴で判決が確定したら、請求の内容を実行することができます。

●勝訴後の手続き

判決の内容が移転登記をせよというものであれば、判決正本を持って登記所へ行けば受付けてくれます。

離婚とするとの判決であれば、判決正本を持って市町村役場へ行けば戸籍を変更してくれます。

金銭の支払いや動産の引渡しを命じる判決であれば、相手が任意に履行しないときは、裁判所に申立てて強制執行をすることができます（⇩158ページ参照）。

ただし、いずれも判決正本送達後14日以内に相手が控訴申立てをしておらず、判決が確定していることが必要です。

●仮執行宣言付の判決のとき

勝訴判決に仮執行宣言が付いているときは、確定を待たずに強制執行ができます。

Q 仮執行の宣言を付した判決とは

第一審で勝訴したとしても、債務者がこれに対して控訴、上告と上訴して争うことができますから、判決が確定するまでかなりの年月を要することになります。その間に債務者の財産状態が悪化して、せっかく判決が確定したとしても債権の回収ができなかったという事態になりかねません。

そこで、判決が、確定する前であってもその判決に仮執行の宣言が付されているときは、これを債務名義として強制執行することができます。

現在、実務では金銭の支払いを命ずる判決にはほとんどの場合、仮執行の宣言が付されています。

⑬ 判決に不服なときの上訴の手続き

ところでもしこの訴訟で敗訴していたら私には何ができるんでしょう？
敗訴や一部敗訴の場合は
不服申立て
裁判所に不服申立てをすることができます
不服申立ての代表的なものは上訴（控訴・上告）です。
控訴申立書
第一審の判決については控訴することになります。
あなたの場合、第一審が地方裁判所でしたから控訴審は高等裁判所に申立てることになります
高等裁判所
控訴申立書
判　決
地方裁判所
控訴審での判決にも不服のときは、さらに最高裁判所へ上告を申立てることになります。
最高裁判所
上告申立書
判決正本送達
14日以内
判　決　確　定
控訴と上告は判決正本送達後14日以内に申立てなければならず14日を過ぎると判決は確定します。
ただし、これらの申立ては全面勝訴した原告または被告からはできません。
どうせ勝つなら
もっといろいろ請求しておくんだった
一部敗訴の場合は敗訴した範囲についてのみ不服申立てができます。

敗訴、または一部敗訴の判決に不服のときは裁判所に不服の申立てができます。不服申立ての主なものには次の3つがありますが、「再審」は確定した判決に対する不服申立てであり例外的なものです。

上訴		再審
控訴	上告	
判決正本送達後14日以内の不服申立て		判決確定後の不服申立て
第一審の判決に対して、不服のある当事者が、事実審たると法律審たるを問わずその直近上級裁判所に審査してもらうための制度。	原則として第二審裁判所の判決に対する上訴で、判決の当否を法令の解釈・適用の面から審査することを求める制度。	通常の方法による上訴の道のなくなった確定判決について、重大な誤りのある場合に、その判決を下した裁判所に更にその当否を審査させる制度。 再審には再審事由が必要。

負けるなんて…
このままじゃ納得いかない
こんな裁判ってあるかい!!

●敗訴のとき

訴訟をすれば必ず勝訴するわけではなく、敗訴または一部敗訴することもあります。

もし、その判決に不服なら、控訴することができます。控訴審で再審理してもらうのです。控訴審での判決にも不服のときは、さらに上告することができます。控訴や上告のことを上訴といいます。

一部敗訴のときは、負けた範囲について上訴の申立てができます。

上訴の申立ては、判決正本を受取ってから14日以内にする必要があります。

上訴（控訴・上告）についての詳細は、次のページをご覧下さい。

Q 上訴とはどのような訴えなのか

裁判も、人間である裁判官によって行なわれるものですから、誤判が絶対にないとはいいきれず、もし誤判があると適正な裁判の理念に反することになります。

そこで、裁判に対しては当事者から他の裁判所に不服の申立てをする途が認められています。

現在、各裁判所は、上級、下級の関係があり、三つの審級に分けられています。

裁判所の行なった裁判については、二回の不服申立ての制度が設けられています。このように、上級裁判所への不服申立てのことを上訴といいます。

上訴は、裁判の種類に応じて、判決によるものと、決定・命令によるものに分類できます。

判決に対する上訴は控訴・上告で、決定・命令に対するものには、抗告があります。

控 訴・上 告

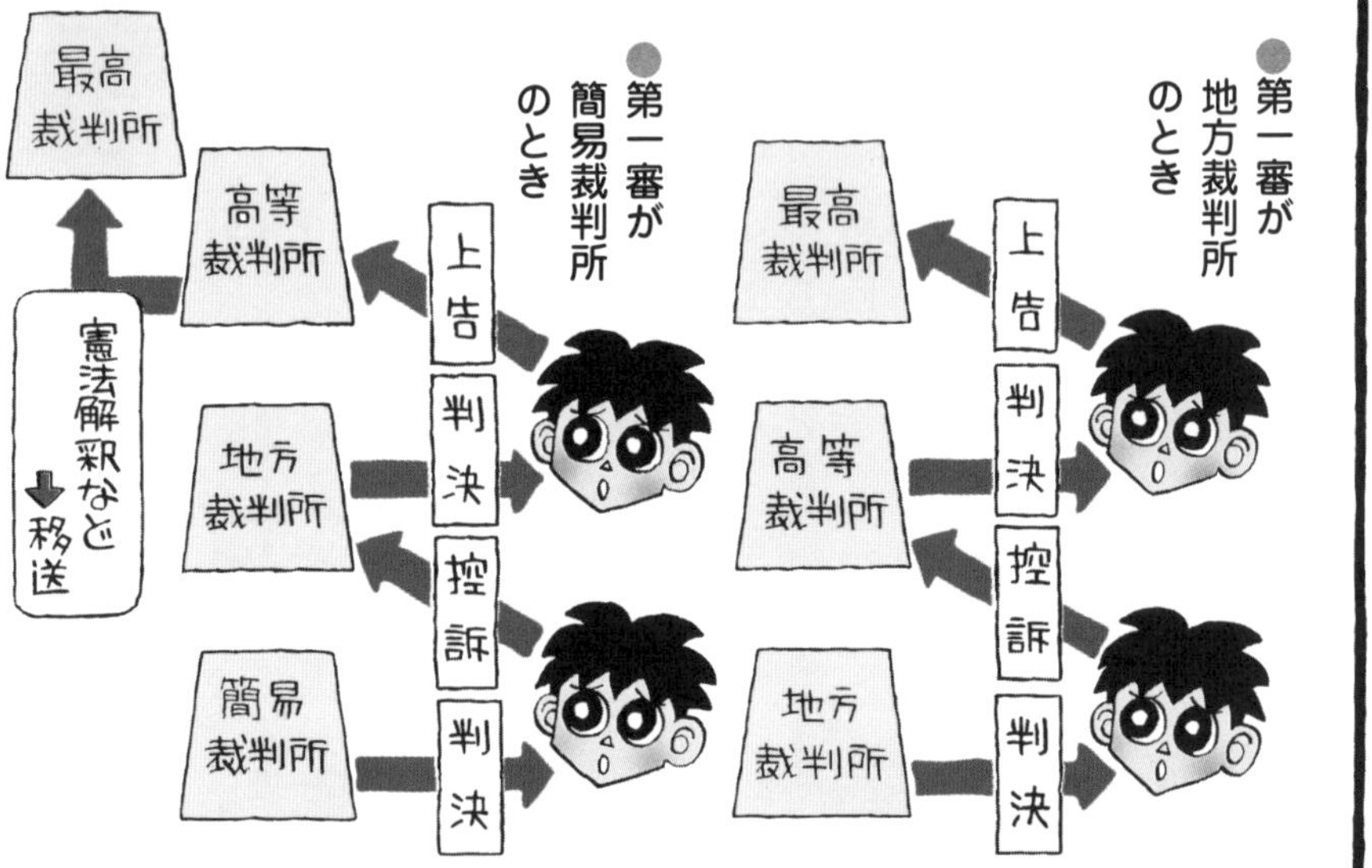

●控訴とは

控訴審は紛争の「事実」が争点となる最後の審理です。民事訴訟の控訴審では、第一審による資料を基礎として利用するとともに、新たな資料の追加を認める「続審主義」をとっています。高等裁判所が第一審として判決した場合は、控訴することはできず、直ちに上告となります。

●上告とは

上告審は一般に「法律審」とも呼ばれ当事者は法的評価の面からだけ不服を申立てることができます。裁判所も原審の事実上の判断に拘束され、自ら事件の事実認定の当否を判断することはできません。

したがって、上告が許されるのは、原審の判決に法律的な誤りがあったり、審理の手続きに誤りがあったと考えられるときに限られます。

Q 控訴や上告の手続きは

控訴とは、判決に不服のある場合に再審理してもらうための申立てです。そこで、全部勝訴した場合に判決理由の中で自分の主張と多少違う判断がされてもそれを理由に控訴することはできません。

控訴状には、原判決を表示して、これに対する不服申立てであるということさえ明らかにしてあればいいのです。

上告とは、控訴審の裁判の憲法違反、法律違反を理由に上級裁判所に対してする不服申立てです。

上告できる場合は、法律で決められており、どんなことでも上告できるわけではありません。

なお、上告状の書き方は、控訴状の書き方と同じです。

14 少額訴訟の手続き

くそ〜〜〜 50万円貸したのに返してくれない 訴訟は時間とお金がかかるし泣き寝入りか…
訴額が60万円以下なら少額訴訟の手続があるよ
そりゃ何だい?
「少額訴訟手続」をとるためには訴訟提起のときにその申述をします。
少額訴訟手続でお願いします!
簡易裁判所
訴状
少額訴訟
証拠はこれです
返しなさい!
少額訴訟手続では手続が簡略化されています。被告は反訴できず原則として審理は一日で終わりすぐ判決が言い渡されます。判決に対しては控訴できません(異議申立てはできます)。
ただしこの手続は原告が一方的に選択するものですから被告は通常の訴訟手続に移行するよう求めることができます。
俺にも言い分がある普通の訴訟にして下さい
よろしい
なお平成17年度から少額訴訟債権執行制度が創設されました。
お願いします
簡易裁判所
少額訴訟に係る債務名義に基づき少額訴訟を行った簡易裁判所で少額訴訟債権執行の申立てができます。

●少額訴訟

これは簡易裁判所の手続きです。この場合、少額というのは普通用語ではなく「60万円以下の事件」という法律上の意味です。この手続きは金銭支払の請求の訴訟に限られます。ただしこの少額訴訟手続は貸金業者などからの濫用を防ぐため、回数の制限があります（現在は同一年に10回）。

少額訴訟手続きをとるためには訴訟提起のときにその申述をしなければなりません。その際、前記のその年の回数も届けなければならないことになっています（違反には罰則があります）。

この少額訴訟手続きでは手続きが簡略化されます。被告は反訴ができず、審理は一日で終わるのが原則です。証拠調べも即時に取り調べることができるものに限られます。証人尋問もありますが、電話での証人調べもできることになりました。ただし、この手続きは原告が一方的に選択するものですから、被告は最初の口頭弁論期日に通常の手続きに移行するよう求めることができます。しかしいったん弁論に応じてしまうと移行請求はできなくなります。ただし判決に対し異議申立ができます（後述）。

●少額訴訟の判決

判決の言渡しも口頭弁論の終結後にただちにすることになります。したがって全手続が一日で終わるのが原則です。判決内容についても弾力的な判決が出せるのです。裁判所は、被告の資力（その他の事情）を考慮して、判決言渡しから三年を超えない範囲内で、金銭の支払いの時期を後日に定めたり、分割払いにしたり、またはこれと併せて、その定めに従い支払をしたときは、訴え提起後の遅延損害金を免除する定めができることになっています。

●少額訴訟の判決に不服のとき

少額訴訟手続の判決に対しては控訴できません。ただし不服の場合は判決に対する異議申立ができます。この場合は普通の第一審手続きに戻っての審理・判決となり、これについても控訴できません。

●少額訴訟債権執行制度

少額訴訟における、確定判決、仮執行宣言付判決、和解調書、和解に代わる決定など、少額訴訟に係る債務名義を作成した簡易裁判所の書記官に申し立てることにより、簡易な手続きで金銭債権の執行（給与など）ができます。債務者への差押処分の送達から一週間異議がなければ執行できます。執行異議の申立てなど不服申立は通常の手続きと同様です。

Q 簡易裁判所訴訟手続きの訴状は

民事訴訟における訴状には必要的記載事項として「請求の趣旨」「請求の原因」がありますが、民事訴訟法では簡易裁判所の訴訟手続きに関する特則として、法律知識に乏しい一般の人が代理人を立てずに自分で訴えを提起し、訴訟遂行できるように、「請求の原因」に代えて、「紛争の要点」を明らかにすればよいとされています（民訴法二七二条）。

ただし口頭弁論の終結時までには、請求を特定するために必要な事実、請求の原因となる証拠を提出しなければなりません。

なお、訴状の用紙は裁判所に用意されています。

裁判手続きのオンライン化

●裁判手続きのオンライン化の整備

平成16年の民事訴訟法改正により、一部の裁判申立書についてインターネットによる利用を可能とする法整備が行われました。利用者は、まず電子証明書の取得、申立てプログラムのインストール等の準備をし、次に裁判所のホームページ上にある手続き一覧から必要な手続きを選択し、画面にあわせて必要な項目を入力していきます。作成した申立書データのチェックをし、電子署名を付与した後そのデータをインターネット経由で裁判所に送信し、到達結果が画面に表示されれば、申立ては完了するというしくみです。

しかし、その後も全国的なインフラ整備は進まず、利用できる裁判所や手続きも一部にとどまり、諸外国に比べ大きく遅れているのが現状です。

そこで裁判手続きのＩＴ化を進める方策について、法曹関係者等で構成する「裁判手続等のＩＴ化検討会」が２０１９年3月に報告書をまとめ、具体的検討、整備を促進することとしています。

一方、督促手続オンラインシステムの方は運用地域が拡大され、現在は相手方の住所が全国どこの地域にある場合でも利用できるようになっています。

第2章　家事調停・審判の申立て

離婚問題などの人事事件や家庭に関する事件は、訴訟を起こす前に、まず家庭裁判所に調停を申立てなければなりません。これを「調停前置主義」といいます。いきなり訴訟は認められません。調停を行なった後、調停不成立のときは改めて家庭裁判所（事件によっては地方裁判所）で訴訟を提起します。なお、「家事審判法」は廃止され、平成25年1月1日より「家事事件手続法」が施行されました。

1 家事調停・審判のしくみ

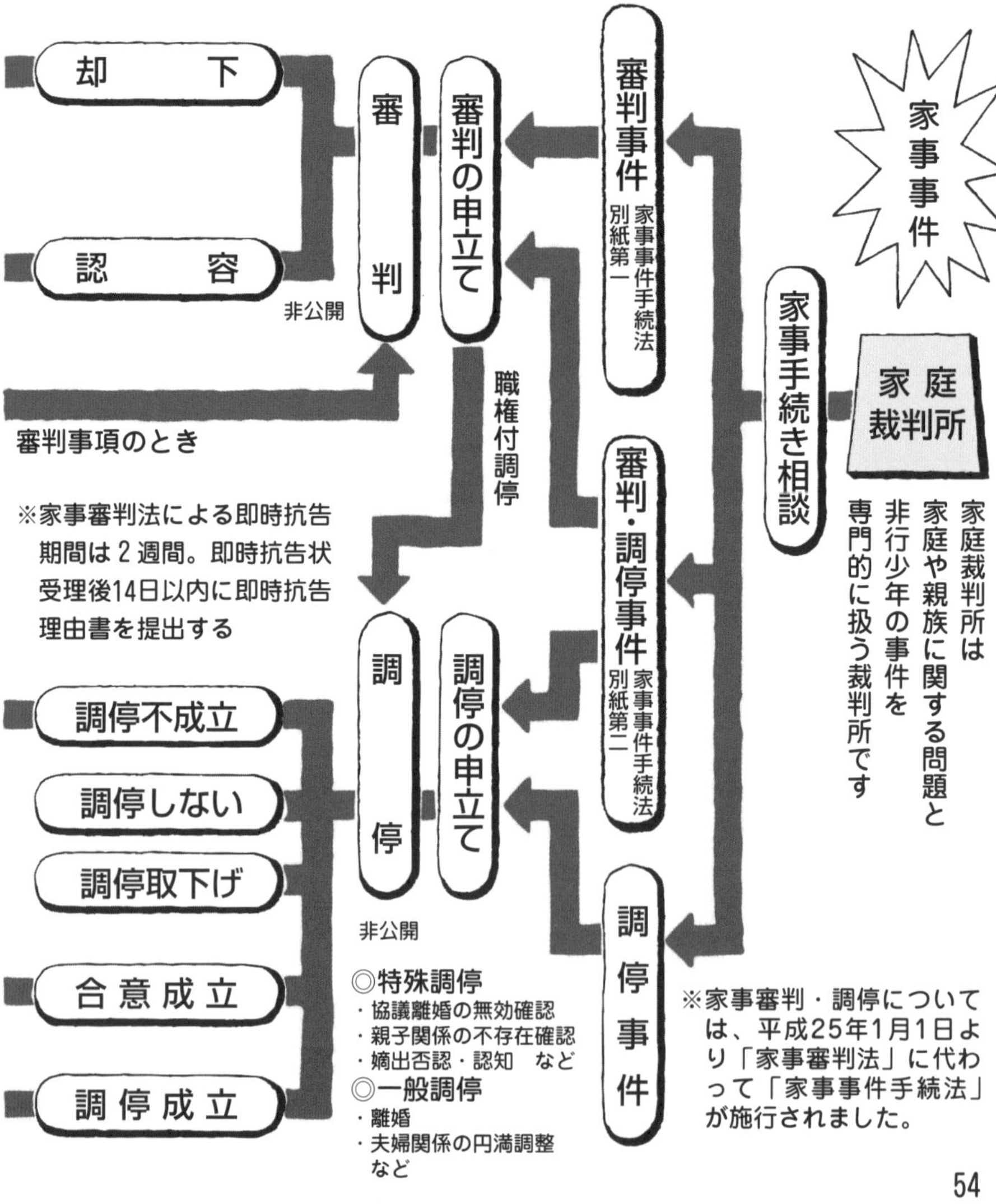

●身分関係の訴訟

　民事訴訟の中でも、特に夫婦・親子のような身分関係は、人の社会生活の基盤をなすものですから、財産関係と違い、積極的に裁判所が介入して解決する必要が認められます。

　そこで、このような身分関係の訴訟を、「人事訴訟」とよび、民事訴訟法のほかに特別法として人事訴訟法が定められています。

　人事訴訟においては、その性質上、通常の民事訴訟の審理とは違い、対象となる身分関係について、当事者の弁論にだけ任せるわけにはいきません。

　裁判所（管轄は家庭裁判所）の職権によって真相を究明し、その結果下される判決には世間一般も拘束される画一性を持たせる必要があります。そこで、婚姻事件、親子関係事件、養子縁組事件などには、職権探知主義がとられています。

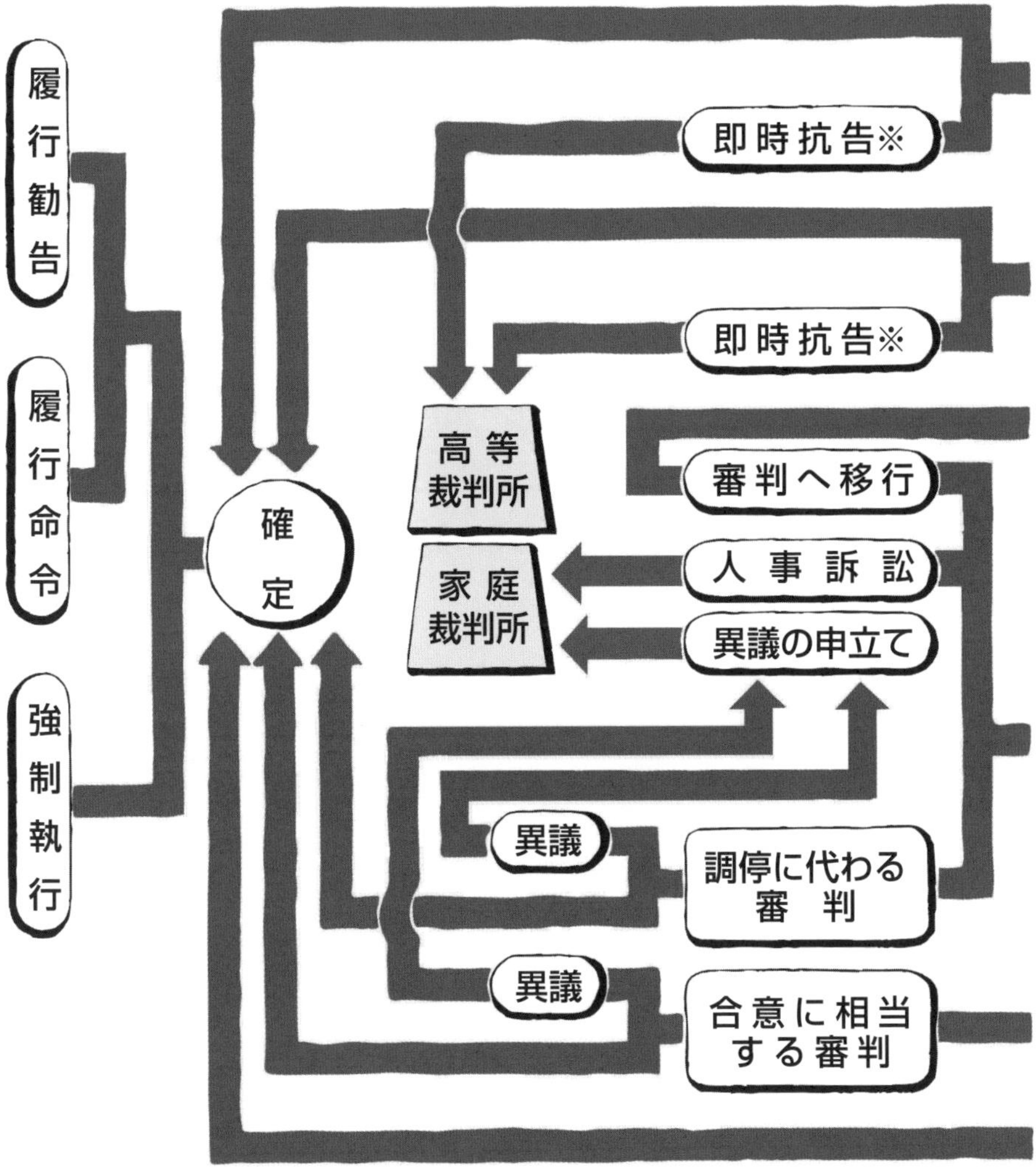

2 家庭内で起きた事件や紛争の解決法

話を聞いてほしいっていったいどうしたの？
純喫茶
がらん
COFFEE
私…離婚を考えてるのよ
ええっ!!
あんなに仲良かったのに…
彼のお母さんと同居するまではね…
もう我慢できない…
太郎くんはどうするのよ
それが問題なのよ彼とお母さんは離婚するなら太郎をおいて出て行けっていうけど
私はそんなの絶対にいや！
家庭裁判所に相談に行くことね
裁判所？
裁判になるの？
ううん調停前置主義といって
調停前置主義
家庭内で起きた事件や紛争はいきなり訴訟は起こせずまず家庭裁判所に調停を申立てることになってるのよ
でも、その前に家庭裁判所で家事手続き相談を受けてみたら？
家事手続相談
専門家が円満に解決するよう手続について説明や助言をしてくれるわ
離婚を考えるのはそれからにしなさいよ
ウン

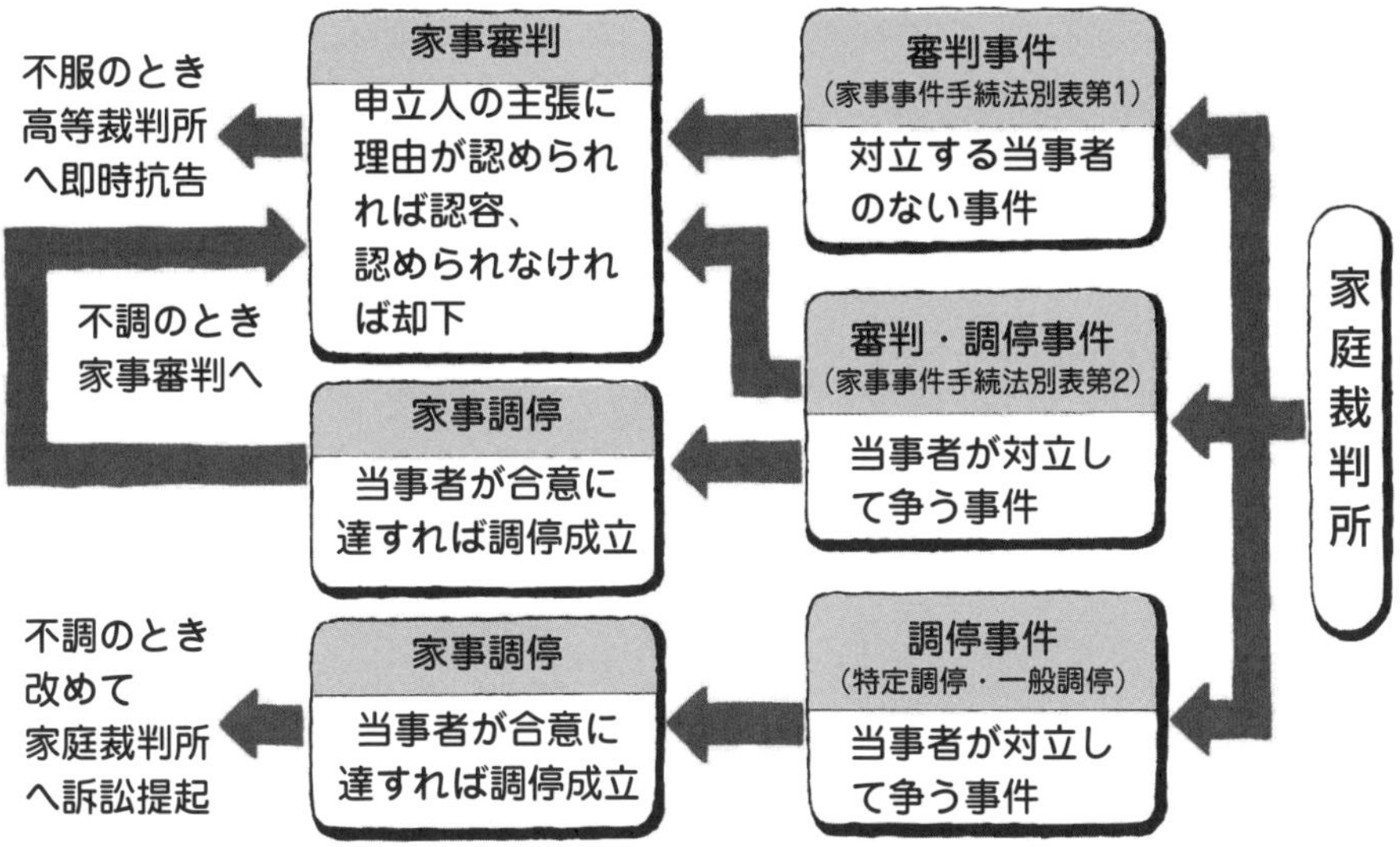

●調停前置主義

家庭内で起きた事件や紛争（家事事件）は、いきなり訴訟で解決することはできません。まず、家庭裁判所に調停を申立てなければなりません。これを「調停前置主義」といいます。

●人事に関する訴訟とその関連訴訟

以前は家庭裁判所で調停が不成立となった場合、離婚や親子関係など人事訴訟は、地方裁判所に提起することが必要でしたが、人事訴訟法の制定により人事訴訟の管轄が家庭裁判所となり、調停を行なった家庭裁判所で訴訟が行えるようになりました。ただし、調停不成立となれば自動的に訴訟に移行するわけではありません。改めて訴状を提出することが必要です。

また、離婚の際の慰謝料請求訴訟など人事訴訟に係る請求の原因によって生じた損害賠償請求訴訟も、当該人事訴訟と一緒に家庭裁判所に提起できます。既に人事訴訟が係属している家庭裁判所に後からその関連訴訟を提起することもできます。なお、遺産分割訴訟、婚約不履行や内縁解消に伴う慰謝料請求訴訟などは従来通り通常の民事訴訟となります。

●家事調停・審判

家事事件は、審判事件と調停事件に大別されます（上表・59ページ参照）。家事審判・調停の手続きは、家事事件手続法に規定されています。

Q 家事事件手続法とは

家事審判・調停等について、家事事件手続法（旧家事審判法は廃止）が制定され、平成二五年一月一日に施行されました。

見直しの主な点は、以下のとおりである。

① 申立書の写しは、原則事件の相手方に送付しなければならない。

② 当事者からの記録の閲覧謄写の許可は、家事審判事件では原則として許可とし、家事調停事件でも相当と認めるときは許可。

③ 審判の結果により影響を受ける者が手続に参加した場合、⑴閲覧等につき当事者と同様の権能が与えられ、⑵陳述を聴かなければならない場合を明記。⑶特に子どもが影響を受ける事件では、子どもの意思の把握、考慮しなければならない。

④ 当事者等が遠隔地に居住しているときなど、電話会議・テレビ会議システムの利用ができる。

3 家事事件の種類

丙田A子さんは家庭裁判所で家事手続き相談を受けることにしました。
家庭裁判所
離婚についてはほぼ合意があるけれど
お子さんの問題でもめているのですね
はい
20歳未満の子供がいる場合はたとえ夫婦の間で離婚を決めても
親権者記載欄がある
離婚届
親権者が確定していなければ離婚届は受理されません。
夫やお姑さんとの話合いで解決するのが一番ですが
それが無理なら家庭裁判所の調停や審判で解決することです。
家事事件は①審判事件②審判・調停事件③調停事件に分類されます
詳しくは59・60ページをご覧下さい
夫婦の離婚そのものは調停事件、子の親権は審判でも調停でもよい事件に属します。あなたの場合親権については離婚調停の中で話し合うことになります。
家庭裁判所で家事手続き相談を受けたA子さんは家事調停を申立てることにしました。
家庭裁判所
□□□□□
申立
申立ての方法は指定された用紙に必要事項を書き込むだけでごく簡単です。
戸籍謄本（全部事項証明書）を添付する必要があります。

家事事件手続法「別表第1」の事件 審判だけで処理する事件 ①

【成年後見】
1後見開始
2後見開始の審判の取消し
3成年後見人の選任
4成年後見人の辞任についての許可
5成年後見人の解任
6成年後見監督人の選任
7成年後見監督人の辞任についての許可
8成年後見監督人の解任
9成年後見に関する財産の目録の作成の期間の伸長
10成年後見人又は成年後見監督人の権限の行使についての定め及びその取消し
11成年被後見人の居住用不動産の処分についての許可
12成年被後見人に関する特別代理人の選任
12の2成年被後見人に宛てた郵便物等の配達の嘱託及びその嘱託の取消し又は変更
13成年後見人又は成年後見監督人に対する報酬の付与
14成年後見の事務の監督
15第三者が成年被後見人に与えた財産の管理に関する処分
16成年後見に関する管理の計算の期間の伸長
16の2成年被後見人の死亡後の死体の火葬又は埋葬に関する契約の締結その他相続財産の保存に必要な行為についての許可

【保佐】
17保佐開始
18保佐人の同意を得なければならない行為の定め
19保佐人の同意に代わる許可
20保佐開始の審判の取消し
21保佐人の同意を得なければならない行為の定めの審判の取消し
22保佐人の選任
23保佐人の辞任についての許可
24保佐人の解任
25臨時保佐人の選任
26保佐監督人の選任
27保佐監督人の辞任についての許可
28保佐監督人の解任
29保佐人又は保佐監督人の権限の行使についての定め及びその取消し
30被保佐人の居住用不動産の処分についての許可
31保佐人又は保佐監督人に対する報酬の付与
32保佐人に対する代理権の付与
33保佐人に対する代理権の付与の審判の取消し
34保佐の事務の監督
35保佐に関する管理の計算の期間の伸長

【補助】
36補助開始
37補助人の同意を得なければならない行為の定め
38補助人の同意に代わる許可
39補助開始の審判の取消し
40補助人の同意を得なければならない行為の定めの審判の取消し
41補助人の選任
42補助人の辞任についての許可
43補助人の解任
44臨時補助人の選任
45補助監督人の選任
46補助監督人の辞任についての許可
47補助監督人の解任
48補助人又は補助監督人の権限の行使についての定め及びその取消し
49被補助人の居住用不動産の処分についての許可
50補助人又は補助監督人に対する報酬の付与
51補助人に対する代理権の付与
52補助人に対する代理権の付与の審判の取消し
53補助の事務の監督
54補助に関する管理の計算の期間の伸長

【不在者の財産の管理】
55不在者の財産の管理に関する処分

【失踪の宣告】
56失踪の宣告
57失踪の宣告の取消し

【婚姻等】
58夫婦財産契約による財産の管理者の変更等

【親子】
59嫡出否認の訴えの特別代理人の選任
60子の氏の変更についての許可
61養子縁組をするについての許可
62死後離縁をするについての許可
63特別養子縁組の成立
64特別養子縁組の離縁

【親権】
65子に関する特別代理人の選任
66第三者が子に与えた財産の管理に関する処分
67親権喪失、親権停止又は管理権喪失
68親権喪失、親権停止又は管理権喪失の審判の取消し
69親権又は管理権を辞し、又は回復するについての許可

【未成年後見】
70養子の離縁後に未成年後見人となるべき者の選任
71未成年後見人の選任
72未成年後見人の辞任についての許可

家事事件手続法「別表第１」の事件 審判だけで処理する事件 ②

73未成年後見人の解任
74未成年後見監督人の選任
75未成年後見監督人の辞任についての許可
76未成年後見監督人の解任
77未成年後見に関する財産目録の作成の期間の伸長
78未成年後見人又は未成年後見監督人の権限の行使についての定め及びその取消し
79未成年被後見人に関する特別代理人の選任
80未成年後見人又は未成年後見監督人に対する報酬の付与
81未成年後見の事務の監督
82第三者が未成年被後見人に与えた財産の管理に関する処分
83未成年後見に関する管理の計算の期間の伸長

【扶養】
84扶養義務の設定
85扶養義務の設定の取消し

【推定相続人の廃除】
86推定相続人の廃除
87推定相続人の廃除の審判の取消し
88推定相続人の廃除の審判又はその取消しの審判の確定前の遺産の管理に関する処分

【相続の承認及び放棄】
89相続の承認又は放棄をすべき期間の伸長
90相続財産の保存又は管理に関する処分
91限定承認又は相続の放棄の取消しの申述の受理
92限定承認の申述の受理
93限定承認の場合における鑑定人の選任
94限定承認を受理した場合における相続財産の管理人の選任
95相続の放棄の申述の受理

【財産分離】
96財産分離
97財産分離の請求後の相続財産の管理に関する処分
98財産分離の場合における鑑定人の選任

【相続人の不存在】
99相続人の不存在の場合における相続財産の管理に関する処分
100相続人の不存在の場合における鑑定人の選任
101特別縁故者に対する相続財産の分与
102遺言の確認
103遺言書の検認
104遺言執行者の選任
105遺言執行者に対する報酬の付与
106遺言執行者の解任
107遺言執行者の辞任についての許可
108負担付遺贈に係る遺言の取消し

【遺留分】
109遺留分を算定する場合における鑑定人の選任
110遺留分の放棄についての許可

【任意後見契約法】
111任意後見契約の効力を発生させるための任意後見監督人の選任
112任意後見監督人が欠けた場合における任意後見監督人の選任
113任意後見監督人を更に選任する場合における任意後見監督人の選任
114後見開始の審判等の取消し
115任意後見監督人の職務に関する処分
116任意後見監督人の辞任についての許可
117任意後見監督人の解任
118任意後見監督人の権限の行使についての定め及びその取消し
119任意後見監督人に対する報酬の付与
120任意後見人の解任
121任意後見契約の解除についての許可

【戸籍法】
122氏又は名の変更についての許可
123就籍許可
124戸籍の訂正についての許可
125戸籍事件についての市町村長の処分に対する不服

【性同一性障害者の性別の取扱いの特例に関する法律】
126性別の取扱いの変更

【児童福祉法】
127都道府県の措置についての承認
128都道府県の措置の期間の更新についての承認
128の2児童相談所長又は都道府県知事の引き続いての一時保護についての承認

【生活保護法等】
129施設への入所等についての許可
130保護者の順位の変更及び保護者の選任

【破産法】
131破産手続が開始された場合における夫婦財産契約による財産の管理者の変更等
132親権を行う者につき破産手続が開始された場合における管理権喪失
133破産手続における相続の放棄の承認についての申述の受理

【中小企業における経営の承継の円滑化に関する法律】
134遺留分の算定に係る合意についての許可

〔書式〕離婚調停の申立書のサンプル

受付印	夫婦関係等調整調停申立書　事件名（　　　　　　）
収入印紙　　円 予納郵便切手　　円	（この欄に申立て１件あたり収入印紙１，２００円分を貼ってください。） （貼った印紙に押印しないでください。）

東京　家庭裁判所　御中 令和　年　月　日	申立人（又は法定代理人など）の記名押印	甲山春子	印

添付書類	（審理のために必要な場合は，追加書類の提出をお願いすることがあります。） ☑ 戸籍謄本（全部事項証明書）（内縁関係に関する申立ての場合は不要） ☑ （年金分割の申立てが含まれている場合）年金分割のための情報通知書 □	準口頭

申立人	本籍（国籍）	（内縁関係に関する申立ての場合は，記入する必要はありません。） 東京 都（道府県） 千代田区□町一丁目2番	
	住所	〒 東京都北区△山町二丁目30番5号（　　方）	
	フリガナ 氏名	甲《コウ》山《ヤマ》春《ハル》子《コ》	大正・昭和（○）・平成 ○○年 ○月○日生（○○歳）
相手方	本籍（国籍）	（内縁関係に関する申立ての場合は，記入する必要はありません。） 東京 都（道府県） 千代田区□町一丁目2番	
	住所	〒 東京都北区△山町二丁目30番5号（　　方）	
	フリガナ 氏名	甲《コウ》山《ヤマ》一《イチ》郎《ロウ》	大正・昭和（○）・平成 ○○年 ○月○日生（○○歳）

※未成年者の子の欄は省略しました。

申立ての趣旨	
円満調整	関係解消
※ 1　申立人と相手方間の婚姻関係を円満に調整する。 2　申立人と相手方間の内縁関係を円満に調整する。	※ ①　申立人と相手方は離婚する。 2　申立人と相手方は内縁関係を解消する。 （付随申立て） (1)（○）未成年の子の親権者を次のように定める。 ＿＿＿＿については父。 太郎、花子については母。 (2)（□申立人／□相手方）と未成年の子が面会交流する時期，方法などにつき定める。 (3)（○）（□申立人／☑相手方）は，未成年の子の養育費として1人当たり毎月（☑金○○円／□相当額）を支払う。 (4)（○）相手方は，申立人に財産分与として，（□金＿＿円／☑相当額）を支払う。 (5)（○）相手方は，申立人に慰謝料として，（☑金○○円／□相当額）を支払う。 (6)（○）申立人と相手方との間の別紙年金分割のための情報通知書（☆）記載の情報に係る年金分割についての請求すべき按分割合を，（☑0．5／□（＿＿＿＿））と定める。 (7)

申立ての理由
同居・別居の時期
同居を始めた日……昭和（○）・平成・令和 ○○年 ○月○○日　別居をした日……昭和・平成・令和（○） ○○年 ○月○○日
申立ての動機
※ 当てはまる番号を○で囲み，そのうち最も重要と思うものに◎を付けてください。 1 性格があわない　② 異性関係　③ 暴力をふるう　4 酒を飲みすぎる 5 性的不調和　6 浪費する　7 病気 8 精神的に虐待する　⑨ 家族をすててかえりみない　10 家族と折合いが悪い 11 同居に応じない　12 生活費を渡さない　13 その他

●書式は裁判所により異なります。

別表第2　審判・調停いずれでも処理できる事件

【婚姻等】
1 夫婦間の協力扶助に関する処分
2 婚姻費用の分担に関する処分
3 子の監護に関する処分
4 財産の分与に関する処分
5 離婚等の場合における祭具等の所有権の承継者の指定

【親子】
6 離縁等の場合における祭具等の所有権の承継者の指定

【親権】
7 養子の離縁後に親権者となるべき者の指定
8 親権者の指定又は変更

【扶養】
9 扶養の順位の決定及びその決定の変更又は取消し
10 扶養の程度又は方法についての決定及びその決定の変更又は取消し

【相続】
11 相続の場合における祭具等の所有権の承継者の指定
12 遺産の分割
13 遺産の分割の禁止
14 寄与分を定める処分
15 特別の寄与に関する処分※

【厚生年金保険法等】
16 請求すべき按分割合に関する処分
17 扶養義務者の負担すべき費用額の確定

調停事件

【特殊調停】婚姻・離婚・養子縁組・離縁の無効および取り消し、子の認知・嫡出子否認、認知の無効および取り消し、親子関係の不存在確認事件など

【一般調停】離婚など前記の別表第一・第二を除いた一般家事事件

※相続人以外の被相続人の親族で、被相続人の財産の維持・増加に特別の寄与をした者は、相続人に寄与に応じた特別寄与料を請求できることになりました（令和元年七月以後に開始の相続から適用）。

Q 家事事件の解決までの日数は

家事事件で処理に要する期間は、審判事件の方が短く、審判事件は八〇%ぐらいは一か月以内に処理されているのに対し、調停事件では、六か月以内に処理されるのが七七%ぐらいで、一年以上を要する事件もあります。

4 家事調停の手続き

①呼出状

申立書が受付けられると数日後当事者双方に呼出状が送られてきます。指定の日時に調停室に出頭します。

②調停期日

調停は、調停委員会（裁判官・調停委員2名）、裁判官1名で行われる

調停は非公開です。調停委員が、申立人、相手方から意見を聞き、場合によっては当事者で話合います。申立人は申立ての趣旨事情、調停の条件について述べ、相手方もこれに反論し調停の条件について意見を述べます。調停委員は解決案、調停案を出し、妥協点を探します。

③調停成立

合意が成立すると、裁判官、調停委員、書記官の立会いの下、調停調書が作成されます。実際は、調停が整った日は調停条項を読みあげるだけで、あとで書記官が清書したものを当事者双方に送ってくれることになります。こうしてできた調停調書には、訴訟による判決と同じ効力があります。

※合意に相当する審判（次頁参照）

④調停不成立

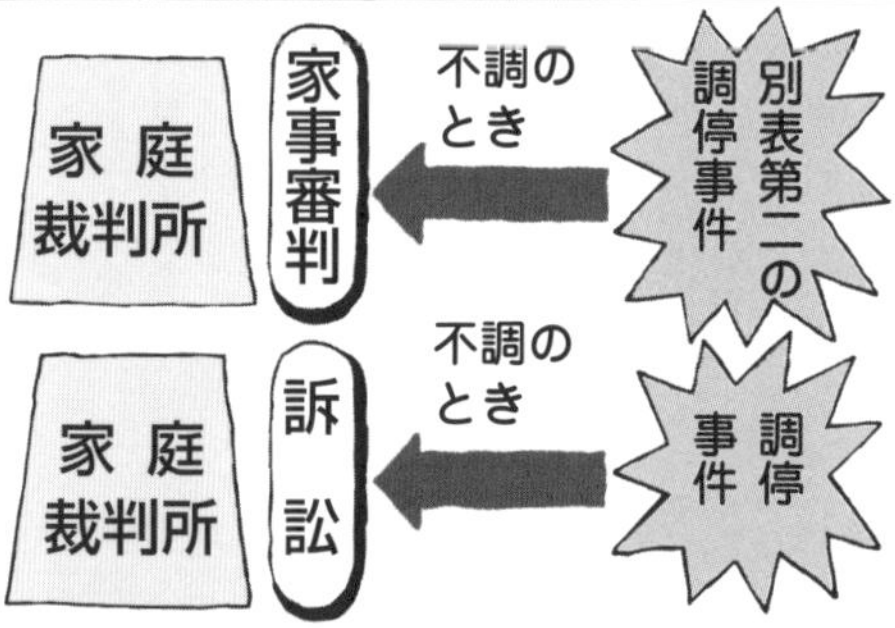

話合いがどうしても合意に達せず、調停不成立となったときは、事件の内容により審判、または訴訟へと移行します（上図参照）。訴訟まではしたくない、できないということになると、調停の申立てはしたが紛争は未解決ということになります。

※調停に代わる審判（次頁参照）

●家事調停の手続き

調停室では、裁判官と調停委員が2人（普通男女一組）が出席するのが建前です。しかし、実際には、裁判官（家事審判官）が立会うのは調停成立・不成立という重要な段階になってからという場合が普通です。

なお、家庭裁判所が相当と認めるときは、裁判官一人で行うことができます。

両当事者が同室で事情を聞かれることもあるし、場合によっては、申立人が事情を述べているときは相手方が室外に出て、相手方が事情を述べているときは申立人が室外に出ているというように、交互に聞かれる場合もあります。

一回で話合いがつかないときは、改めて話合うことにし、次回期日を決めてその日は終わりになります。次回期日までに不明確な点は調査し、条件を練り直したりして、次回期日にまた話合い、妥協点を探すわけです。

●本人出頭主義

家庭裁判所の調停事件は、事件の実情をもっともよく知っている本人から、直接事情を聴取するのが建前です。弁護士を代理人とすることもありますが、すべて任せきりというわけにはいきません。

これを「本人出頭主義」といいます。

●合意に相当する審判

婚姻や養子縁組の無効取消し、協議上の離婚や離縁の取消し、認知の無効取消し、民法七七三条により父を定めること、嫡出子の否認または身分関係存否の確定など人事に関することは、一身上の重要事項であるため、調停委員会で合意が成立しても、さらに裁判所が「合意に相当する審判」を行なうことになっています。

裁判所は事実を調査し、調停委員会の意見を聴いて、合意が正当であるかどうかを確認し、正当であれば、これを認める審判を下すのです。

この審判に不服のある利害関係人は、2週間以内に家庭裁判所に異議の申立てをします。

●調停に代わる審判

調停不成立で、それが一般調停事件のときは、訴訟で争うことになります。しかし、調停に時間をかけ事実関係もある程度明白になっていながら、わずかな食い違いだけで調停不成立になってしまった場合など、訴訟で一からやり直すのがもったいないと思われることがあります。

このようなとき、裁判所が審判のかたちで裁判所案を示し、当事者に押しつけることもあります。一種の強制調停ですが、納得できればよし、不服なら家庭裁判所に異議申立をすることができます。適法であれば効力を失います。

Q 家庭裁判所を利用するには

家庭裁判所には、調停や審判をどう申立てるべきかなどについて悩んでいるような場合に、相談にのってもらえる家事相談手続きの窓口が設けられています。

家庭裁判所に行ったら、まずは家事手続き相談を受けることです。家事手続き相談では具体的な解決案や判決が下されるわけではありませんが、円満に解決するよう手続きについて説明や助言をしてくれます。家事相談をしても問題が解決せず審判や調停を申し立てることになれば、必要な手続きの仕組みや書類の書き方を教えてくれます。

また、民事事件で訴えるときのように多額の費用を必要とせず、少ない費用で済むようになっています。

申立て費用は、調停が一二〇〇円、家事事件手続法の別表第一（審判）が八〇〇円、別表第二（審判あるいは調停）が一二〇〇円です。

5 家事審判の手続き

家事審判を申立てるのは次のようなときです。
別表第1の事項
別表第2の事項
※別表第1・別表第2は59・60ページ参照
家事審判申立書
申立書の書き方などについては家事相談室で教えてくれます。別表第二の事項で調停不成立となったものは審判に自動移行します。
家事審判も非公開で行なわれ関係者以外が立会うことはありません。家庭裁判所が職権によって事実調査証拠調べを行ないます。
審判の結果、申立ての理由ありと判断したときは「認容」の審判を理由がないと判断すれば「却下」の審判が告知されます。
認容
却下
ガクッ
審判に不服のあるときは「即時抗告」をして高等裁判所で争うことになります。
即時抗告
審判告知後14日以内に即時抗告がなければ、審判は確定します。
審判書

Q 即時抗告とはどんな訴えなのか

裁判所が下した決定や、裁判官が下す命令に対する不服申立ての事を、抗告といいます。即時抗告は、その抗告の一種で、法律に特に規定がある場合にのみ許されています。

即時抗告は、通常の抗告とは異なり、提起期間が定められており、一定期間内（審判は2週間）に提起することを要しますが、他方、執行停止の効力を有し、その提起期間内およびその申立てがあったときには、原裁判の執行は停止されます。

法律がこの即時抗告を認めた趣旨は、執行停止の効力を認め、原裁判に不服なものの利益を確保すると同時に、他方、申立期間を極めて短期間に制限し、不当に長くその執行が停止されることを防止しようとするところにあります。

6 調停・審判の効力

調停調書や
確定した審判書には
訴訟による判決と
同じ効力があります。
約束
守ってよ
調書
慰謝料、財産分与、
養育費、扶養料など
財産上の支払義務に
ついては、
義務者に確実に約束
を実行させるため
家庭裁判所に特有の
制度があります。

「履行勧告」は権利者の
申出がある場合に、
家庭裁判所が、義務者に
誠実に債務を履行するよ
う勧告するものです。
「履行命令」は期限を
つけて債務を履行する
よう命令し、
従わなければ過料の
制裁を科すものです。
履行確保のための制度
履行勧告
家庭裁判所
履行命令
このほか「裁判所寄託払
い」の方法もあります。

強制執行
裁判所
強制執行
強制執行
預金
給料
それでも相手が
金銭を支払って
くれないときは、
最後の手段として
「強制執行」が
あります。
義務者の給料や
預金などに対して
強制執行をかける
ことができます。
「差押え」とも
言います。

なお、
養育費、婚姻費用
分担金のように
毎月一定額を支払
わせる扶養義務の
性質を有する
債権については、
一定の将来の
ものについても
強制執行をかける
ことができます。
給料
給料
給料
給料
給料
強制執行
差押さえ

Q 相手方が義務を履行しない場合は

家庭裁判所の調停で、約束した慰謝料や財産分与など財産上の給付を目的とする義務の履行を、相手方が怠ったときは、調停をした家庭裁判所に申し出て、相手方に履行勧告してくれと頼むことができます。

それでも履行しない場合は、調停をした家庭裁判所に履行命令の申立てをすることになります。履行命令に従わないと、相手方は一〇万円以下の過料に処せられます。履行の調査・勧告の申出には調停調書の謄本を提出しなければなりません。

最後の手段は強制執行をかけることになります。扶養義務者が養育費など扶養義務等に係る定期金債権の支払いを滞っている場合、支払期限の到来している分に加え一定の将来分についても強制執行ができます。

第3章　民事調停の申立て

調停とは、第三者である調停機関が、紛争の当事者を仲介あっせんして合意が成立するように努力し、紛争を解決することです。

一般に、民事に関する紛争には民事調停の手続きが、家事事件については家事調停の手続きがそれぞれ定められています。

家事事件を民事調停で解決することはできません。

1 民事調停申立てのメリット

貸した金を返してくれないんです 彼とは古くからの友達だし これからもつきあっていきたいので訴訟だけはさけたいのです
民事調停という方法がありますよ。民事調停は譲り合いによって条理にかない実情に即した解決を図ろうとするもので訴訟による判決のような一刀両断の解決を避けることになります。
合意成立
判　決
勝訴
敗訴
それに、訴訟のように原告・被告として争うのではなく、話合いによって合意するわけですから、訴訟ほど後にしこりは残らないでしょう。
訴　訟
民事調停
……
合意が成立して調停調書を作成すると訴訟による判決や裁判上の和解と同じ効力を持ちます。
調停調書
しかも訴訟に比べて費用が安く手続きも簡単で時間もそれほどかかりません

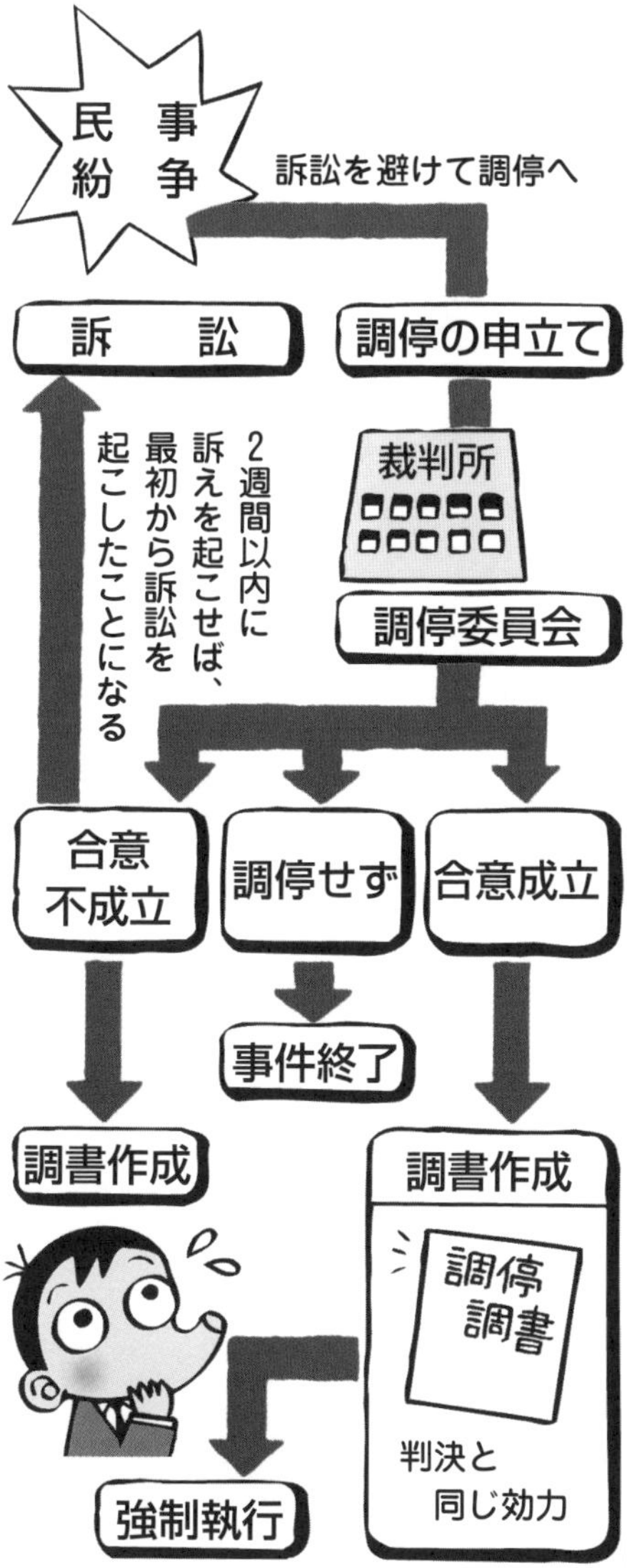

〔書式〕調停申立書のサンプル

収入印紙

調停申立書

令和　年　月　日

□□簡易裁判所　御中

申立人　甲野太郎　㊞

〒　－

○○県△△市□□丁目○番○号（送達場所）

申立人　甲　野　太　郎

〒　－

○○県△△市××丁目○番○号

相手方　乙　川　次　郎

貸金請求調停事件

訴訟物の価額　金２０万円

貼用印紙　　　金□□円也

申立の趣旨

相手方は申立人に対し、金２０万円及びこれに対する平成□□年１２月１日より支払い済みに至るまで年５分の割合による金員を支払え。

調停費用は相手方の負担とする。

との調停を求める。

紛争の要点

１　申立人は、平成□□年１１月１日、相手方に対し、金２０万円を同月末日限りの約定にて貸し渡した。

２　ところが期限が来ても相手方は支払わないので本申立に及んだ。

３　（返済をしない事情等）

添付書類

１　相手方の名刺（写し）　　　１通

Q　民事調停はどのように区分されるか

民事調停は沿革上の理由もあって金銭貸借や所有権をめぐる紛争など民事紛争全般を扱う「一般調停」と以下のような特別な調停とに区分されます。

▼宅地建物調停

宅地・建物についての貸借、その他地役権、占有権、相隣関係など、その利用関係に関する紛争を扱う。

▼農事調停

農地または農業経営に付随する土地建物その他の農業用資産の貸借、たとえば小作関係その他の利用関係の紛争を扱う。

▼商事調停

商人間の売掛金や手形小切手に関する紛争その他の商事紛争を扱う。

▼鉱害調停

鉱害法に定める鉱害の賠償に関する紛争を扱う。

② 民事調停の手続き

調停の申立書が受理されると当事者双方に呼出状が届きます。
裁判所
呼出状
調停は非公開で行なわれます。当事者双方と調停委員がテーブルを囲んで話合うこともあります。
非公開
乙野さんとは今後も仲良くしていきたいのでこういうことはしたくありませんでした…
しかし私も今、お金に困ってるんです
申訳ないと思いながら返済が遅れて…
金さえできればすぐにでも返したいんですが…
どうでしょう
分割で返済しては？
話合い、互譲、説得の結果、合意が成立すると
よろしく
それではそういうことで
裁判官（または民事調停官）が合意成立の調書を作成します。
調停調書
この調書には確定判決と同じ効力があり
調停調書
相手が調書の内容を任意に履行しないときには、強制執行ができます。

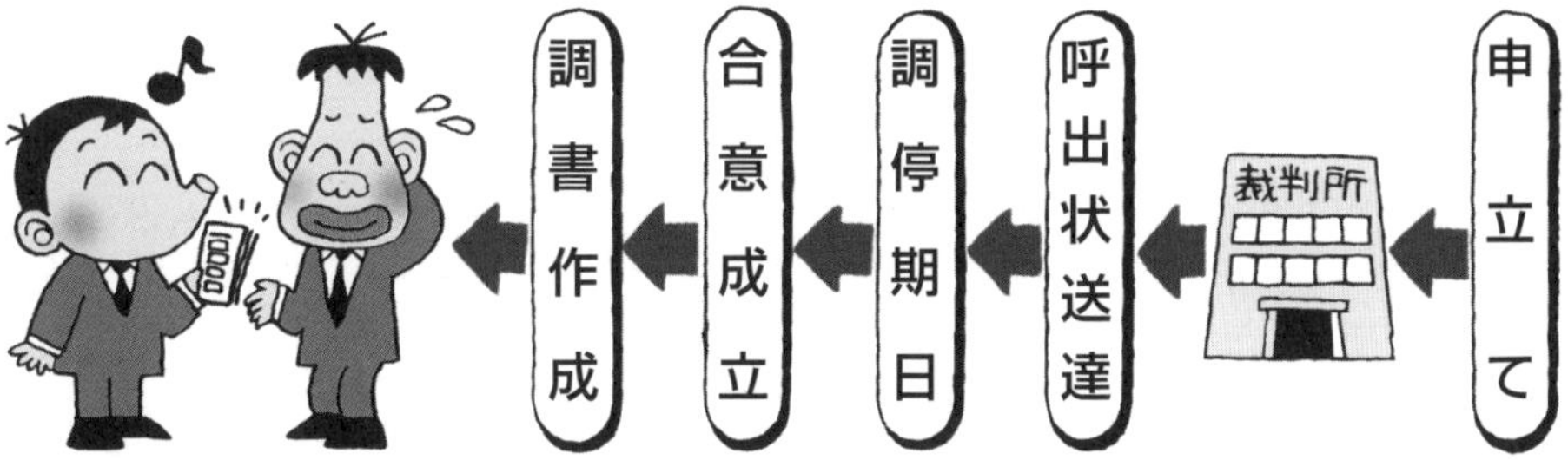

●民事調停の申立て

申立書は、相手の数プラス2通作成します。

申立てをする裁判所は、原則として相手の住所地や営業所を管轄する簡易裁判所です。相手方の合意があれば、他の地方裁判所、簡易裁判所でもかまいません。

調停は、はじめから調停申立てをしたときばかりでなく、はじめは訴訟を起こし、審理している裁判所が調停で解決するのが適当と考えて、調停の方へ回すこともあります。

●民事調停の進め方

調停を申立てると、相手方に申立書の副本が送られ、双方に期日の呼出状がきます。

調停期日には、当事者双方と調停委員が机を囲んで話合うことになりますが、片方ずつ別々に話合われることもあります。調停委員は、直接当事者から事情や言い分を聴く一方、提出された証拠書類を調べたり、職権による調査などを行います。調停の期日は、普通、数回に渡り、合意が成立すれば裁判官（または民事調停官）が立会って合意成立の調書を作成します。この調書には確定判決と同じ効力があり、相手が調書の内容を任意に実行しないときは強制執行をすることもできます。

●調停不成立のとき

調停不成立のときも、その旨の調書を作成します。作成後2週間以内に訴えを起こせば、最初から訴訟を起こしたことになります。

Q 調停には他にどんなものがあるのか

調停には、民事調停（民事調停法二条）、民事調停法の特例で、返済が困難で支払不能に陥るおそれのある債務者の経済的再生を図るための特定調停（特定債務等の調整の促進のための特定調停に関する法律二条）と家事調停（家事審判法一七条）のほかに、特殊の分野に属する調停があります。

労働争議の場合には、労働委員会の行なう調停が、市町村など地方公共団体相互間の紛争の場合には、自治紛争調停があります。

建設工事の請負契約に関する紛争がおきた場合には都道府県建設工事紛争審査会の行なう調停が、大気や水の汚染、騒音など公害紛争の起きた場合には、中央公害審査委員会や都道府県公害審査機関の行なう調停があります。

第4章　訴え提起前の和解の申立て

民事訴訟のところで「訴訟中の和解」について説明しましたが、訴え提起前の和解（即決和解）は訴訟を起こす前にする和解です。一般に「和解」というと、裁判所の外で話合いで紛争を解決することだと考えられているようですが、法律でいう「和解」は裁判所の法廷で裁判官の前でする和解のことです。裁判上の和解が成立すると、訴訟による確定判決と同じ効力を持ち、強制執行ができます。

1 訴え提起前の和解をする場合

ウーム素晴らしい私の画廊で個展を開かないかね
えっ
新進画家の竹山D夫氏は画商の梅川E蔵氏の画廊で個展を開きました。個展は大成功だったのですが…
梅川さん私の作品返して下さい
君にはお金も随分貸してるしねえ……
梅川氏は作品を返してくれません。
竹山さんはX弁護士に相談しました。
訴訟を起こすと金がかかると聞いています何とか訴訟以外の方法で作品を取戻せないでしょうか？
訴え提起前の和解があります訴訟を起こす前にする和解で費用も少なくてすみますよ
ただし、和解を申立てる前に相手方とある程度合意ができている必要があります
相手も返さないとは言ってません
竹山さんはX弁護士とともに梅川氏の画廊に行きました。
梅川画廊

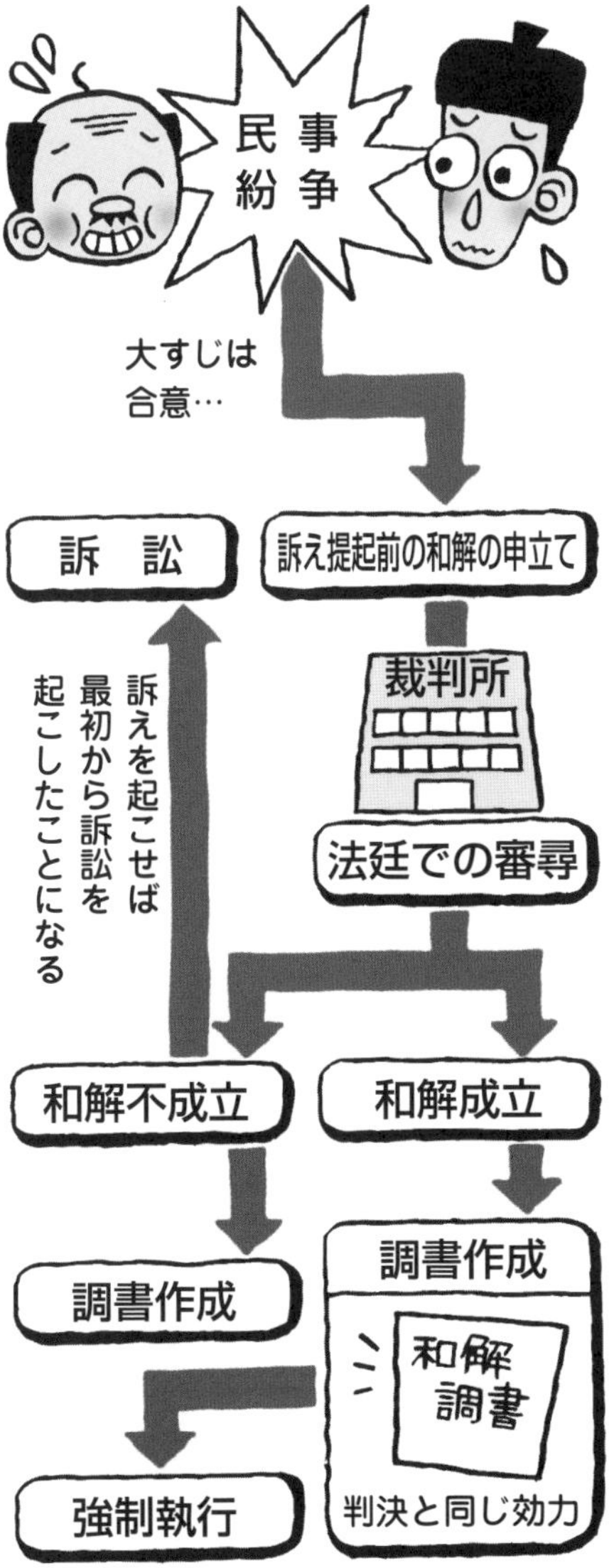

〔書式〕訴え提起前の和解申立書のサンプル

収入
印紙

訴え提起前の和解申立書

令和　年　月　日

○○簡易裁判所　御中

申立人　　竹　山　D　夫　㊞

〒　－

○○県△△市□□丁目○番○号（送達場所）

申立人　　竹　山　D　夫

〒　－

○○県△△市××丁目○番○号

相手方　　梅　川　E　蔵

請求の趣旨

別紙和解条項のとおり和解の御勧告を求める。

請求の原因

1　申立人は平成□□年11月1日から8日まで相手方の経営する梅川画廊において個展を開いたが、個展が終了しても絵画を返却しない。

争の実情

1　相手方は申立人に対し、平成□□年2月1日金○○万円の貸付があると主張し、債務及び支払い方法につき争がある。

2　このたび、双方話合の結果、別紙和解条項記載の趣旨で和解成立の見込みがついたので本申立に及んだ次第である。

和解条項

1　申立人は相手方に対し金　　万円を令和□□年　月　日までに弁済する。

2　相手方は申立人に対し令和□□年　月　日までに絵画を返却する。

3　……………

Q 訴え提起前の和解と示談のちがい

民事上の紛争について争っている当事者が、裁判外で話合いをして解決をはかることを、一般に示談と呼んでおり、また和解とは、紛争当事者の互譲により、その間の争いを止めることを内容とする約束を取りかわすことをいいます（民法六九五条）。

示談と和解については厳密に区別する考えもありますが、強いて区別するだけの必要も実益もありません。しかし、示談・和解の話合いがまとまっても、これだけでは約束を履行されなかった場合に、強制することができませんので、相互の信頼、信用が基礎にある場合に限られます。そのため履行を確保する必要があるときは、公正証書や、裁判所の関与した和解調書、調停調書にしておくことが大切です。

2 訴え提起前の和解の手続き

梅川さん私の作品返却して下さい
もちろんお返ししますよ今すぐというわけにはいきませんが…
返却については合意ができているようですね
どうでしょう返却期限を決めて和解ということにしては?
竹山氏と梅川氏は和解条項となる私文書を作り
じゃあ年内には返却して下さい
X弁護士は竹山氏の代理人として訴え提起前の和解を申立てました。
裁判所
申立書
訴え提起前の和解の申立書が受理されると当事者双方に呼出状が届きます。
裁判所
呼出状
訴え提起前の和解の期日には、当事者双方が裁判所に出頭します。裁判官の前で双方が和解条項を認めれば和解成立で調書を作成します。
和解条項の通り陳述しますか?
はい…
はい♡
訴え提起前の和解の調書には
確定判決と同じ効力があり
和解調書
相手が任意にその内容を履行しないときには強制執行できます。

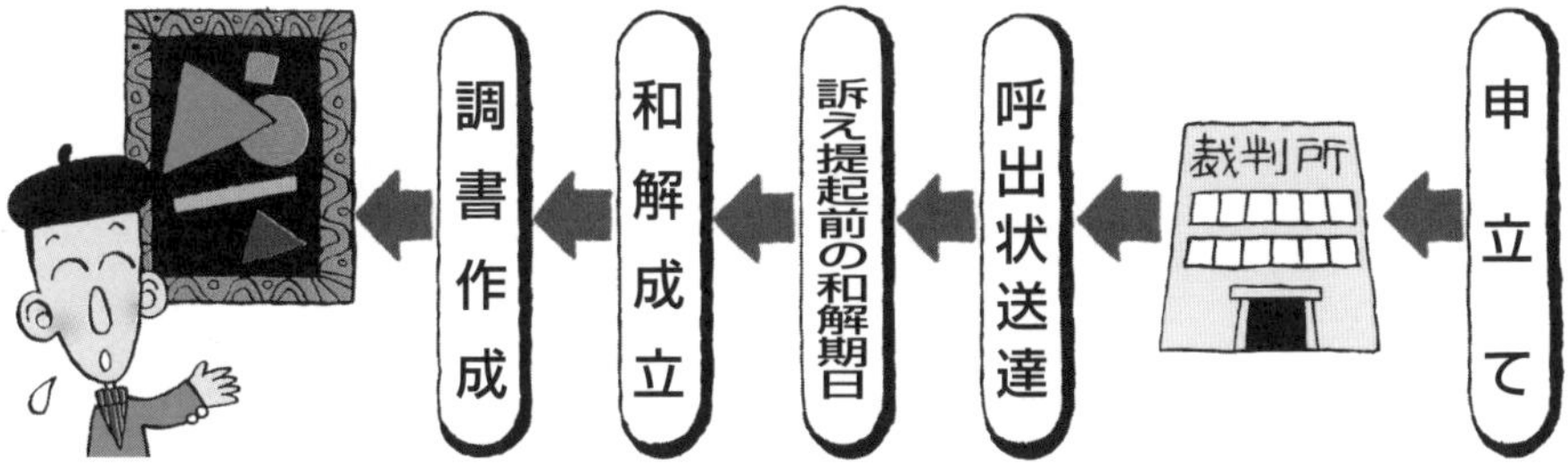

●訴え提起前の和解はこんなときに

和解とは双方が一定の条件に歩み寄ることですが、即決和解では、申立てをするときには和解の内容が決まっていることが多いものです。双方で話合いはついているが、それを法律的にも確実なものにしたいときに、訴え提起前の和解が申立てられることが多いのです。

訴え提起前の和解にすると、公正証書では強制執行できないような事項、たとえば、家の明渡し、特定の美術品の引渡しといった内容でも、強制的に履行ができます。

●訴え提起前の和解の申立て

申立書は、相手の数プラス2通作成します。和解条項は、申立書の2倍作成し、申立書に綴り込んだ残りは添付して出します。

申立てをする裁判所は、原則として相手の住所地や営業所を管轄する簡易裁判所です。相手方の合意があれば、他の簡易裁判所でもかまいません。

●訴え提起前の和解の進め方

訴え提起前の和解を申立てると、双方に期日の呼出状がきます。

和解期日には、当事者双方が法廷に出頭します。期日までに、提出した和解条項をもう一度検討しておくことが大切です。抜け落ちている点や変更を希望する点があれば、和解期日に裁判官に申述します。裁判官は、疑問の余地がなければ、双方に対して和解条項の通りに和解してよいのかを確かめて、和解成立を宣言し調書を作成します。この調書には、確定判決と同じ効力があり、相手が調書の内容を任意に履行しないときは強制執行をすることができます。

●和解不成立のとき

事前に話合いがついていていても、期日になって和解が不成立になることもあります。不成立になって訴えを起こせば、最初から訴訟を起こしたことになります。

Q 訴え提起前和解の注意事項は

訴え提起前の和解は簡易裁判所における手続きですから、許可を得れば弁護士でない者も訴訟代理人となれます。

したがって、委任状を利用し代理人によって訴え提起前和解をする場合、当事者の知らないものが代理人となっていたり、話合いの時には予想もしなかった事項が和解条項の内容になっていたりし、このため家屋明渡しの強制執行をうけたりすることもあります。

もちろんこのような場合は、和解は無効が問題となり、請求異議の訴を起こすなどして、救済を求められる場合もありますが、手続きは費用もかかり、厄介ですから、弁護士に依頼しないと無理な場合も多いようです。

第5章　手形・小切手訴訟の起こし方

手形小切手訴訟は、手形や小切手金を求める事件のため特に設けられた訴訟手続きです。
通常の訴訟手続きに比べ、手続きが簡単で迅速に行なわれ、担保を提供することなしに仮執行宣言付判決を得て強制執行を行なうことができます。しかも、ややこしい法律問題がからまない限り、弁護士に依頼せず本人でやれることが多いのです。

1 手形・小切手訴訟のメリット

お客様この小切手ですが…
ええっ!!不渡り!?
春野F雄氏はX弁護士に相談しました。
どうしたらいいんでしょうか?
手形・小切手訴訟を起こすことですね
訴訟?
時間がかかるんじゃないですか?

手形・小切手訴訟は通常の訴訟手続きとは違ったやり方で審理が進められるので、通常の訴訟より早く問題を解決することができます。

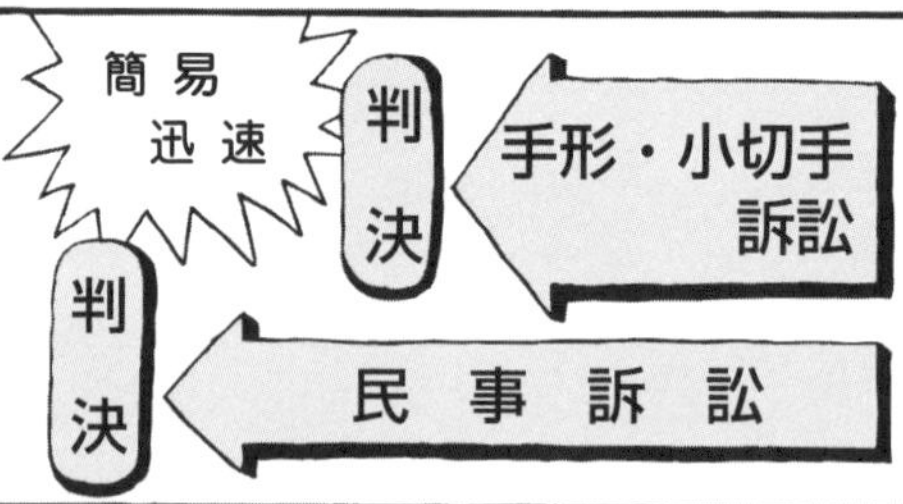

手形・小切手訴訟
判決
簡易
迅速
民事訴訟
判決

また、ややこしい事件でなければ弁護士を依頼することもありません。

手形・小切手訴訟の審理では、原則として証拠は書証に限られています。

証拠は書証だけ
証拠

書証以外の証拠が必要なときは、通常の訴訟を申立てることになります。

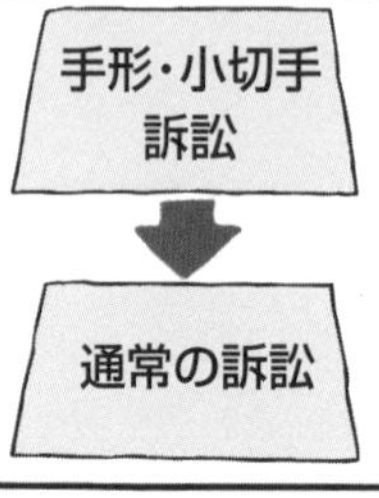

手形・小切手訴訟
通常の訴訟

手形・小切手訴訟の審理の途中で、通常の訴訟に移行することもあります。

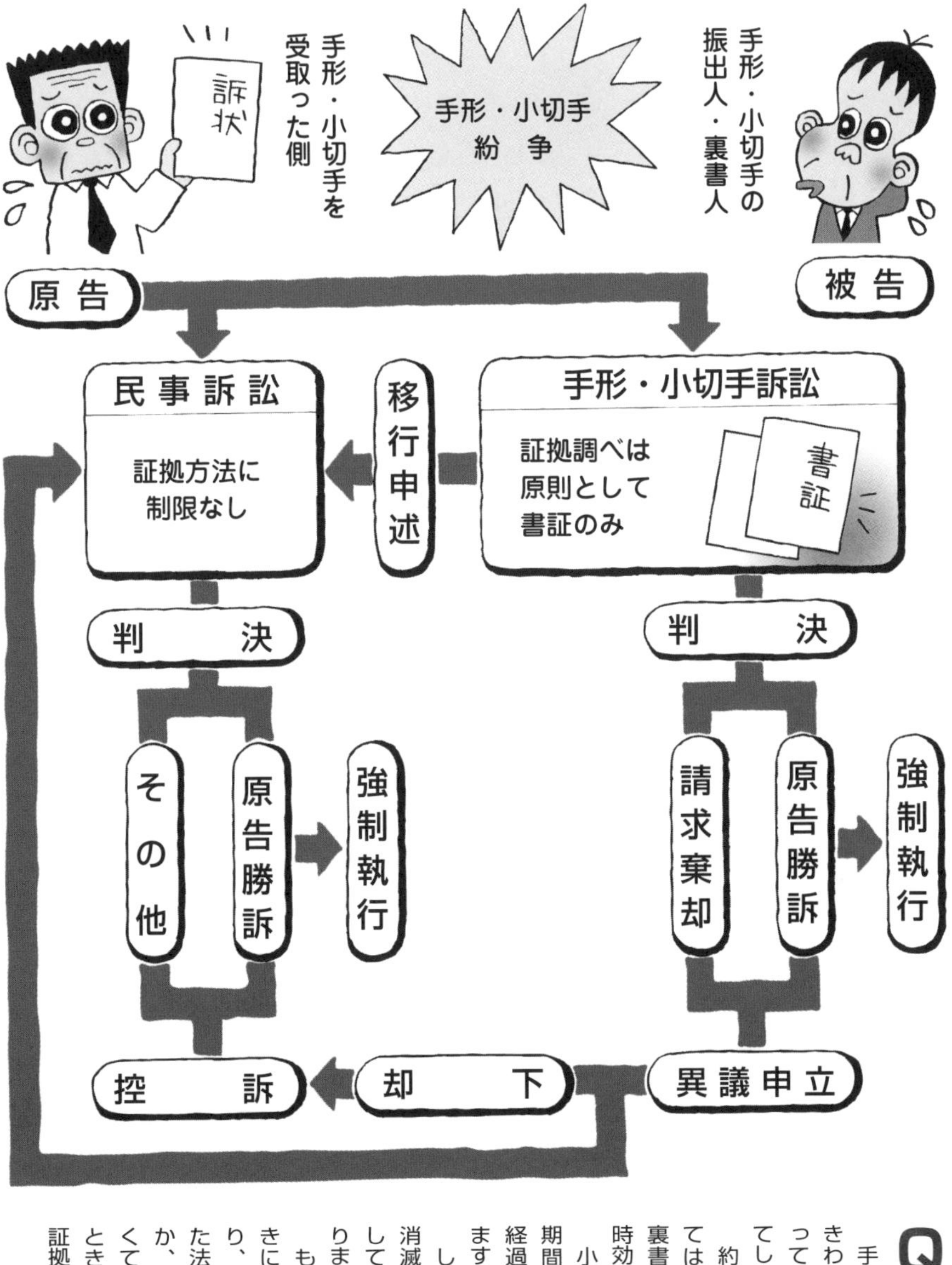

Q 手形・小切手の時効は何年か

手形・小切手上の権利はきわめて短期間の経過によって時効にかかり、消滅してしまいます。

約束手形の振出人に対しては、満期の日から三年、裏書人に対しては、一年で時効にかかります。

小切手の場合には、呈示期間（振出日より一〇日）経過後六カ月で時効消滅します。

したがって、権利が時効消滅しないうちに訴状を出して訴訟を進める必要があります。

もし、時効にかかったときには、手形を振り出したり、裏書きする原因となった法律関係、つまり売買とか、貸借関係を持ち出さなくてはなりませんが、そのときには、手形や小切手は証拠の一つになります。

2 手形・小切手訴訟の手続き

手形小切手金を支払ってもらえないときは振出人、または振出人・裏書人の両方を訴えることになります
通常の訴訟か手形・小切手訴訟かどちらで訴えるかを決めます
手形・小切手訴訟です！
では、訴状にその旨を記載します
小切手金請求事件
手形小切手訴訟は迅速に手続きを進めるために通常の訴訟の手続きとは違ったやり方で進められます。
小切手
第一回期日に弁論だけでなく証拠調べまで行なわれることが多く
では証拠を提出して下さい
前述のように書証だけが証拠となります。書証以外の証拠が必要になれば通常の訴訟に移行します。
書証
書証
勝訴判決を得てそれに仮執行宣言が付いていれば確定を待たずに強制執行できます。
強制執行
判決
書証さえしっかりしていれば手形・小切手訴訟で訴えることです。

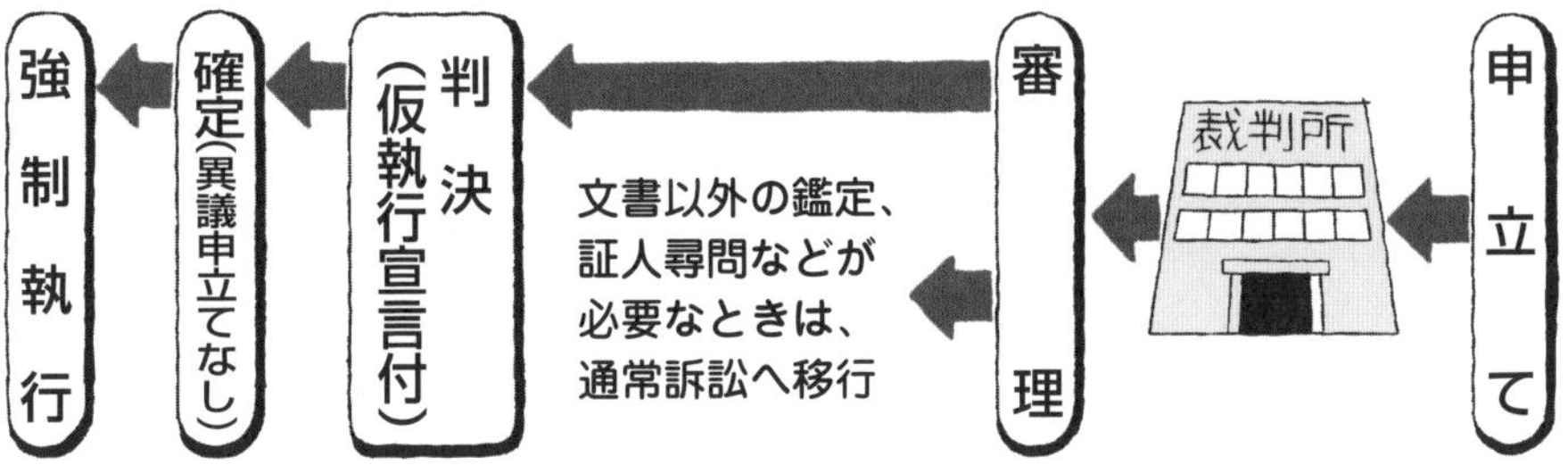

●手形小切手訴訟の注意点

手形小切手訴訟では、手形や小切手そのものが何よりの証拠です。記載された金額や支払い期日、裏書きなどのほか、呈示の事実などの要件が認められれば、それだけで勝訴です。

注意しなければならないのは、手形や小切手の記載もれです。訴訟を起こす前に、確認する必要があります。

●証拠は書証だけ

手形小切手訴訟では、証拠は書証に限られます。

振出人や裏書人が「私が振出や裏書をしたのではない、その手形（小切手）はニセモノだ」と主張してきたら、ホンモノであることを立証しなくてはなりません。

それを証明する書面があればよいのですが、書面以外の証拠で証明することになれば、通常の訴訟に移行して争うことになります。

●手形小切手訴訟の申立て

手形、小切手、どちらについての訴訟であっても、手続きに大きな違いはありません。

訴状には、手形小切手訴訟で訴える旨を記載し、手形や小切手に付いている付箋の写しを添付します。相手方の住所地または営業所を管轄する裁判所のほか、手形・小切手の支払地を管轄する裁判所にも訴えることができます。原則として、訴額が140万円以下のときは簡易裁判所、140万円をこえるときは地方裁判所に申立てます。

手形小切手訴訟は通常の訴訟とは違ったやり方で審理が進められるので通常訴訟で1年かかるところでも2、3ヵ月で解決することがあります。しかも、ややこしい法律問題がからまない限り、弁護士を依頼せず本人でできます。

ただし、もつれると他の訴訟よりかえって難しい法律問題がからんでくることもあります。

Q 手形・小切手訴訟の訴状の作り方は

手形・小切手訴訟の訴状には、第一に、訴状という表題の下に、「手形訴訟（または小切手訴訟）による審理及び裁判を求む」と記載します。

第二に、請求の趣旨には、必ず「仮執行の宣言を求める」ということを書き加えます。

第三に、請求の原因は、必ず手形法に定められた要件を正確に記載し、原告がこれら手形を所持しているということを書きます。また、支払いのために法定の期間内に呈示したこと（裏書人に対する請求のために必要）、支払いを拒絶されたことを記載します。

第四に、訴状には手形の写し、支払拒絶のあったことを示す銀行などのつけた付箋の写しを、証拠として添付します。このときに、手形の裏面のコピーも忘れないように添付します。

第6章　非訟事件手続きの申立て

非訟とは、文字どおり訴訟ではないということです。

訴訟のように二者対立の構造で白黒をつけるのではなく、裁判所の大きな裁量によって当事者双方の利害の調整を図るものです。

訴訟に比べ、時間、手間、費用の面で簡便ですが、すべての紛争が非訟事件となるわけではありません。なお、手続をしやすくした等の新しい「非訟事件手続法」が制定され、平成25年1月1日に施行されました。

1 非訟事件手続きのしくみ

株式の譲渡制限があって売れない株を社長が買い取ってくれることになったんです
ほほう
それが…額面の半額なんです！
訴えることはできますか?!
ふむ…それは訴訟事件ではなく
非訟事件になりますな
非訟事件？
そうです
非訟で買取価格は決定されます
非訟事件は訴訟とは違う
簡便な手続きで事件を解決するものです
非訟事件の審理は原則として非公開で行なわれます。裁判所は訴訟ではなく事実関係の調査や専門委員会の意見などを聴いた上で判決ではなく決定を下します。
裁判所
申立

●非訟事件とは

　非訟事件は、民事の法律関係に関する事項について裁判所が通常の訴訟手続によらず、簡易な手続きで処理・判断する事件類型をいいます。訴訟との違いは、訴訟が公開の法定で当事者が権利を主張しあう対審であるのに対して、非訟は、原則として非公開で、裁判官が事実の調査や証拠調べを職権で行う職権探知主義がとられています。また、裁判所の判断が、訴訟では判決であるのに対して，非訟事件は決定です。

●非訟事件手続

　非訟事件手続について定めているのが非訟事件手続法です。ただし、あくまで基本的な事項を第一編および第二編で定めているだけで、非訟事件として多い家事事件については家事事件手続法およびその規則、会社非訟事件については会社法及び会社非訟事件等手続規則、借地非訟事件については借地借家法および借地非訟事件手続規則があるなど、非訟事件手続法にすべてが規定されているわけではありません。

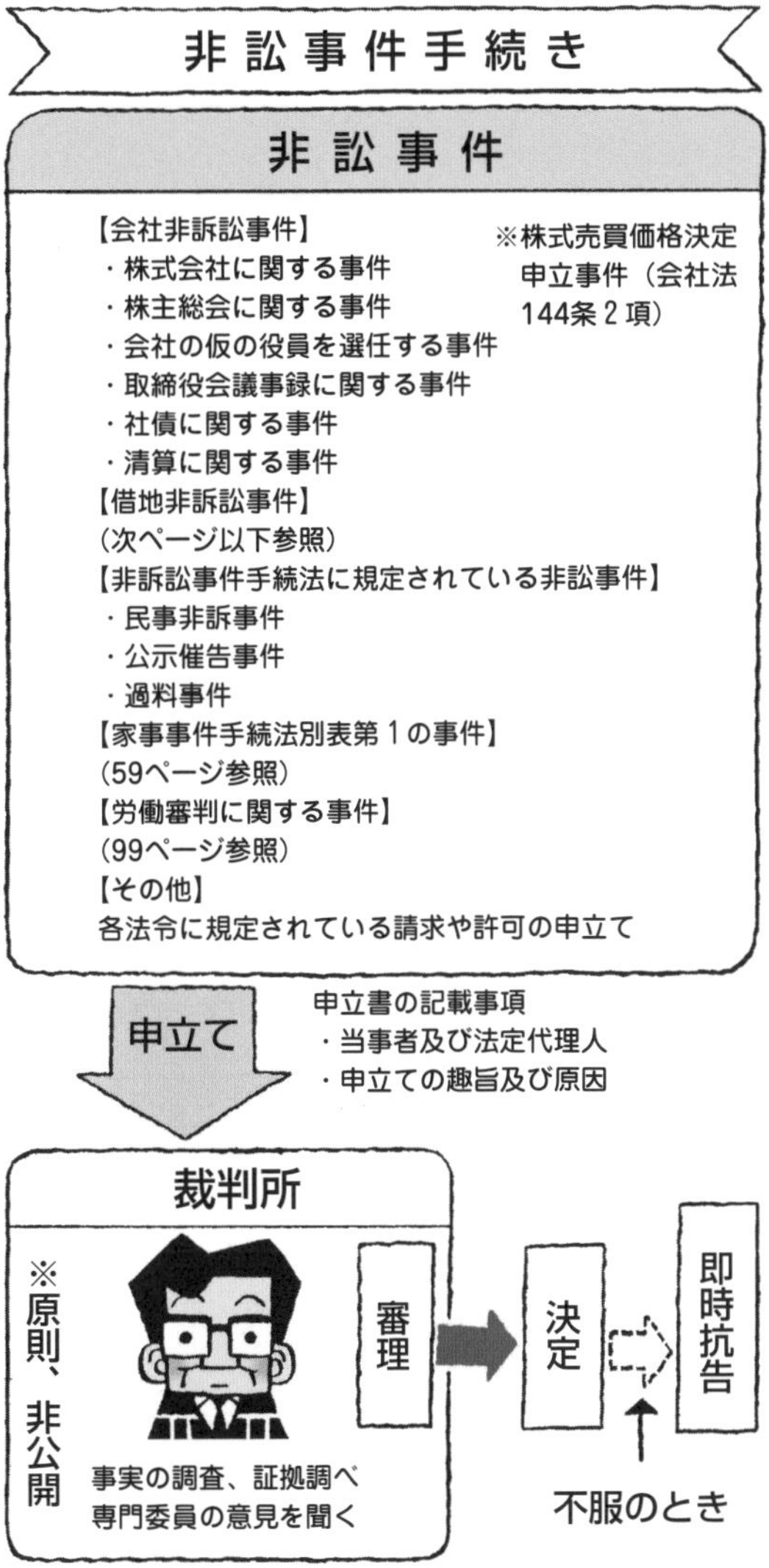

Q 新非訟事件手続でどう変わったか

　新非訟事件手続法は、非訟事件手続をより利用しやすくするために、旧非訟事件手続法の規定をより現代社会に適合した内容とし、文語体であった表記を平仮名口語体に改めています。

　従来と異なる主な点は以下のとおりです。

①利害を有する者が手続に参加が可能に
②当事者等の記録の閲覧等が原則可能に
③電話会議・テレビ会議システムの導入
④和解・調停制度の利用が可能に
⑤専門委員制度の創設
⑥その外、管轄、不服申立て等の手続に基本に関する規定が整備された

　なお、新法は平成二五年一月一日から施行さています。

② 借地非訟手続きのしくみ

大家さん増築したいのですが承諾していただけますか？
契約に増改築禁止の特約があるだろ絶対ダメ!!
そんなこと言わないでなんとか…
ウーン それじゃ承諾料をだね…
え〜〜〜っ
2千万円!!
法律事務所
2千万円だなんて承諾しないのと同じです…
借地非訟事件の手続きをとることですね
訴訟ですか？
グスン…
非訟というくらいですから
訴訟ではありません
非訟事件の審理は非公開で行なわれます。裁判所は訴訟ではなく事実関係の調査鑑定委員会の意見などを聴いた上で地主の承諾に代わる許可をするのです。
審査
鑑定委員会
裁判所
裁量

申立て
裁判所
裁判所の裁量
鑑定委員の調査
事実関係の調査
裁判所
処分決定

● 借地非訟事件となるのは

借地に関する紛争のすべてが、借地非訟事件となるわけではありません。借地非訟事件となるのは次のときです。

①借地条件の変更をしたいとき
②借地上の建物を増改築したいとき
③借地契約更新後、建物を再築したいとき
④借地上の建物を譲渡したいとき
⑤競売で借地上の建物を取得したとき
⑥借地権設定者（地主）が前記④および⑤の場合に介入権（借地権を借地上の建物と一緒に優先的に買い取ること）を行使したいとき

これらのケースで、地主がそれを承諾しないときや、承諾はしたものの承諾料などの額で折り合いがつかないとき、地主の承諾に代わる許可を裁判所に申立てます。

● 借地非訟事件の申立て

提出書類として、申立書を相手の数プラス2通作成し、借地契約書などの写しを添えます。申立書は、裁判所に用意されています。

当事者間で合意があれば借地の所在地を管轄する簡易裁判所に、合意のないときは地方裁判所に申立てます。

申立時には、申立手数料および予約郵券が必要ですが、算定方法が少々複雑ですので、裁判所で確認してください。

● 借地非訟事件の進め方

借地非訟事件は調停に付されることもありますが、審理は非公開で行われます。裁判所は、職権によって事実関係を調べ、当事者の陳述を聞いた上で、原則として鑑定委員会の意見も聞き、これらを総合して地主の承諾に代わる許可の裁判をすることになります。

借地非訟の手続きの欠点は、それが長引くと、許可を受けるべき借地権の譲渡（つまり建物の売買契約）が流れてしまったり、あるいは増改築の時期を失してしまったりしやすいことです。

手続きを早く進めるためには、いろいろなデータを証拠となる形で事前に収集しておくことです。

Q 鑑定委員会はどんなことをするのか

借地非訟事件の申立てを認める裁判をするに際して、裁判所は当事者の利益を公平にする必要があるときには、他の借地条件の変更たとえば地代の増額や一定額の金銭の支払いを命ずることができます。

この点については、問題の土地に関する更地の価額、借地の価額、取引慣行などの社会経済上の専門知識が要求されるわけですが、鑑定委員会はまさに、この借地非訟事件手続きの運用上、重要な役割を果たすべく設けられたものです。

鑑定委員会は、裁判所が選任する三人以上の鑑定委員をもって組織されます。

いわゆる鑑定人ではありませんが、その意見は裁判をするにあたって十分に尊重されます。

★借地非訟手続きをとった方がよい場合

1借地条件を変更したいとき
2借地上の建物を増改築したいとき
裁判所
①地主の承諾に代わる許可の申立て
②土地の利用上相当などと認められれば許可
③借地条件の変更・増改築承諾料の支払いを命ぜられるのが普通
増改築によって建物の寿命がのびたときには、賃料の増額、借地期間の延長も考えられる
契約書には増改築禁止の特約があるけど増改築したい
絶対だめ

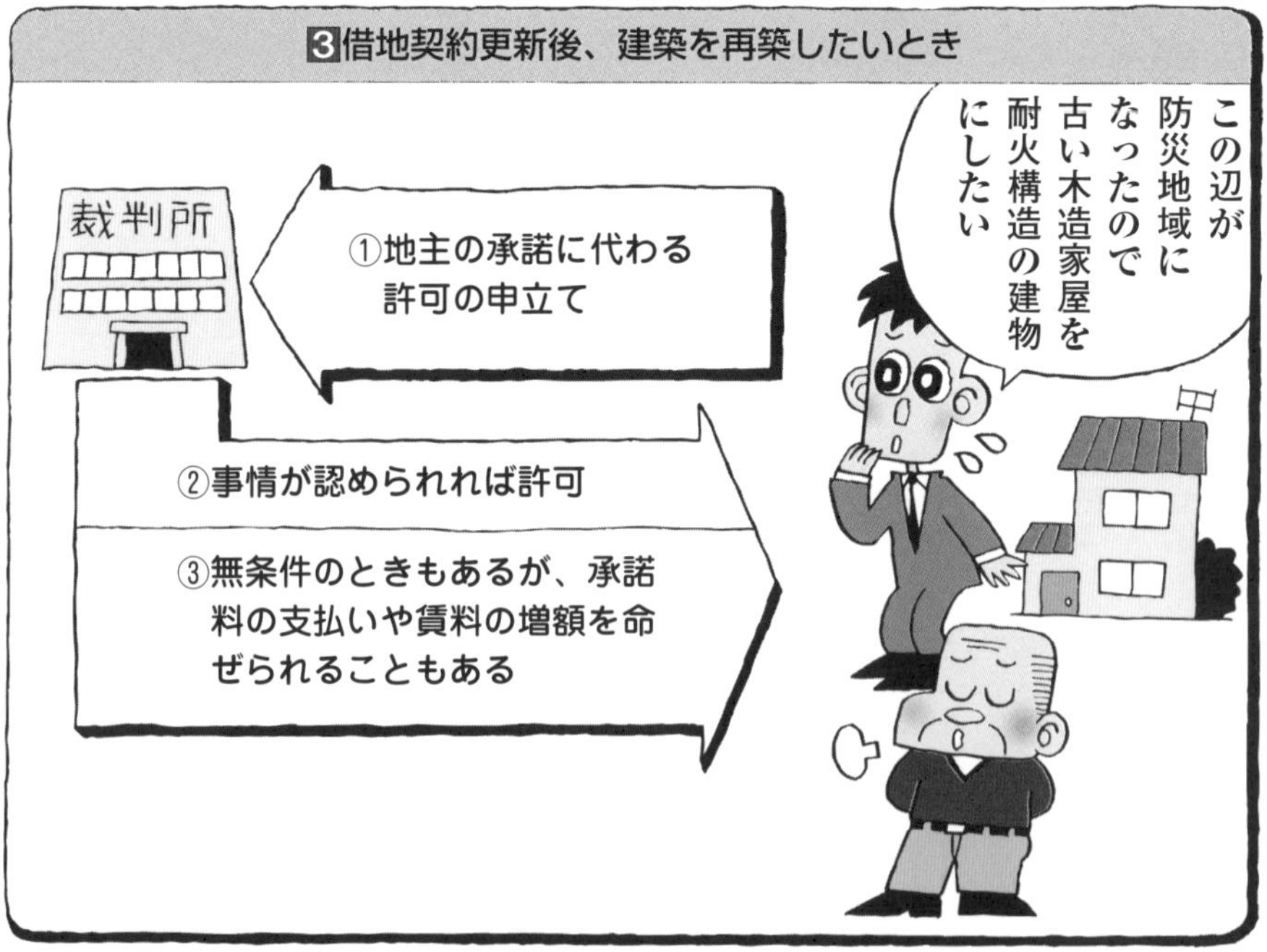

3借地契約更新後、建築を再築したいとき
裁判所
①地主の承諾に代わる許可の申立て
②事情が認められれば許可
③無条件のときもあるが、承諾料の支払いや賃料の増額を命ぜられることもある
この辺が防災地域になったので古い木造家屋を耐火構造の建物にしたい

4 借地上の建物を譲渡または借地権を転貸したいとき

裁判所

①建物の所有権移転前に地主の承諾に代わる許可の申立て

②地主に不利になるおそれがなければ許可

③譲渡の承諾料などの支払いを命ぜられるのが普通

※地主も自ら建物および借地権を買受ける申立てをして、それらの権利を買取ることができる

借地上の建物を
譲渡したいが
借地権も譲る
ことになる…
地主さんは
困らないはず
だけど…
絶対だめ
または
承諾料高いよ

5 競売で借地上の建物を取得したとき

裁判所

①競落代金支払後2カ月以内に、地主の承諾に代わる許可の申立て

②地主の不利になるおそれがなければ許可

③承諾料の支払いを命ぜられることが多い

※地主が自ら建物および借地権を買受ける申立てをして、それらの権利を買取ることができる

競売で
前の借主の
債権者から
建物を買った
んだけど
地主さんは
気に入らない
そんな話
聞いてな
いぞ!

第7章　自己破産の申立て

破産制度とは、裁判所が中心になって債務者の財産を債権者全員に公平に分配して債権者の公平な満足を確保すると同時に、破産した債務者の債務を整理し、債務者に更生と再出発のチャンスを与える制度です。平成17年から新破産法が施行され、手続きが簡素化されています。

破産を裁判所に申立てることは、債権者からも債務者からも可能ですが、債務者自らが申立てる破産を自己破産と呼んでいます。

1 自己破産制度と活用法

ドンドンドン
出てこい いるのは わかってる んだぞ!!
どうしたら いいの…！
クレジットや ローンで 買い物や キャッシングを している うちに 借金が 雪だるま 式に増えて もう返すに 返せない額に なっちゃった…
債務
このままじゃ私 自殺するか 犯罪をおかすか どちらかしか ないわ… 誰か助けて…！
ああ
堕ちて いく〜
法律的な手段で 何とかならない かと
X法律事務所
A子さんは X弁護士の 法律事務所を 訪ねました。
自己破産という 制度をご存じ ですか？
自己 破産？
あなたのような 方を救済する 制度です

多額の借金で
あなたのような
状態に陥った人に
再出発の機会を
与えるため
法律が認めた
最終的な
清算・救済手段
それが
破産制度です

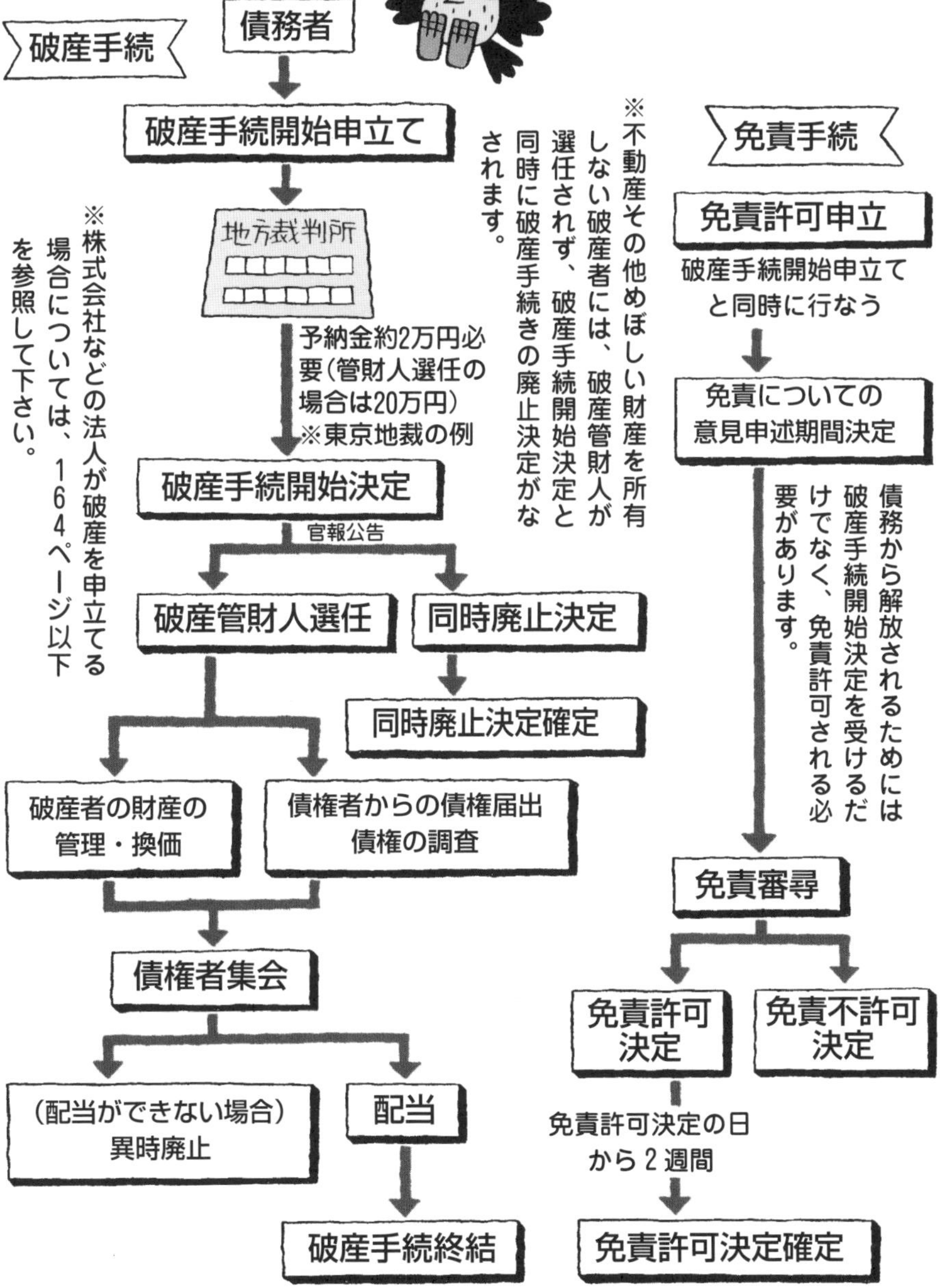
破産手続
債務者
破産手続開始申立て
地方裁判所
予納金約2万円必要（管財人選任の場合は20万円）※東京地裁の例
破産手続開始決定
官報公告
破産管財人選任
同時廃止決定
同時廃止決定確定
破産者の財産の管理・換価
債権者からの債権届出
債権の調査
債権者集会
（配当ができない場合）
異時廃止
配当
破産手続終結
※不動産その他めぼしい財産を所有しない破産者には、破産管財人が選任されず、破産手続開始決定と同時に破産手続きの廃止決定がなされます。
※株式会社などの法人が破産を申立てる場合については、164ページ以下を参照して下さい。
免責手続
免責許可申立
破産手続開始申立てと同時に行なう
免責についての意見申述期間決定
債務から解放されるためには破産手続開始決定を受けるだけでなく、免責許可される必要があります。
免責審尋
免責許可決定
免責不許可決定
免責許可決定の日から2週間
免責許可決定確定

2 自己破産申立ての手続き

破産の申立てには次のような書類の提出が必要です
・破産手続開始・免責申立書1通
・住民票1通
・債権者一覧表1通
・財産目録1通
・陳述書1通
・家計一覧表1通
この他にも必要な書類があります。裁判所で要確認
裁判所に破産を申立てると2～4週間後くらいに審問期日が指定されます。
裁判所
申立書
審問期日には裁判所に出頭し口頭で質問を受けます。
…ですか?
裁判所は、提出された書類・資料および債務者の審問の内容によって支払不能の状態にあると認められれば破産手続開始の決定をします。
債務者
審問
提出した資料・書類
裁判所
破産手続開始決定
債務者に目ぼしい財産がなければ破産手続開始決定と同時に同時廃止が決定されます。
破産手続開始
同時廃止
債務者に不動産などの目ぼしい財産があるときは、破産管財人が選任され、破産手続きが行なわれます。
換価して債務者に分配します
破産管財人
破産管財人は破産者の財産管理・債権調査を行い、財産を換価して配当します。

破産手続開始・免責許可申立書

破産手続開始・免責許可申立書

印紙　1500円 郵券　4100円	
係印	備考

印　紙
1500円

令和 2 年 1 月 20 日

（ふりがな）　　　　（ふりがな）
申立人氏名：山《やま》田《だ》花《はな》子《こ》　（旧姓 鈴木《すずき》：旧姓で借入した場合のみ）
生 年 月 日：明・大・㊗・平 45 年 1 月 1 日生（ 50 歳）
本　　　籍：別添戸籍謄本記載のとおり
現　住　所：□別添住民票記載のとおり（〒　　－　　　）
　　　　　　□住民票と異なる場合：〒　　－
現居所（住所と別に居所がある場合）〒　　－
申立人代理人（代理人が複数いる場合には主任代理人を明記すること）
事務所（送達場所）〒104－0061　東京都〇〇区×××6－12－15
△△△法律事務所
電　　　話〇〇－△△△△－××××
ファクシミリ〇〇－△△△△－××××
弁護士　〇　〇　〇　〇

申　立　て　の　趣　旨
1　申立人について破産手続を開始する。
　本件の破産手続きを廃止する
2　申立人（破産者）について免責を許可する。

申　立　て　の　理　由
申立人は、添付の債権者一覧表のとおりの債務を負担しているが、添付の陳述書及び資産目録記載のとおり、支払不能状態にある。

東京地方裁判所では、弁護士が代理人の場合、即日面接が実施され免責までの期間が大幅に短縮されています。

●同時廃止決定

債務者に不動産などめぼしい財産がない場合は、破産手続きを進めても意味がないので、破産手続開始決定と同時に破産管財人を選任することなく、手続きを終了します。これを同時廃止といいます。個人破産のほとんどは同時廃止です。

同時廃止を求めるときは、破産申立の際、申立書の趣旨に「本件の破産手続きを廃止する」旨の記載をします。

●破産管財人の選任

債務者に不動産などの財産があるときは、裁判所によって破産管財人が選任されます。

破産管財人は、破産者の財産を任意売却などの方法で換価（現金化）し、それを債権者に公平に配当します。破産管財人が換価、配当を完了したあと、裁判所が破産終結の決定をして、破産手続きは終了します。

●破産手続中の制限

破産者は、破産手続が終了し、免責許可決定がなされるまでは以下のような自由の制限があります。

・居住の制限

破産者は、裁判所の許可がなければ居住地を離れて転住または長期の旅行などをすることができません。

・通信の秘密の制限

破産者にあてられた郵便物などは破産管財人に配達され、破産管財人は受け取った郵便物を開封することができます。

Q 破産申立却下の場合の対策は

自己破産申立てをしたが破産申立が却下されたということは、破産原因がないと判断されたことを意味します。

つまり、債務者の収入・資産状況と負債額を比較検討した結果、支払不能の状態ではないと判断されたということなのです。

このような破産原因がないとされるケースの場合では、債務者の負債を返済できる収入や一定の資産があるはずですから、私的整理による債務整理が可能なケースだと思われます。

したがって、このような場合は、私的整理を弁護士に依頼したらよいでしょう。

3 免責許可申立ての手続き

免責決定されないと…
債務
破産者
破産手続開始の決定を受けただけでは債務から解放されません。免責許可を申立てて免責許可決定を得なければなりません。
破産手続開始決定の申立てがあれば
裁判所
破産手続開始・免責許可申立書
原則として免責許可申立てもあったものとみなされます。
破産手続開始決定の確定日から一～二ヵ月後に
……ですか？
はい
通常、裁判所から呼出しがあり出頭して免責審尋を受けます。
免責不許可事由
このとき問題となるのは、債務者に免責不許可事由があるかどうかです。免責不許可事由がなければ、免責が認められます。免責不許可事由があっても、免責が認められることがあります。
おかげさまで免責許可決定が下されました
よかったですね
これであなたは債務から解放され
破産者でもなくなります
人生やり直します
でも…もし免責が許可されなかったらどうなってたんですか？
債務はなくなりません。破産者としての身分も残ります。
債務
破産者
10年
破産者でなくなる
ただし、10年経過すると、破産者ではなくなります。

●免責許可の申立て

はじめに述べたように、破産手続開始決定を受けただけでは債務から解放されません。免責許可を申し立てて免責許可決定を得ることが必要です。個人債務者は破産手続開始決定の申立てをした日から破産手続開始決定の確定日以後1か月を経過する日までに、免責許可の申立てをしなければなりません。

ただし、破産法では、個人債務者が破産手続開始決定の申立てをしたときは、原則として同時に免責許可の申立てをしたものとみなす、とされています（破産法248条4項）。

●強制執行などの手続きの中止命令

破産法では、裁判所は、破産手続開始の申立てがあった場合において、必要があるときは利害関係人の申立てまたは職権で、破産手続開始の申立てにつき決定があるまでの間、債務者の財産に対して既にされている強制執行、仮差押え、仮処分などの手続きの中止を命じることができます。ただし、強制執行等の申立人である債権者に不当な損害を及ぼすおそれがない場合に限られます。また、免責手続中も破産債権に基づく強制執行等は禁止され、既にされている手続きは中止されます。

●免責不許可決定

免責の審尋では、債務者に免責不許可事由があるかどうかが問題になります。免責不許可事由がある場合は免責不許可決定がなされますが、免責不許可事由があっても、裁判所の裁量によって免責許可決定がなされる場合があります。免責許可申立てをした破産者の90％以上が免責許可の決定を受けているのが現状です。

●免責されるとどうなるか

免責許可決定が確定すると、破産者は一部の債務を除いて、債権者に対する債務の支払義務がすべてなくなります。また、破産者の地位にあった者は当然に復権して破産者でなくなります。

●免責が許可されなかった場合

免責決定が得られなければ破産者としての身分がそのまま残ります。しかし、破産者であることは、普通の生活をしていく上では不自由とはいえません。

さらに、破産手続開始決定後、債務者が詐欺破産に問われることなく10年が経過すると、復権して破産者でなくなります。

Q 免責不許可事由には何があるか

免責が許可されない事由としては、①債権者を害する目的で行う財産減少行為②浪費またはギャンブルによる著しい財産減少③詐術による財産取得④帳簿等の隠滅、偽造等⑤裁判所の調査における虚偽説明等⑥虚偽の債権者名簿の提出⑦再度の免責の制限⑧破産法上の義務違反などが挙げられます。

もっとも、免責不許可事由が存在する場合であっても、裁判所はいっさいの事情を考慮して、裁量により免責許可決定をすることができます。

第8章　個人の民事再生の申立て

民事再生とは、債務を弁済できず破産のおそれのある債務者に対し、再生計画に沿って弁済させながら、残りの債務を免除して再生のチャンスを与える再建型の倒産処理制度です。その中には個人債務者だけを対象に制度を簡素化した小規模個人再生、給与所得者等再生、住宅資金貸付債権の特則の制度もあります。これを個人再生の手続きと呼んでいます。

1 個人再生のしくみと活用法

借金が返せない
このままだと
破産だ…
工場《こうば》を手放し
この建物も
人手に渡る
ことになる
覚悟して
おいてくれ
そんな……
父さん
民事再生を
申立てれば？
あれは
手続きが
複雑でな
うちの
ような
零細
企業じゃ
無理さ
通常の民事再生
だけでなく、
小規模事業主や
個人向けの
小規模個人再生
もあるんだよ
法律
個人再生は
手続きも簡素化
されてるんだ！

破産してしまうと
多くの場合ゼロからの再出発と
なってしまいます。
個人再生を利用すれば、
一定の場合に
強制執行や
競売手続きが
禁止されるため、
事業を続けながら
再生計画に沿って
借金の一部を返し、
残りの借金を免除
してもらうことが
できます。
○×工芸
○×工芸
頑張って
働いて
借金を
返すぞ

通常の民事再生

債務額が5000万円を超える個人・法人

小規模個人再生

債務額5000万円以下の個人、個人事業主など

小規模個人再生を申立てられるのは、債務総額が5000万円（住宅ローンを除く）以下で将来継続的に収入が見込める個人です

個人再生手続きにはサラリーマンなどを対象にした給与所得者等再生、住宅ローンを抱えた人を対象にした住宅資金貸付債権の特則もあります。

通常の民事再生
小規模個人再生
給与所得者等再生
サラリーマンなど

住宅資金貸付債権の特則
住宅ローンのある人

何もしないで破産するより再生を申立てて頑張るか…

なお、経済的再生を図る手続きとして民事再生とは別に特定調停というものもあります
(下のQをごらんください)。

●民事再生手続きの申立て

通常の民事再生とは、民事再生法の本則で定められており、①債務者に破産の原因たる事実の生じるおそれがあるとき、又は②債務者が事業の継続に著しい支障を来すことなく弁済期にある債務を弁済することができないとき、の申立原因があり、債務総額が5000万円（住宅ローンを除く）を超える場合の手続きです。法人・個人を問わず、また債権者からも申し立てることができます。これを通常の民事再生と呼んでいます。

●個人再生の手続き

個人再生は、民事再生法の特則で、前記の申立原因があり、債務総額が5000万円（住宅ローンを除く）以下の場合に利用できます。申立てできるのは個人債務者に限られ、①小規模個人再生、さらにその特則で、②給与所得者等再生があります。③住宅資金貸付債権の特則は、住宅ローンの個人債務者であって、通常の民事再生を含めいずれかの民事再生手続きを申し立てる場合に利用できます。

なお、個人再生は特則手続きですので、特に定めのない手続きは通常の民事再生の手続きが適用されます。また、給与所得者等再生の要件を満たす人は、小規模個人再生や通常の民事再生も利用できます。手続きは異なりますので、申立ての際に選択を考えることが必要です。

Q 特定調停とはどんな手続きか

特定調停は、返済が困難な債務者が債権者と話し合うことにより経済的再生を図る手続きで、民事調停の特例制度です（特定債務等の調整の促進のための特定調停に関する法律）。

申立てができるのは、支払不能に陥るおそれのある債務者（個人・法人）、債務超過に陥るおそれのある法人に限られます。調停の内容は当事者双方にとって経済的合理性のあるものでなければなりません。全員でなくとも債権者の大部分が合意していれば、調停成立は可能です。裁判所は、一定の場合一時的に民事執行手続きを停止することができるとされています。

申立ては特定調停申立書、債権者一覧表などを相手方住所地の簡易裁判所へ提出し、特定調停手続きにより調停を求める旨申述します。申立手数料など費用は一般の調停と同じです。

② 個人再生申立ての手続き

小規模
個人再生
地方裁判所
申立書
民事（個人）再生は地方裁判所に申立てます。
その際、
小規模個人再生、給与所得者等再生、いずれの再生を求めるのか申述します。
小規模個人再生の場合、提出書類は
再生手続開始申立書
債権者一覧
収入一覧
再生手続開始申立書、収入一覧、主要財産一覧、債権者一覧表、確定申告書または源泉徴収票などです。
再生を申立てると一定の調査がありそれがすんだら
裁判所
再生計画書
一定額以上を3年（最長5年）で3カ月に1回以上は分割弁済する内容の再生計画案を提出します。
再生計画案は決議に付され
反対の人いますか
計画
2分の1以上の反対がなければ可決となります。
再生計画案が否決されたり、不認可事由に該当した場合、手続きは終了します。
手続終了
計画
破産原因があれば破産へ移行もあります。
裁判所に再生計画を認可されると再生手続きは終結し、以後、計画に沿って弁済をすることになります。
認可されたぞ
頑張って働きましょう！
○×工芸
計画
弁済の履行が完了すると残りの債務は免除されます。
履行を怠ったりすると再生計画が取消されることもあります。
ちゃんと弁済しないと…
計画案
給与所得者（サラリーマンなど）が給与所得者等再生を選択して申立てると
地方裁判所
申立書
より簡単な手続きで進められます。

●小規模個人再生

申立原因があり、将来にわたって継続的にまたは反復して収入を得る見込みがある個人債務者が対象です。事業主に限りません。

●給与所得者等再生

小規模個人再生の要件を満たす人のうち、給与または給与に類する定期的な収入を得る見込みがあり、かつその額の変動の幅が小さいと見込まれる人が対象です。

●再生手続開始の申立て

再生手続開始申立書と添付書類（債権者一覧表など）を相手方住所地を管轄する地方裁判所に提出し（提出書類と提出時期は裁判所により若干異なる）、どの再生手続きを求めるかを申述します。その際、申立原因があることの証明が必要になります。申立から1カ月ぐらいで開始決定がなされますが、不当な目的による申立など一定の場合に該当すれば棄却されます。

開始決定がされると裁判所は手続開始の申立てを公告し、債権者からの債権の届出や債権額に対する異議の受付期間を決め、届出債権や異議に基づき評価を行い再生債権を確定します。

なお、裁判所は必要に応じ、個人再生委員を選任します。個人再生委員は、裁判所の補助機関として、再生債務者の財産調査、再生債権の評価、再生計画案作成のための必要な勧告、などを行います。

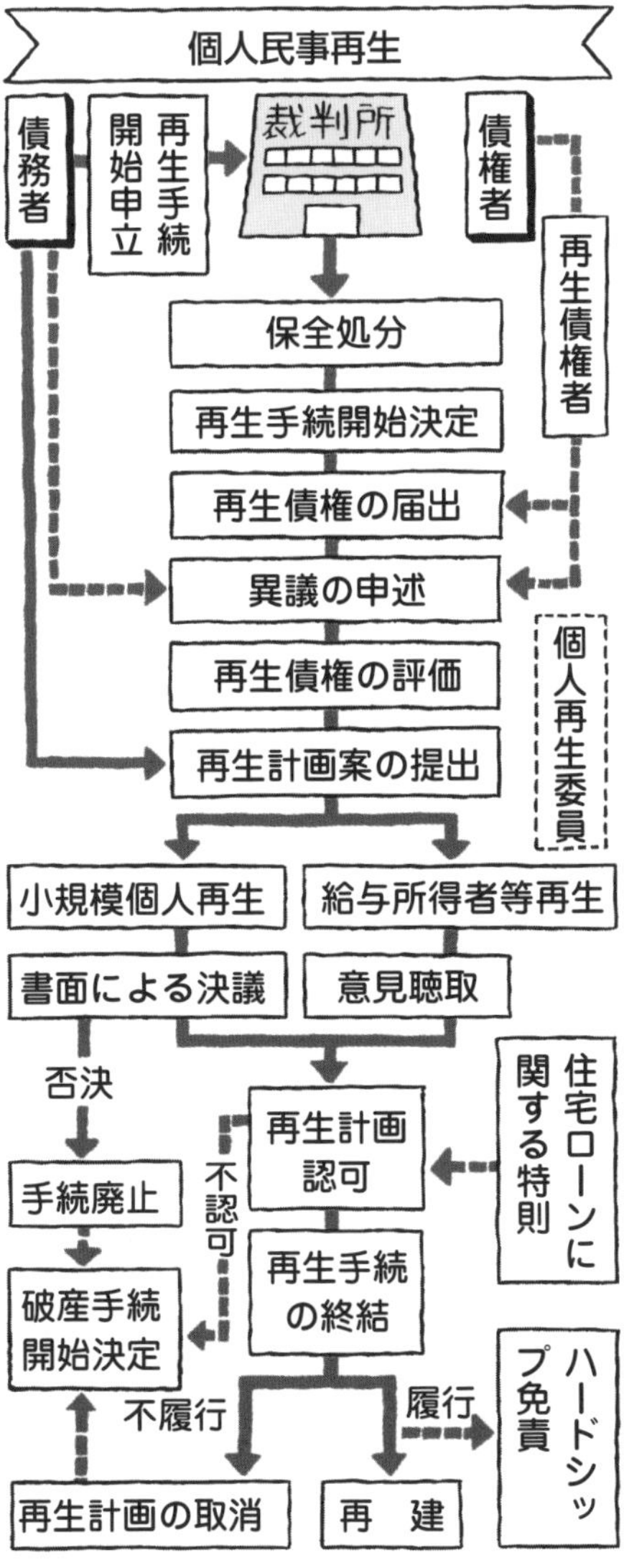

Q 費用はどれくらいかかるか

個人再生手続きに必要な費用は概ね次のものです。

・申立手数料…一万円。申立書に貼る印紙代です。

・予納金…裁判所に再生手続きをしてもらうための費用をあらかじめ裁判所へ納めます。裁判所により異なりますが、個人再生委員が選任される場合二〇～三〇万円程度、選任されない場合一～二万円程度のようです。

・予納郵券…債権者に申立書の写し等を郵送する切手代です。裁判所により異なりますが、大体二〇〇〇円ぐらいです。

その他、弁護士を代理人として申立てる際は別途弁護士費用がかかります。

なお、住宅ローン債権の特則を利用して弁済期間を延長する場合などは、その期間の利息も支払わなければなりませんし、遅延損害金も発生します。そのことも考えておく必要があります。

●保全処分

裁判所は一定の場合に、抵当権に基づく競売の中止や仮差押申立等の包括的禁止命令を出すなど、再生債務者の財産の保全処分を行います。

●再生計画案に定める内容と認可

債権調査の後、再生計画案を提出します。

・小規模個人再生の場合

計画案の内容は、①弁済期が3ヵ月に1回以上到来する分割払いであること、②返済期間は原則3年（最長5年）であること、③返済総額が破産した場合の清算価値を上回り、かつ最低弁済基準（債務総額が㋑100万円未満→債務全額、㋺100万円以上500万円未満→100万円、㋩500万円以上1500万円未満→債務の5分の1、㋥1500万円以上3000万円未満→300万円、㋭3000万円以上5000万円以下→債務の10分の1）に達していること、が必要です。

再生計画案は決議に付され、議決権のある債権者数及び債権額のうち不同意が2分の1以下であれば可決されたとみなされます。次に、再生計画遂行の見込みがないとき、などの不認可事由に該当しなければ、裁判所はその再生計画案を認可します（認可不認可の決定は申立て後6カ月ぐらい）。

・給与所得者等再生の場合

計画案の内容は上記①②の他、③最低弁済額は、収入から最低生活費を差し引いた可処分所得の2年分と、最低弁済基準の額（小規模個人再生の場合と同じ）のどちらか多い方になります。債権者の決議は省略され、裁判所の認可のみになります。

〔書式〕再生手続開始申立書のサンプル（小規模個人再生）

再生手続開始申立書（小規模個人再生）

令和　年　月　日

○○地方裁判所民事部　御中

申立人
ふりがな　　こうの　たろう
氏　名　　甲　野　太　郎
生年月日　　昭和40年10月10日（54歳）
現住所　〒○○○－○○○○
○○県△△市□□○丁目○○番○号
職　業　　個人事業経営
電話番号　○○○（○○○○）○○○○
FAX番号　○○○（○○○○）○○○○
申立人代理人
氏　名　　　　　　　　　　印
事務所住所　〒
（送達場所）
電話番号　○○○（○○○○）○○○○
FAX番号　○○○（○○○○）○○○○

申立ての趣旨
申立人について、小規模個人再生による再生手続きを開始する。
申立ての理由等
1　（申立要件及び手続開始要件）
申立人は、本申立書添付の債権者一覧表のとおりの債務を負担しているが、収入及び主要財産は別紙収入一覧及び主要財産一覧に記載のとおりであり、破産の原因たる事実の生じるおそれがある。
申立人は、事業の内容から毎月の定額の収入があるほか、将来においても継続的又は反復して収入を得る見込みがあり、また、民事再生法25条各号に該当する事由はない。
2　（再生計画案作成についての意見）
申立人は、各再生債権者に対する債務について、相当部分の免除を受けた上、法律の要件を充たす額の金銭を分割して支払う方針である。
なお、現時点での計画弁済予定額は、月額　　　円であり、この弁済の準備及び手続き費用支払の準備のため、申立後1週間以内の日を第1回とし、以後毎月　　日までに個人再生委員の銀行口座に入金する。
3　（他の再生手続きに関する申述）
申立人は、法律が定める他の再生手続開始を求めない。

収入一覧

収入の別	金額	備考
売掛金	約100万円	但し、材料仕入代・経費には60万円必要
年収　約　1200万円		

主要財産一覧

財産の別	金額	備考
車	50万円	
電話加入権	7万円	
道具類	30万円	
主要財産の総額（担保差入分を含む）約　87万円		

債権者一覧表

再生債務者　甲　野　太　郎

債務合計額　　　万円（申立後の利息・損害金を除いた額）
異議を留保する再生債権は、異議留保欄に○を付した。

債権者番号	債権者名／債権の種類	債権者住所／債権の金額		異議留保
	乙　川　三　郎 □貸付金 □立替金 □	〒 ○○県△△市××丁目… 金　　円及び　　に対する平成　年　月　日から完済まで年　%の金員		

※上記は東京地裁の例です。

Q 再生計画の遂行が困難となったとき

個人再生で再生計画を遂行中に、病気や事故など債務者の責に帰さない事情で再生計画を遂行することが極めて困難となったときは、申立てにより、「再生計画の変更」や「残債務の免責」が認められる場合があります。後者は全体の四分の三以上の弁済を終了していれば、裁判所の免責決定により残債務の弁済を免責されるもので、ハードシップ免責と呼ばれます。

逆に再生債務者が再生計画の履行を怠ったときは、債権者は再生計画の取消の申立てができます。裁判所が取消の決定をすると、債権者から債務全額を請求されることになります。

なお、手続きの棄却・廃止・取消のあった時、破産原因がある場合裁判所は職権で破産手続開始決定を行うことができます。再生手続き申立てにはこの点も注意しておく必要があります。

3 住宅資金貸付債権の特則

給料が減って
ローンが
払えない
ローンが
払えないと
どう
なるの？
住宅ローンが
払えなくなると
一括弁済を
請求され、
結果として
住宅を
手離さざるを
得なくなります。

そこでローンの
弁済計画を組直して
住宅を確保するのが
この特則です。
この家は
守りたい
一定の場合
住宅の競売手続き
などを中止する
こともできます。

対象となるのは
住宅ローン債務の
抵当権の付いている
ローンです。
地方裁判所
申立書
各再生手続きを
申立てる際に
住宅ローンの特則を
利用する旨
申述します。

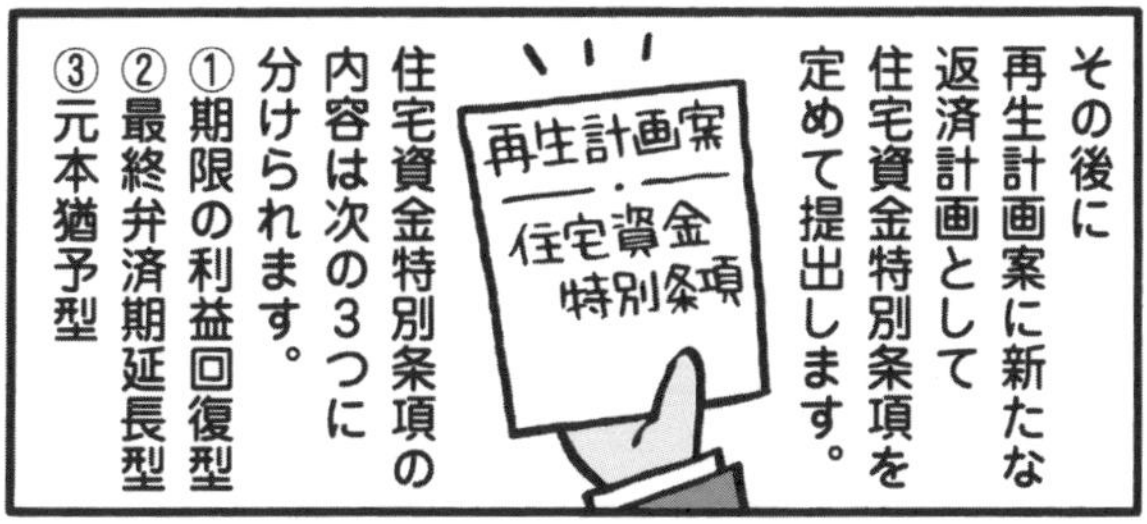
その後に
再生計画案に新たな
返済計画として
住宅資金特別条項を
定めて提出します。
再生計画案
・
住宅資金
特別条項
住宅資金特別条項の
内容は次の3つに
分けられます。
①期限の利益回復型
②最終弁済期延長型
③元本猶予型

いずれも弁済期間の延長などの措置で、債務額が減少したり免除されるわけではありません。

●住宅資金貸付債権の特則

住宅ローンの支払いが滞ると、期限の利益を失って債権者から抵当権を実行されてしまいます。この特則を利用すると一定の場合抵当権の実行に基づく競売手続きが中止され、弁済計画をリスケジューリングできます。住宅を手離さずに再生ができるというわけです。

対象は、抵当権の付いた住宅ローン債務（分割払いであるもの）がある者です（ただし他の債務の担保権の付いているもの等一定の場合は除外）。また保証会社が代位弁済したときは履行後6カ月を経過した場合は申立てできません。

申立ては、いずれかの再生手続きを申立てる際に、債権者一覧表に「住宅資金特別条項を定めた再生計画案を提出する意思のある」旨を記載して提出します。後日に同条項を定めた再生計画案を提出します。

●住宅資金特別条項

①期限の利益回復型…弁済期が過ぎた支払債権の元本、利息、遅延損害金の全部を再生計画で定める期間内に支払い、これから到来する債権は約定通りに支払うことにより、期限の利益を回復するものです。

②最終弁済期延長型…約定の弁済期を最大10年間（債務者が70歳になるまで）延長します。

③元本猶予型…一定期間中の元本の支払いを猶予し（約定利息は支払う）、残りの期間内にその元本を支払うものです。

第9章　労働事件の訴え方

労働事件といわれるものには、労働契約、賃金、労働時間などに関する紛争と、労働組合の活動に関するものがあります。

これらの紛争が発生すると、まず労使間の話合い・団交によって解決が図られ、それが決裂すると各種の相談機関に持込まれ、最終的には訴訟ということになる場合もあります。

1 労働事件の種類

夏木くん
ちょっと
はい？
君ね明日から来なくていいよ
えっ!!
そんな突然
どういうことですか？
話すことはもうないよそれじゃ
解雇ってことか？どうすりゃいいんだ？
去年退職した秋田さんに相談しよう
こういうわけなんです
ウームそりゃひどいなあ
労働に関する紛争は労働事件と言ってね…
労働事件は大きく2つに分けられるのさ
労働事件
個別的労働関係
集団的労働関係
はあ…

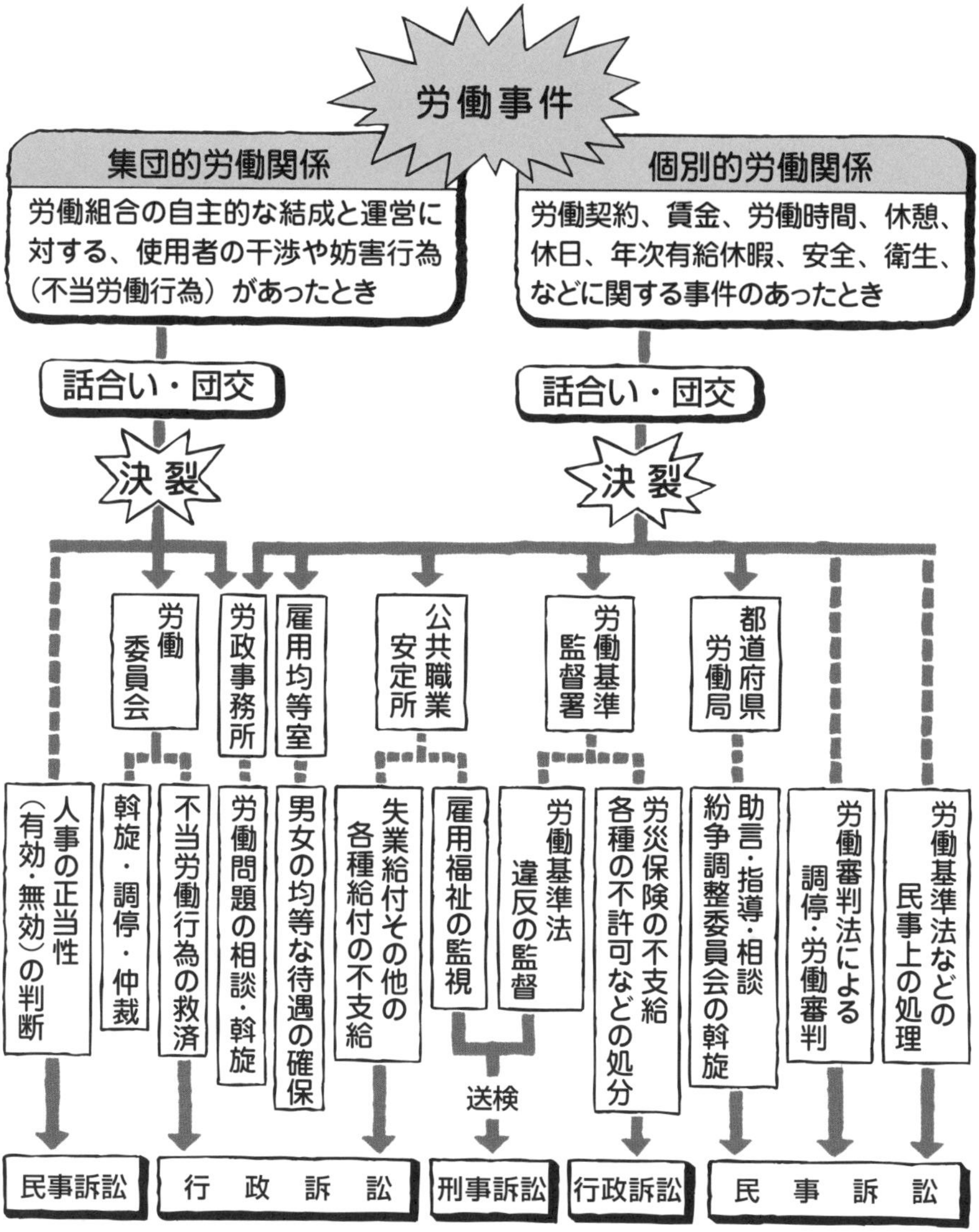

Q 労働関係を規定する法律は

労働基準法は、労働者の労働条件、待遇等に関する最低基準を定めた法律であり、使用者はこの基準を下回る条件・待遇で使用した場合は、法規違反で刑事罰を科せられます。

　労働組合法は、労働者の団結権、団体交渉権および団体行動権（争議権）を保障するための法律です。

　労働基準法が個別的労働関係を規律する法律であるのと対照的に、労働組合法は集団的労働関係を規律する法律とされます。

　個別労働関係紛争の解決の促進に関する法律は、個別労働関係の紛争の解決を促進するための法律です。

　なお、労働契約の成立や変更、解雇、出向といった労働契約についての基本的なルールを定めた労働契約法が制定され、平成二〇年三月から施行されています。

2 個別的労働関係紛争の解決法

個別的労働関係
労働契約、賃金、解雇など労使間の個別的な労働関係を問題にする場合。
会社
使用者
労働契約
賃金
解雇など
まずは使用者側と話合うことだけど
そんなひどい
ダメ
それで、らちがあかないときは…
総合労働相談コーナー（都道府県労働局や労働基準監督署）、労政事務所などで相談すればいいんだ。
総合労働相談コーナー
個別労働紛争解決制度
総合労働相談コーナーでは紛争解決のための助言・指導をしたり、
当事者の一方から申請があれば、紛争調整委員会によるあっせんを行ないます。
あっせん案
労働審判制度
裁判所の判断を求める簡易な方法として労働審判があり、地方裁判所に申立てます。
申立書
裁判所
労働審判委員会は調停を試みつつ原則として三回の審理で終了し、労働審判を下します。
当事者に異議がなければ確定し、裁判上の和解と同じ効力を持ちます。
二週間以内に異議が出されれば労働審判は失効して訴訟へ移行します。

●労働契約法

労働者と使用者の間の労働契約に関する基本的事項を定めた法律です。例えば、解雇に関しては第16条で、「解雇は、客観的に合理的な理由を欠き、社会通念上相当であると認められない場合は、その権利を濫用したものとして、無効とする」と定められています。

●労働基準監督署

「労働基準法」は、労働者の労働条件についての統一的な保護法令です。同法に違反する使用者には刑罰が科せられ、同法の定める基準に達しない労働契約は無効となります。しかしこれらは違反がなされた事後的救済措置であるため、違反防止のための監督機関として設置されているのが「労働基準監督署」です。

監督機構として、厚労省に労働基準局、各都道府県に都道府県労働局が置かれ、各都道府県管内に労働基準監督署が設置されています。

●あっせん手続き・個別労働紛争解決制度

都道府県労働局長は、事業主や労働者に対し紛争の自主的解決のための情報提供・相談その他の援助、必要な指導・助言を行ないます。また紛争当事者の一方または双方からあっせんの申請があったときは、紛争調整委員会にあっせんを行なわせることができます。

紛争調整委員会は都道府県ごとに設置され、あっせん委員は当事者等から意見を聴取し、事件の解決に必要なあっせん案を提示します。

本法の対象は、解雇、雇止め、配転・出向、昇進・昇格、労働条件の不利益変更、職場のいじめなどの個別労働関係紛争です。ただし、労働争議となった紛争などは対象となりません。

●労働審判手続き

対象となるのは解雇・雇い止め、労働条件変更、出向・配転、賃金の不払いなど、事業主と個々の労働者との間の個別労働関係紛争です。組合活動に対する差別的取扱い等の集団的な労使関係事件などは労働審判手続きの対象にはなりません。

労働審判手続きは地方裁判所に申し立てます。労働者、事業主いずれからでもでき、相手方が出頭しない場合でも手続きは進行します。労働審判官（裁判官）1人と労働関係について専門的な知識・経験を有する労働審判員2人の計3人で構成された労働審判委員会が、原則として3回以内の審理で終了します（手続きは非公開）。審理の過程で当事者同士の話し合いにより解決の見込みがあれば調停を試みますが、調停が成立しなければ労働審判を行ないます。

労働審判が下された後、異議がなければそのまま確定し、裁判上の和解と同一の効力が生じます。当事者から2週間以内に異議の申立てがあった場合には労働審判は失効し、通常訴訟へ移行します。

Q 労働審判手続き 利用の注意点は？

労働審判は裁判所で行なう手続きです。請求の趣旨及び理由を記載した申立書を提出します。審理では当事者がお互い主張、立証を尽くすことが前提となります。短期間で適切な主張・立証活動を行なうために当事者双方ともに専門家である弁護士を代理人として選任することが望ましいでしょう。

なお、事案の性質によりそもそも労働審判手続きを行なうことが適当でないと労働審判委員会が判断した場合、労働審判手続きは利用できません。その場合は通常の訴訟手続きを利用することになります。

3 集団的労働関係紛争の解決法

集団的労働関係
もし、君が組合活動に熱心で会社側がそれを理由に今回のような行為に出たと考えられる場合。
会社
団決
そのような会社側の行為は不当労働行為にあたるから…
解雇
団決
管轄の労働委員会に不当労働行為の申請をすることだ。
労働委員会
申立
労働委員会は当事者の主張を聴き、審問に必要な証拠の整理等の調査を行ないます。
団決
公開で審問（証人尋問など）が行われた後、公益委員による合議で事実を認定します。
不当労働行為に当たると判断されれば、救済命令が出され、使用者の違反には過料が課されます。
命令書
わかりました
でもそれでも問題が解決できないときはどうなるんですか?
最終的には訴訟だね
個別的労働紛争にしろ集団的労働紛争にしろ内容により民事訴訟、刑事訴訟場合によっては行政訴訟ということになる

●労働組合

労働者が自らの経済的地位の向上を図るために、労働者同士で団体を結成することが憲法28条で保障されています。この団体のことを「労働組合」と呼び、その要件や権利を具体的に定めた法律が「労働組合法」です。

労働組合法第1条において「この法律は、労働者が使用者との交渉において対等の立場に立つことを促進することにより労働者の地位を向上させること、労働者がその労働条件について交渉するために自ら代表者を選出することその他の団体行動を行うために自主的に労働組合を結成し、団結することを擁護すること…を目的とする」と規定されています。労働組合には以下のような権利が認められています。

①労働組合の正当な行為についての刑事上の免責
②労働組合に対する不当労働行為の禁止
③労働組合の正当な争議行為についての民事上の免責
④労働協約の締結等
⑤労働委員会に対する不当労働行為の申立て等

●労働委員会

公正な労使関係を形成し、守るために作られた専門的かつ独立の機関です。全国に一つの中央労働委員会と各都道府県におかれている都道府県委員会からなります。

労働委員会は、労働者委員・使用者委員・公益を代表する公益委員の三者によって構成されています。その機能は、不当労働行為の審査と救済が中心である判定的な機能と労使間に紛争が生じた場合にその斡旋、調停、仲裁にあたるという調整的機能があります。

なお、審査の迅速化、的確化を図るため、労働組合法の改正により、①審問の前の審査計画の作成、②証人出頭命令や物件提出命令の付与、③当事者に和解を勧め、和解調書を作成することができるなど、労働委員会の権限が強化されています。

労働委員会

斡旋	調停	仲裁	和解	救済命令等
斡旋委員が労使の主張を聞いて解決のため助力。	調停委員会が労使の主張を聞いて調停案を作成し、その受諾を勧告。	仲裁委員会が労使の意見を聞いて裁定を下す。この仲裁の裁定には労働協約と同じ効力がある。	労働委員会はいつでも当事者に和解を勧めることができる。和解が成立すれば和解調書を作成する。	労働委員会は事実の認定をし、申立人の請求に係る救済の全部若しくは一部認容、又は申立てを棄却する命令を発する。

Q 不当労働行為とは何か

労働組合法は、労働組合の自主的な結成と運営に対する使用者の干渉や妨害行為を不当労働行為として禁止し（七条）、裁判所とは別の行政機関である労働委員会を設けて行政命令の方法による救済を図っています（二七条）。これが不当労働行為制度です。

具体的には、組合の結成や加入、組合活動を理由とする差別待遇や組合介入、組合不加入や脱退を雇用条件とする契約の禁止（七条一号）、団体交渉の拒否（二号）、組合運営に対する支配介入と経費援助の禁止（三号）、労働委員会に対する労働者の申立てや証言を理由とする報復処分の禁止（四号）、の四種類からなっています。

第10章　民事上の時効の活用法

民事上の時効には「取得時効」と「消滅時効」があります。時効による権利の取得や消滅を認められるためには、一定の事実状態が「更新」「完成猶予」といった障害事由なしに一定期間継続しなければなりません。さらに、この要件が満たされたとしても、時効の利益を受けるかどうかは当事者の自由な選択にゆだねられ、その援用がなければ裁判所は時効による裁判をすることはできません。

1 民事上の時効の種類

市川C作さんは親の代からこの土地のこの家で生活しています。

そんなある日…

この土地と家は私のものだ出ていってくれ
証拠だってホラ!

ええっ!! そんなあ～

市川さんはX弁護士に相談しました
自分のものだと思ってたのに
父がそんな契約してたなんて…

おや?

時効が完成してるんじゃないですか?

時効って?

所有者らしい状態が一定期間継続するとあなたに所有権があることになるんです
これを取得時効といいます
民事上の時効には取得時効のほかに消滅時効というものもあります。

30年前に貸した金返せ!

えっ!! 知らないよ…

債権関係のなさそうな状態が一定期間継続すると、その者たちの間に債権関係はなかったことになります。

詳細は次のページで

所有者らしい事実状態が一定の期間継続するとその者に所有権があることになります。

取得時効
私の家です
時効の完成
私の家だ！
でも時効だよ

権利の不行使状態が一定期間継続すると、その権利は消滅します。

消滅時効
お金借りた
時効の完成
あの金返せ！
もう時効だよ…

●時効制度

所有者らしい事実状態や債権関係がなさそうな事実状態がかなりの期間継続すれば、その者に所有権があり、その者たちの間には債権関係はなさそうだと推断することができます。時効は、更に一歩を進め、そうした事実状態に即応し、その開始時にさかのぼって権利の取得や消滅を認める制度です。

●時効制度の趣旨

古い証拠を盾に自分こそ真の所有者だから返せと言われたり、債務の履行を求められても、長い間にはそれに対抗する書面は散逸し証人もいなくなっていることが多いものです。

時効制度の目的の一つは、このように証拠がないために不利益を強いられることがないようにする点にあります。さらに、仮に古い証拠の持主に主張どおりの権利があるとしても、長い間権利の上に眠っていた者は、法の保護に値しないとされています。

●除斥期間

除斥期間とは時効と同じようなものですが、法律上の権利行使期間のことです。援用を要しない、時効の中断がない点が時効と異なります。

Q 消滅時効と取得時効の関係は

民事上の時効には、取得時効と消滅時効があります。

取得時効とは、所有の意思をもって他人の物を一定期間占有することです。

他人の土地を自分の所有の土地であると思い、一定期間占有するような場合がこれにあたります。

消滅時効とは、権利者がもっていた権利が一定期間行使されないことによって消滅するものです。

例えば、友人にお金を貸した人が、返済期日を過ぎたのに一〇年間、返済も受けず、請求もしないでいるような場合です。この場合友人は、消滅時効完成の反射的利益として、金銭の返済の必要がなくなります。

このように、取得時効と消滅時効は全く別物であり、一方で取得時効が成立したからといって、他方で消滅時効が完成するわけではないのです。

2 時効の援用の仕方

それじゃ土地と家は
私のものなんですね
ただしその利益を受けるかどうかは当事者の自由です
時効により利益を得る者
時効完成
援用
権利取得
消滅
当事者が時効による権利の取得または消滅を主張（これを時効の援用という）しなければ裁判所は時効による裁判ができません。
「時効の援用」ができるのは、時効によって直接利益を受ける者に限られます。
もっともそれもこれも時効が完成しての話です
具体的な時効期間については次のページをご覧いただくとして…
次のようなときは時効の完成が猶予されまたは更新されますから注意が必要です
時効期間進行中に相手から請求や差押えを受けたり、相手に権利があることを認めたりすると時効は更新され、これまで経過した時間は無意味なものとなります。
時効期間
無意味になる
時効の更新
ここが起算点
時効期間
そして、時効更新の事由がやむと、そこから新たに時効が進行します。
また、時効の完成を一定期間猶予する「完成猶予」の制度もあります。
もうすぐ時効が成立してしまうのに法定代理人がいない
未成年者成年被後見人など
こうしたときは一定期間時効の完成猶予が認められます。
ドドーン
天災事変などで時効の更新ができない！

★改正民法の時効制度（除斥期間を含む）の改正のポイント

ポイント①	原則10年の例外としてあった飲食店の代金1年、工事請負債権3年、商取引債権5年といった職業別の時効期間を廃止して期間を統一
ポイント②	権利を行使できると知った時から5年で消滅する制度を導入
ポイント③	不法行為、債務不履行のいずれも、例外として、生命身体の侵害の場合の時効期間の伸長を導入

●消滅時効の起算点と時効期間（2020年4月から）

条文等	起算点	時効期間
A.債権等の消滅時効（民法166条）	権利を行使できると知った時から	5年
	権利を行使できる時から	10年
A.の特例 人の生命又は身体の侵害による損害賠償請求権の消滅時効（民法167条）	権利を行使できると知った時から	5年
	権利を行使できる時から	20年
B.不法行為による損害賠償請求権の消滅時効（民法724条） （ほぼ変更なし）	損害及び加害者を知った時から	3年
	不法行為の時から	20年
B.の特例 人の生命又は身体を害する不法行為による損害賠償請求権の消滅時効 （民法724条の2）	損害及び加害者を知った時から	5年
	不法行為の時から	20年

●取得時効の要件と時効期間（変更なし）

条文等	要件	時効期間
A.所有権の取得時効（民法162条）	所有の意思をもって、平穏に、かつ、公然と他人の物を占有した場合	20年
	善意無過失の場合	10年
B.所有権以外の財産権の取得時効（民法163条）	自己のためにする意思をもって、平穏に、かつ、公然と行使する場合	20年
	善意無過失の場合	10年

Q 取得時効や消滅時効の援用権者は

時効は、時効によって利益を受ける者が、時効が成立したと主張しないと効果が生じません。この時効の利益を受ける者のことを、援用権者といいます。

どのような人が援用権者にあたるかですが、「時効によって直接に利益を受ける者およびその承継人」とされています。

消滅時効ならば、債務者や連帯債務者、保証人、連帯保証人などがこれにあたります。

他方、取得時効においては、取得時効によって直接的に土地や建物等を取得する者などがこれにあたります。

第11章　行政・国家賠償事件の訴え方

行政は、法のもとに法の命ずるところにしたがってなされるものでなければなりません。しかし、現実には、行政庁が法に違反する恣意的な活動をしたり、権限の行使を怠って、国民の権利が侵害されることもあります。そこで、現行法は、損害賠償（国家賠償）制度と行政争訟制度（行政不服申立て・行政訴訟）を認めています。

1 行政に対する訴えの起こし方

村田さんは町工場の経営者。
ある日、税務署から通知が届きました。
シューッ
前年度の確定申告が過少申告となっており更正処分がなされました。過少申告加算税額が決定したので納めて下さい。
そんな〜あ 絶対応じないぞ!!
とは言っても相手はおカミだ
従うしかないんだろうか…
村田さんはX弁護士に相談しました。
こういうわけなんです
ウーム 行政事件ですね

私たち国民が国や公共団体に不満を述べるには大きく分けて次の2つがあります。

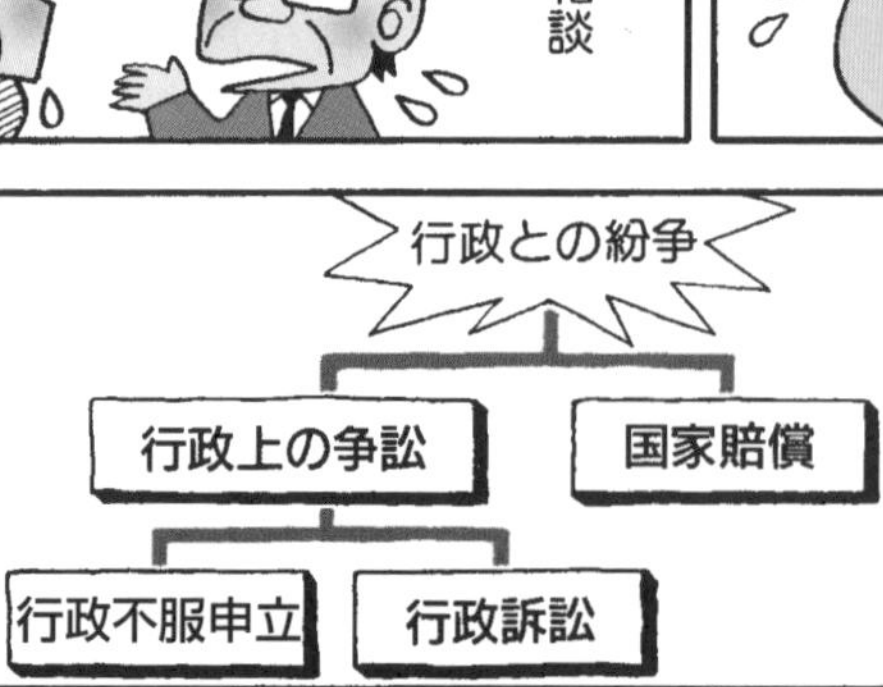

行政との紛争
行政上の争訟
国家賠償
行政不服申立
行政訴訟

行政上の争訟はさらに行政不服申立と行政訴訟に分けられます。

行政上の争訟
（公共関係）

土地の収用
税金の賦課、選挙関係
職務執行命令に
対する不満など

	行政不服申立（行政不服審査法）	行政訴訟（行政事件訴訟法）
手続き	行政府の機関による争訟の裁断手続き。	行政府からの独立性を保障された裁判機関による紛争の裁断手続き。
種類	①審査請求 ②異議申立て ③再審査請求	①抗告訴訟 ②当事者訴訟 ③民衆訴訟 ④機関訴訟
内容	審理の対象は法律問題に限らず、行政府の裁量問題にまで及ぶのが原則。	審理の対象は法律問題に限られ、行政府の裁量の当不当に関する紛争には及ばない。

国家賠償
（私法上の紛争）

公立学校の生徒が、授業中にケガをした…

安全性が不十分な河川の決壊で、町全体が被害を受けた…

上の例のように、国や公共団体の施設や公務員の行為によって損害を受けたときは、「国家賠償法」により国や公共団体に対し、その賠償を求めることができます。

Q 行政不服申立とはどんな制度か

行政不服申立てとは、行政庁のなす、違法または不当な処分その他公権力の行使に当たる行為について、その行為の取消その他の是正を行政庁に対して求める制度です。

訴訟においては、多大な労力・時間・費用がかかりますが、不服申立制度の活用によって、簡易迅速に審理を行うことができます。

また、行政訴訟と異なり行政の裁量行為にも、審査が及びます。

ただ、行政不服申立は、略式の訴訟であるために、権利救済が実現できるとは限りませんし、またあくまで行政庁側の裁断であるため中立性が保障されないといった難点があります。

2 行政訴訟のしくみ

税金の賦課は公共関係ですから行政上の争訟で不満を述べます
どうしたらいいんですか?
税金についてはいきなり行政訴訟は提起できません
まず不服申立を申立てます
国税庁
審査請求
村田さんは管轄の国税不服審判所に対して審査請求を申立てました。これを行政不服申立といいます。左ページの図をご覧下さい。
しかし、審査請求は棄却されました。
どうしましょう?
行政訴訟を起こして争うことになります
裁判所
訴状
村田さんは税務署のなした所得税更正処分の取消しを求めて行政訴訟を起こしました。
行政訴訟の審理も民事訴訟の審理と同じように進められます。
被告・税務署
原告・納税者
村田さんの場合処分の取消請求に理由がないとして
判決、原告の請求を棄却する
ガクッ
問題が公共関係であるだけに難しいケースが多いのです

行政不服申立ての流れ

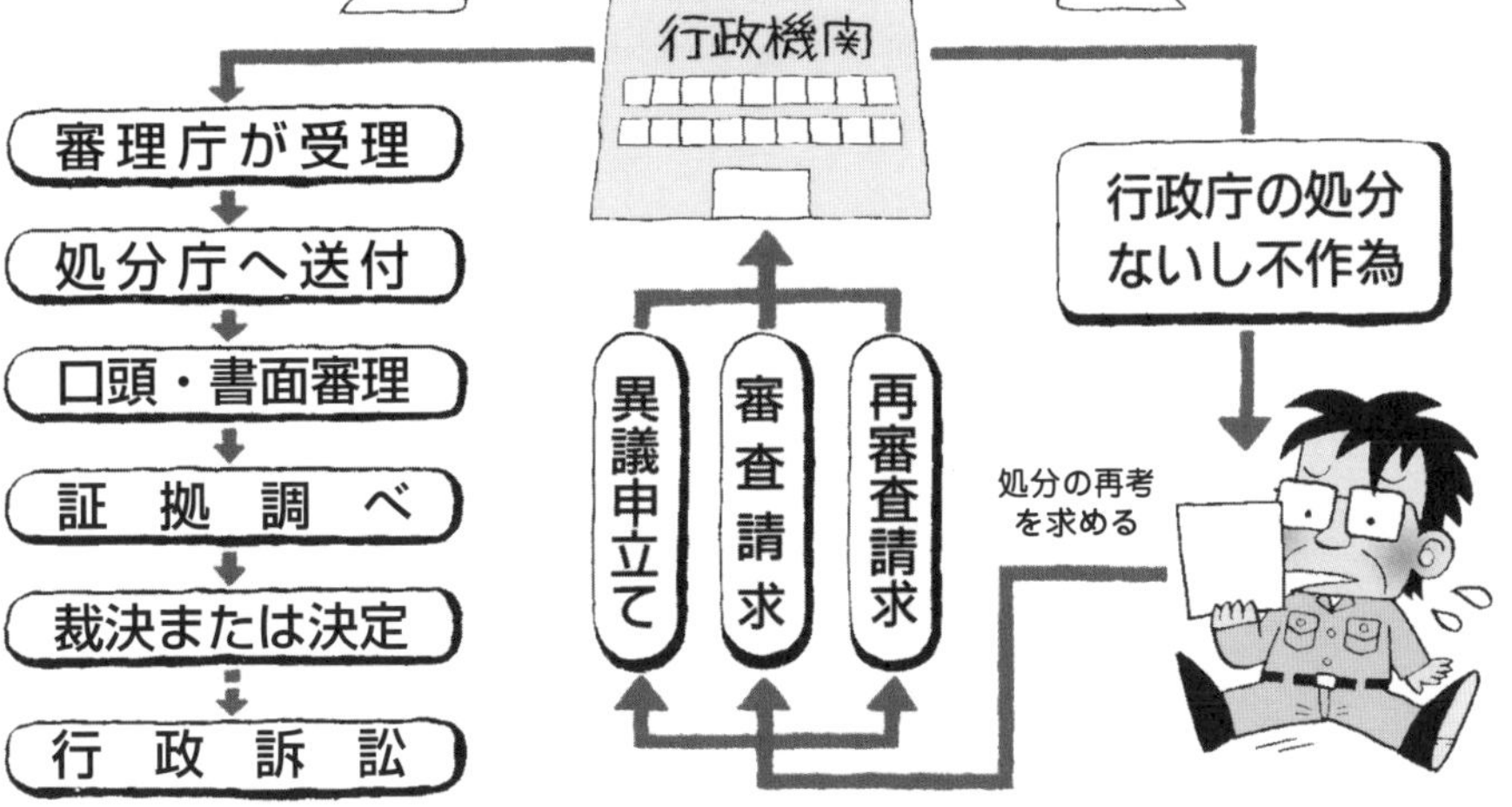

●行政不服申立て

行政不服審査法は、行政庁の違法または不当な処分その他公権力の行使に当たる行為に関し、広く行政庁に対する不服申立ての途を開くための一般法です。各法に不服申立てについての特別の定めがある場合は、そちらが優先されます。

異議申立てと審査請求は、行政庁の処分または不作為について行うものです。当該処分につき異議申立てをすることができるときは、原則として異議申立てについての決定を経た後でなければ審査請求はできません。また、再審査請求は審査請求の裁決を経た後、さらに不服のある場合に行うものです。

●行政上の争訟の注意点

行政上の争訟には、前述のように、「行政不服申立て」と「行政訴訟」があります。

両者に共通するのは、まず、自己の法律上の利益に関係のないことで不服の申立てや訴えを起こすことはできないということ。次に、紛争の内容が「公共関係」にあるという性質上、裁判の内容は、当事者の受ける損害その他一切の事情が認められるとしても、公共の福祉という観点に立った裁量が優先されるということ。さらに、不服申立てや行政訴訟が提起されたとしても、処分庁は特別の定めがない限り、処分の執行を続行できることになっています。

Q 行政庁の教示制度とは

行政庁は審査請求、異議申立て、他の法令に基づく不服申立てをすることができる処分をする場合には、処分の相手方に対し、当該処分について不服申立てをすることができる旨並びに不服申立てをすべき行政庁及び不服申立ての期間を書面または口頭で教示しなければならないこととなっています（行審法五七条一項）。

なお、行政訴訟に関しても、行政庁は、処分の相手方に対し、取消訴訟を提起することができる処分又は裁決をする場合には、当該処分又は裁決の相手方に対し、①当該処分又は裁決に係る取消訴訟の被告とすべき者、②当該処分又は裁決に係る取消訴訟の出訴期間、③当該処分についての審査請求に対する裁決を経た後でなければ処分の取消しの訴えを提起することができない場合は、その旨、などを教示する制度が創設されました（行訴法四六条）。

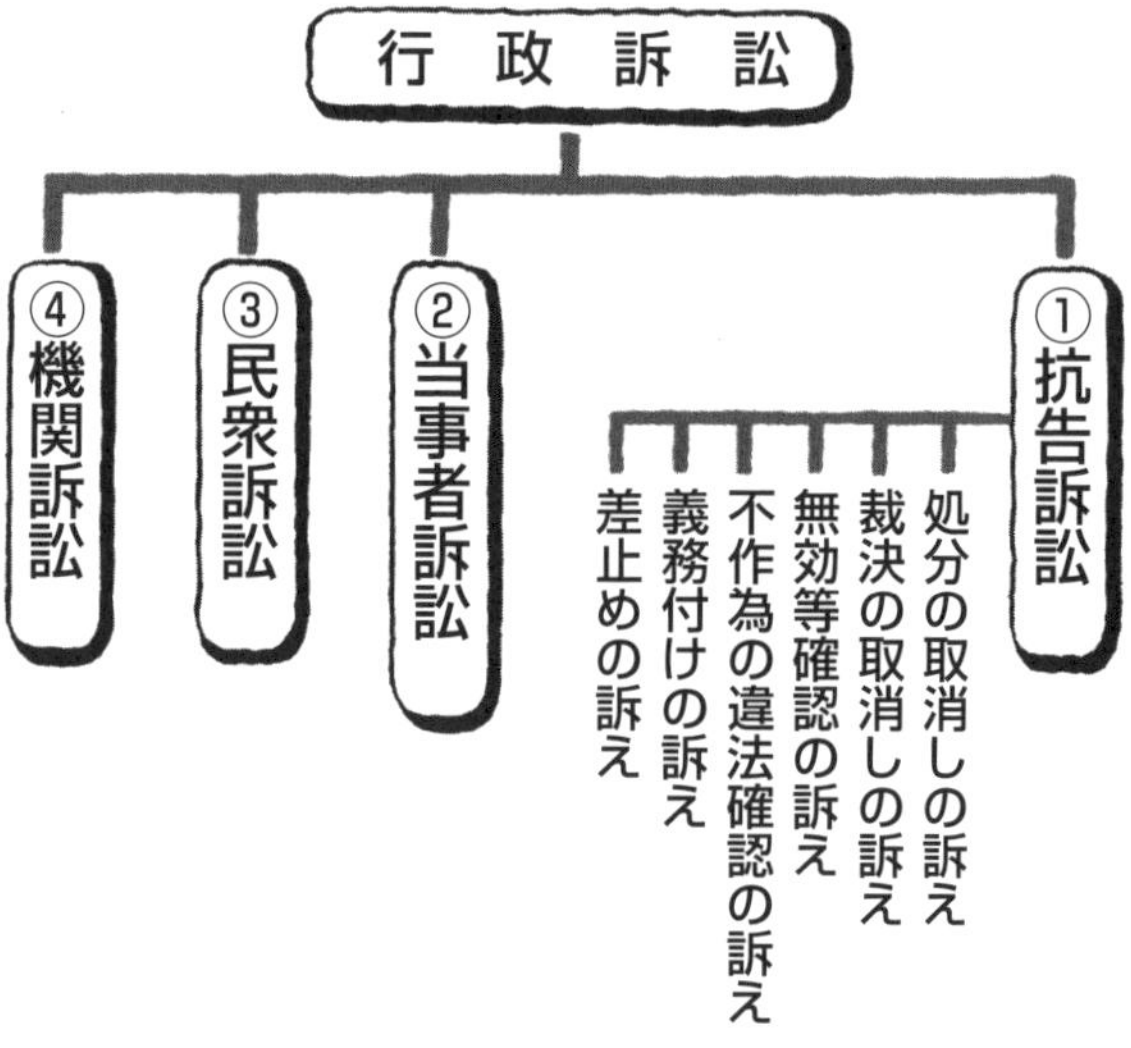

●行政事件訴訟の種類

行政訴訟には右図のように4つの種類があります。一般に、個人が原告となり行政訴訟を起こすことが考えられるのは、①の抗告訴訟です。

▼処分の取消しの訴え　行政庁の処分その他公権力の行使に当たる行為（裁決、決定その他の行為を除く）の取消しを求める訴訟です。

▼裁決の取消しの訴え　審査請求、異議申立てその他の不服申立てに対する行政庁の裁決、決定その他の行為の取消しを求める訴訟です。

▼無効等確認の訴え　処分若しくは裁決の存否又はその効力の有無の確認を求める訴訟です。

▼不作為の違法確認の訴え　行政庁が法令に基づく申請に対し、相当の期間内に何らかの処分又は裁決をすべきであるにかかわらず、これをしないことにつき違法確認を求める訴訟です。

▼義務付けの訴え　①行政庁が一定の処分をすべきであるにかかわらずこれがされないときや②行政庁に対し一定の処分又は裁決を求める旨の法令に基づく申請又は審査請求がされた場合に、当該行政庁がその処分又は裁決をすべきであるにかかわらずこれがされないとき、行政庁がその処分又は裁決をすべき旨を命ずることを求める訴訟をいいます。

▼差止めの訴え　行政庁が一定の処分又は裁決をすべきでないにかかわらず、これがされようとしている場合において、行政庁がその処分又は裁決をしてはならない旨を命ずることを求める訴訟です。

なお平成17年4月から、提訴できる原告の範囲の実質的な拡大、取消訴訟の被告となる行政庁や出訴期間などについて教示する制度の創設、仮の救済制度の創設など、行政訴訟を迅速で使いやすくするための改正が実施されました。

Q　行政事件訴訟の種類は

行政事件訴訟は、抗告訴訟、当事者訴訟、民衆訴訟、機関訴訟に分類されます。

抗告訴訟は、行政庁の公権力の行使に関する不服の訴訟です。土地収用や課税の決定など、行政行為について一般人が争う通常の行政訴訟です。

当事者訴訟とは、①当事者間の法律関係を確認し、または形成する処分または裁決に関する訴訟で、法令の規定によりその法律関係の当事者の一方を被告とするものおよび②公法上の法律関係に関する訴訟です。

民衆訴訟は、国または公共団体の機関の法規に適合しない行為の是正を求める訴訟です。選挙無効や当選無効の訴訟などがあります。

機関訴訟は、国または公共団体の機関相互における権限の存否またはその行使に関する紛争についての訴訟です。

3 国家賠償の請求の仕方

私たち国民が国や公共団体に対し訴えを起こすもうひとつの理由国家賠償があります
たとえば公立中学に通う町田B郎くんの場合…
ピッ
体育の授業でその日は学校内のプールで水泳でした。
教員の指導で飛び込みをしたところ
ゴチン
プールの底に頭をぶつけて大ケガをしてしまいました。
国・公共団体
損害
国や公共団体の施設や公務員の行為によって損害を受けたときは国家賠償法により国や公共団体に対し賠償を求めることができます。
公立学校のプールは国や公共団体の施設です。
近年、国民の体格は向上しています。プールの水深は適当であったのか。
そのようなプールで飛び込みをさせた教員の指導に過失はなかったか。
これらを理由に町田くんは賠償を求める訴訟を起こすことができます。
国家賠償法は私法上の紛争ですから通常の民事訴訟で争うことになります。
被告
国・公共団体
原告
被害者
国民が原告となり国や公共団体を被告として訴えるのです。

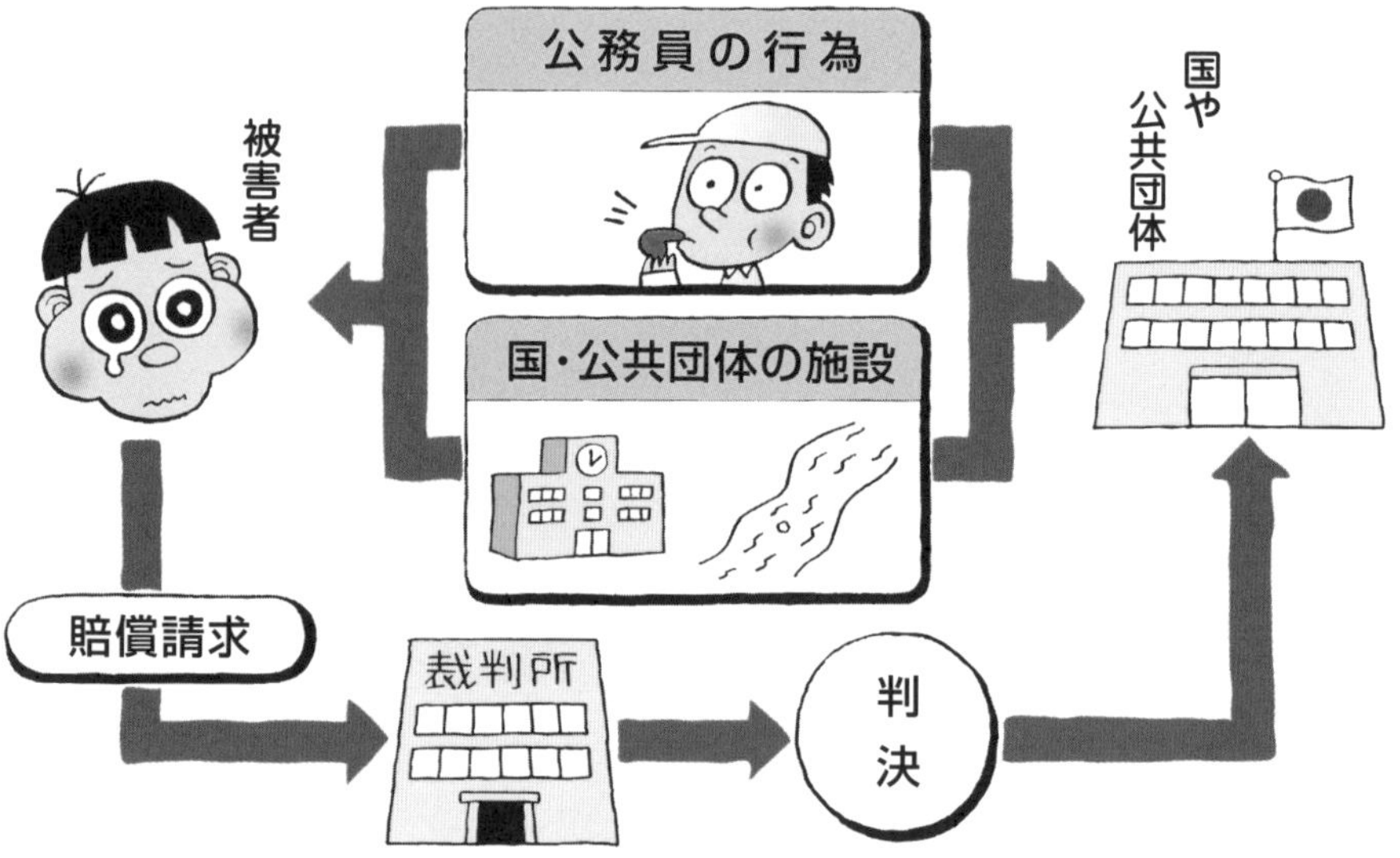

国家賠償で訴えを起こすことができるのは、前ページのほかに、次のようなケースが考えられます。ただし、勝訴して請求が認められるかどうかは、個々のケースによります。

▼河川が氾濫し、付近の町全体が水浸しになり損害を受けたとき。河川の管理責任者である役所を相手に、損害賠償の請求をする訴訟を起こす。

▼旅行で国立公園に行った際、公園内の橋から落下しケガをしたとき。橋に柵をつけていなかったのは、国、県、市の手落ちであるとして、損害賠償の請求をする訴訟を起こす。

▼隣家のボヤの消火にあたった消防署の消火作業が不完全で再び出火し、こちらの家まで類焼して燃えてしまったとき。消防署、すなわち地方公共団体を相手に、消火作業の不手際であったとして、損害賠償をする訴訟を起こす。

▼プロ・カメラマンが出版社の依頼により海外で撮影したフィルムを国内に送ったところ、税関の不注意でフィルムが感光されてしまったとき。実現像のフィルムを感光したのは税関のミスであるとして、国を相手に損害賠償の請求をする訴訟を起こす。

Q 行政事件訴訟と民事訴訟の違いは

行政事件訴訟と民事訴訟は、訴訟の対象とされている法律関係が公共関係か私法関係かによって区別されるわけです。

たとえば、国や公共団体の公務員の違法行為によって損害を受けたため、損害の賠償を国や公共団体に求めるとした場合、その損害の賠償請求の根拠となる法律は、国家賠償法という特別法であり、国家賠償法は公務員の公権的行為の当否を問題とするので、その請求は行政事件訴訟のようにみられがちです。

しかし、これはその訴訟の対象とされている法律関係が、私法上の損害賠償請求権（民法七〇九条の不法行為など）に基づいているので、行政事件訴訟ではなく民事訴訟にあたるわけです。

第二部・刑事事件と少年保護事件の処分

第1章　犯罪と刑事訴訟のしくみ

刑事訴訟は、犯罪事実を認定し、刑罰を科するための手続きです。犯罪事実の認定が正しく、そして迅速になされなければ、被告人の人権が侵害されるおそれがあります。
そこで、刑事訴訟においては、何よりも、個人の人権を守りながら真実を発見し、裁判をすることが要求されます。

1 刑事訴訟のしくみ

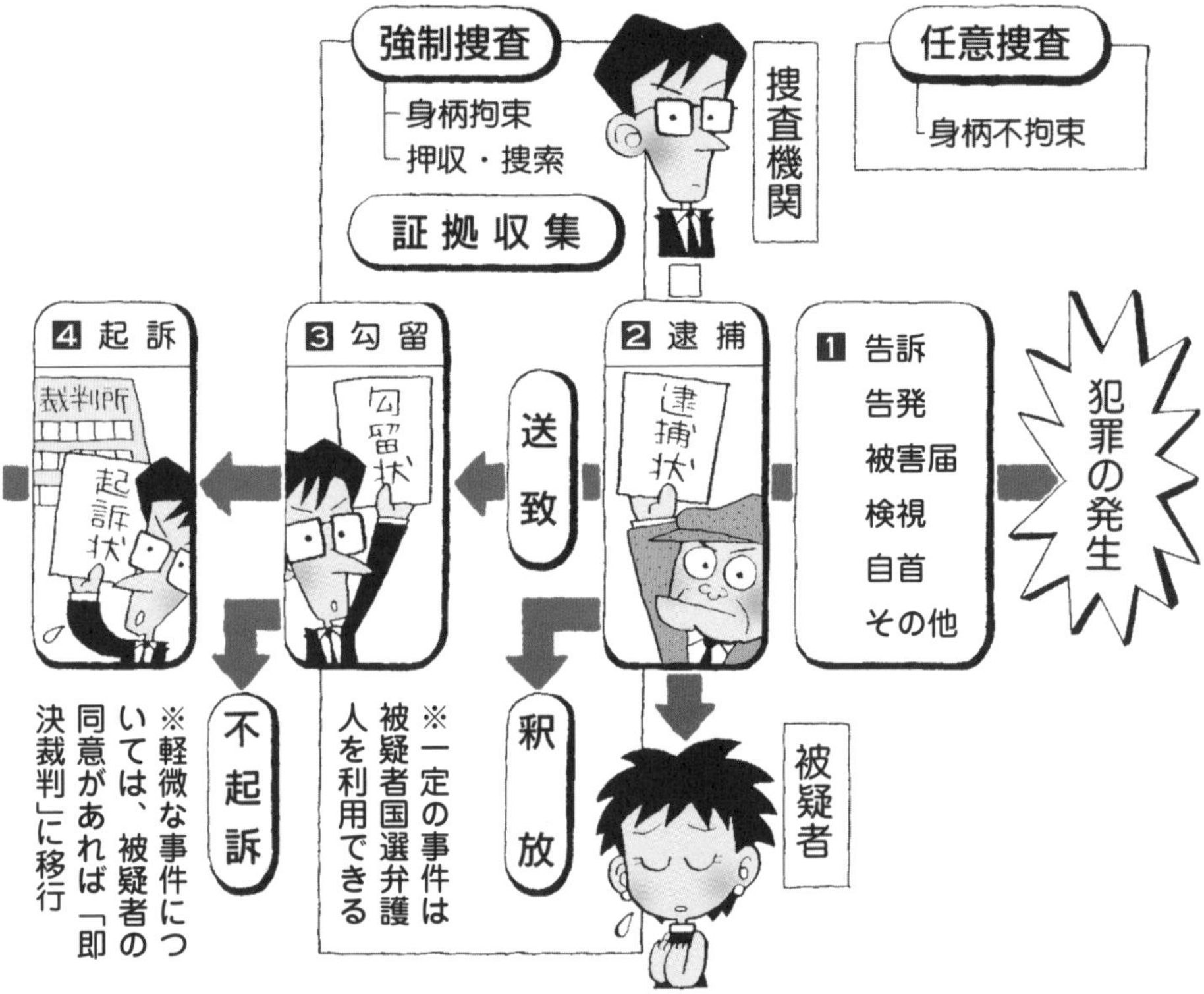

1 犯罪が発生、あるいは発生したのではないかと思われる事情が存在したとき、警察・検察などの捜査機関が捜査を開始します。そのきっかけとなるものには、告訴、告発、検視、自首、現行犯などがあります。

2 3 捜査とは、被疑者の身柄を逮捕・勾留などによって拘束する一方で、証拠を収集することです。

捜査には、任意捜査と強制捜査があります。強制捜査は捜査機関の独断で行なうことは出来ず、原則として裁判所が判断して令状を示し、この令状によって実行されます。

被疑者は、捜査の時点で弁護人を選任することもできます。

●交通事件の手続き

交通事件を処理する手続きについては、公判手続き以外に、略式手続きがあります。

公判手続きは、検察官が罰金刑以上の処罰が適当と判断した場合に起訴することにより通常の刑事裁判を行なうものです。

略式手続きとは、刑事事件において、公判を開かず、簡易裁判所が書面審理で刑を言い渡す簡易な手続きです。手続きは、一〇〇万円以下の罰金または科料を言い渡すべき事件であって、被疑者に異議のない場合に検察官が公訴の提起と同時に書面で略式命令の請求をすることで開始されます。

略式命令に不服なときには、告知を受けた日から一四日以内に正式裁判の請求ができます。

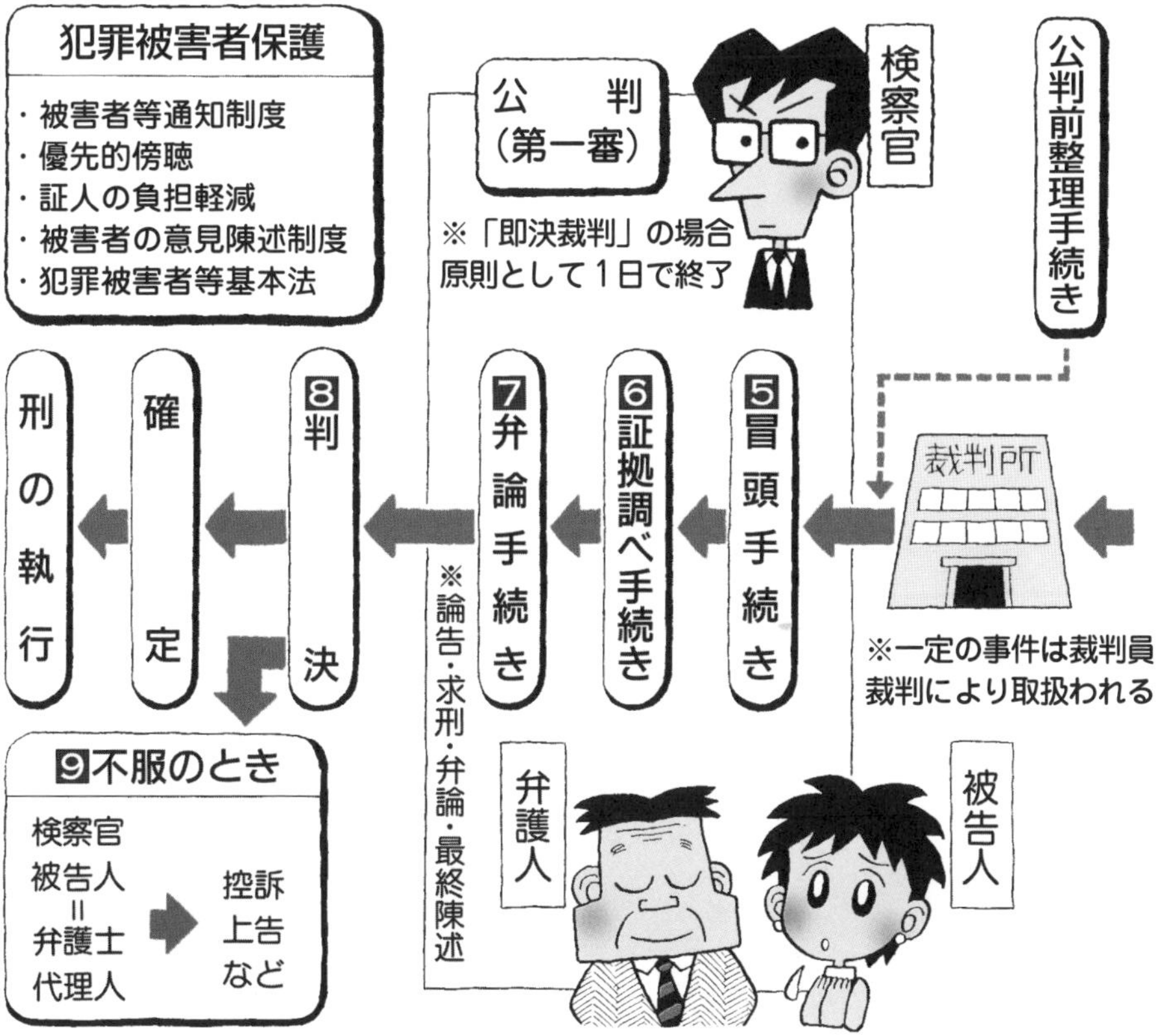

4捜査が終わると、検察官は、起訴・不起訴などの事件処理を行ないます。

567検察官の出した「起訴状」を裁判所が受理すると、公判の手続きが開始されます。公判が始まると、それまで「被疑者」と呼ばれていたものは「被告人」と呼ばれるようになり、一定の重い事件については必ず「弁護人」が付くことになります。

公判の手続きは、「冒頭手続き」「証拠調べ手続き」「弁論手続き」の順に進められます。

8公判手続きが進み、結審されると、裁判官が判決を下します。

9判決に不服のときは、控訴、上告などの手続きをとります。

2 犯罪の発生と捜査の開始

キャー やめて 下さい!
1
○X方面
へへ… なかよく しようぜ
ヒック
助けて!
しょうがないなあ 酔っぱらいは… あの娘も 運が悪い…
やっ!
ばんっ
フラ フラ
フラ フラ
……
フラ
フラ
ズデ
ガクッ
ああっ
やった…
もしもし 警察?
こちら ○×駅ですが
……

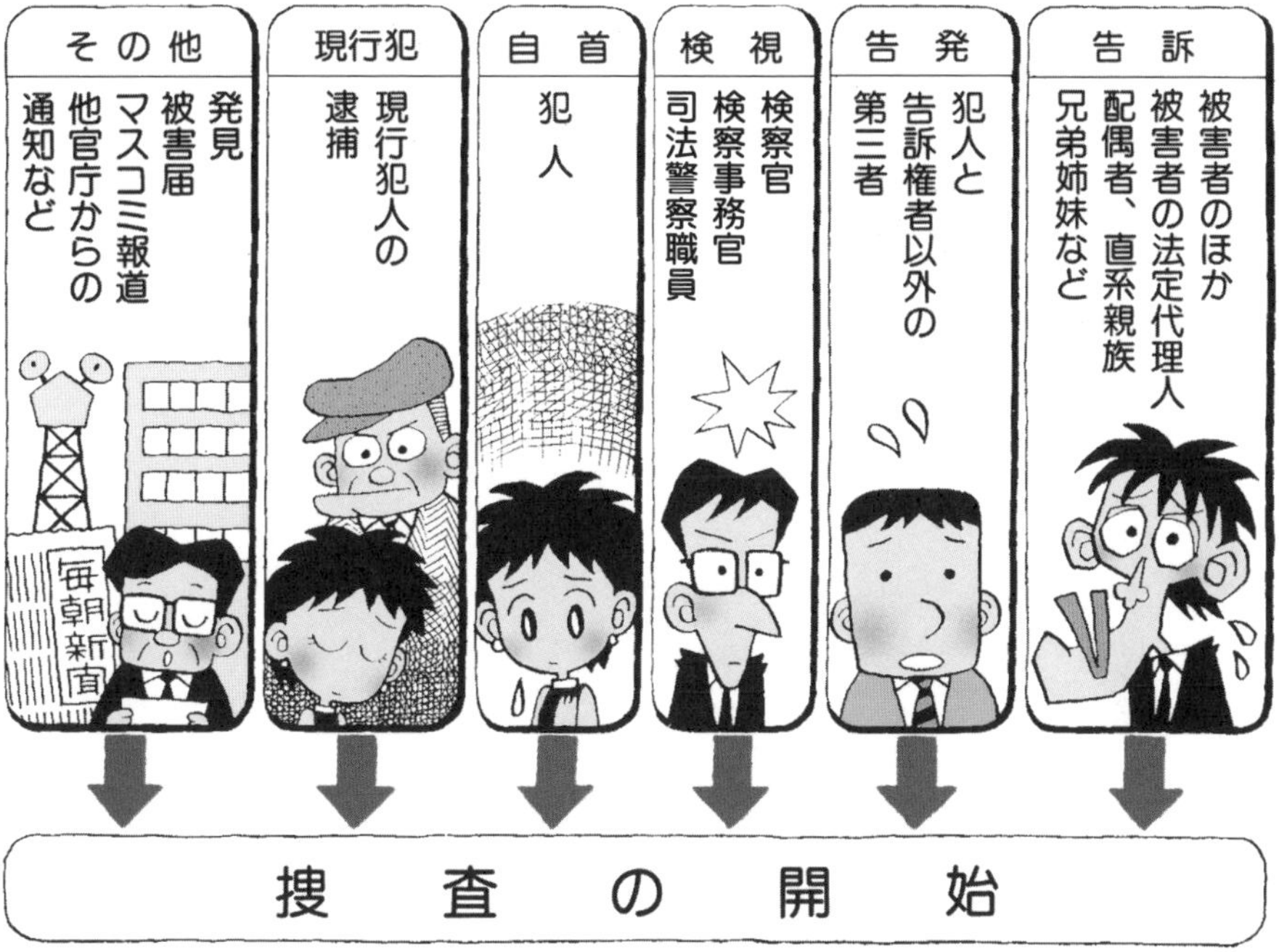

●捜査の端緒

犯罪が発生し、それを警察・検察などの捜査機関が知ると、捜査が開始されます。刑事訴訟法で捜査の端緒として定められているものには、

①告訴……犯罪の被害者その他一定の者（告訴権者）が、捜査機関に対し、犯罪事実を申告して犯人の処罰を求める意思表示。単なる被害届とは異なる。

②告発……犯人と告訴権者以外の者が、犯罪事実を申告して犯人の処罰を求める意思表示。

③検視……老衰や病気以外の原因で死んだ場合、検視が行われ、犯罪によるものらしいということになれば、捜査が開始される。

④自首……犯人自身が犯罪事実を捜査機関に告げて、起訴してほしいという意思表示をすること。

⑤現行犯……現行犯人の逮捕に逮捕状は不要で、捜査機関でなくても誰でも逮捕することができる。

があります。また、特別法によって端緒として定められた、警察官による職務質問や自動車検問などがあります。

さらに、法令に定めはありませんが、端緒として重要なものに、

⑥事実の発見、被害者による被害届、110番への通報、マスコミによる報道、風説、他官庁からの通知など。

があります。特に、被害者からの被害届は、刑法犯の端緒の約80％を占め、捜査開始の主な要因となっています。

3 逮捕と捜査機関の取調べ

ウ〜〜ッ
ファンファンファン
この人がつき落としたんです
あ…わたし………
目撃しましたか？
はあ
見ました
あなたを逮捕します
警察署
ブロロ…
取調べ室

Q 逮捕にはどんなものがあるのか

逮捕とは、捜査機関などが、被疑者の身体の自由を拘束し、それを短期間継続する捜査活動のことをいいます。被疑者の逃亡を防ぎ、裁判のための裁判所への出頭を確保するためのものです。逮捕は最大七二時間継続することができます。

逮捕には、刑事訴訟法上認められている通常逮捕、現行犯逮捕、緊急逮捕の三つがあります。このうち、現行犯逮捕や緊急逮捕は、逮捕時に令状がない点が令状逮捕と異なります。

逮捕するには、一般に①被疑者が犯罪を犯したと疑うに足りる相当の理由があること、②被疑者が逃亡しまたは積極的に罪証湮滅をはかるおそれがあることという二つの要件が必要です。

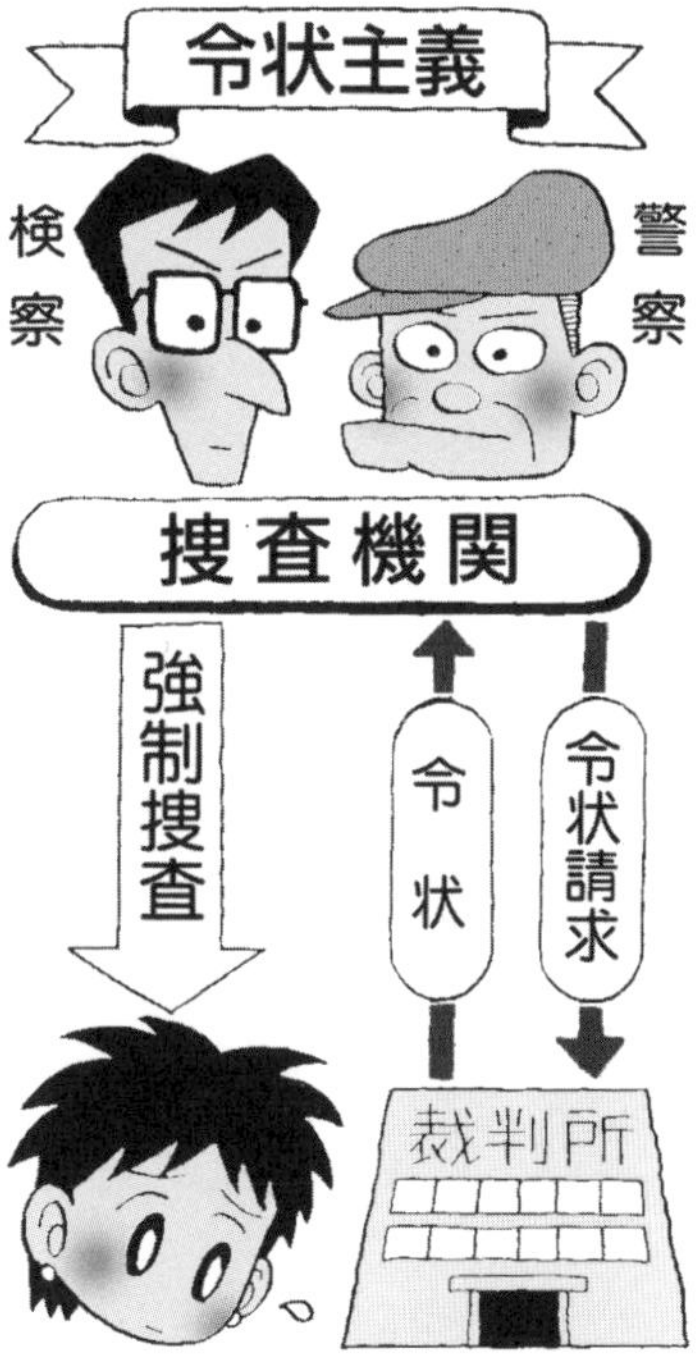

〔書式〕逮捕状のサンプル

逮　捕　状（通常逮捕）	
被疑者の氏名	雲野 割子
被疑者の年齢 住居，職業 逮捕を許可する罪名 被疑事実の要旨 被疑者を引致すべき場所 請求者の官公職氏名	別紙逮捕状請求書のとおり
有効期間	令和 2 年 ○ 月 ○ 日まで
有効期間経過後は，この令状により逮捕に着手することができない。この場合には，これを当裁判所に返還しなければならない。 有効期間内であっても，逮捕の必要がなくなったときは，直ちにこれを当裁判所に返還しなければならない。	
上記の被疑事実により，被疑者を逮捕することを許可する。 令和 2 年 ○ 月 ○ 日 東京地方裁判所 裁判官　川 野 D 男 ㊞	
逮捕者の官公職氏名印	駒込警察署司法警察員警部補 山田 一郎 ㊞
逮捕の年月日時及び場所	令和 2 年 ○ 月 ○ 日 午後 8 時 10 分 ○駅ホーム で逮捕
引致の年月日時及び場所	令和 2 年 ○ 月 ○ 日 午後 9 時 20 分
記名押印	駒込警察署司法警察員警部補 山田 一郎 ㊞
送致する手続をした年月日時	令和 2 年 ○ 月 ○ 日 午前 10 時 00 分
記名押印	駒込警察署司法警察員警部 鈴木 二郎 ㊞
送致を受けた年月日時	令和 2 年 ○ 月 ○ 日 午前 10 時 20 分
記名押印	東京地方検察庁検察官 丙野 B郎 ㊞

●捜査は「令状主義」で行われる。

犯罪捜査は「令状主義」によって行われます。捜査の方法には、任意捜査と強制捜査があります。

・任意捜査……被疑者や第三者の取調べ、鑑定の嘱託や公務所などへの照会、実況検分、任意同行など。

・強制捜査……逮捕・勾留、捜索・押収・検証・鑑定留置、証人尋問など。

中でも強制捜査は、人の身体や意思の自由、あるいは人の物に対する支配に制限を加えるものですから、濫用されないようにしなければなりません。そのため、強制処分をすべきかどうかを捜査機関の判断に任せず、裁判所が判断して令状に示し、この令状がなければ強制捜査をすることはできないことになっています。

●逮捕と逮捕状

「令状主義」により、逮捕には逮捕状が必要です。ただし、次のような例外があります。

・緊急逮捕……犯罪が重大で罪を犯したことを疑うに足る十分な理由があり、しかも急を要するとき緊急逮捕が行われる。捜査機関が理由を告げるだけで逮捕し、逮捕後に令状を請求する。

・現行犯逮捕・準現行犯逮捕……現に犯罪を行っている最中の者、たった今犯罪を行い終わった者（現行犯）や、犯罪を行い終わって間がないと明らかに認められる者（準現行犯）は、令状なしで逮捕できる。

逮捕された雲野割子さんは警察で取調べを受け…
身柄送検だ
はい
身柄を検察に送られ
ブロロ…
検察庁
検察でもまた取調べを受けました。
この間、同時に被害者、目撃者の証言や犯行現場の検証など証拠も収集され
やがて捜査は終結しました。
よし起訴しよう！

Q 起訴前の段階で弁護士を頼めるのか

被疑者や被告人はいつでも弁護人を選任できますが、起訴前の勾留段階でも国選弁護人を選任できます。対象事件は、死刑または無期もしくは長期三年を超える懲役もしくは禁錮に当たる事件で、殺人、傷害致死、危険運転致死、強姦、窃盗、詐欺、傷害、収賄など広く該当します。なお、当番弁護士制度も実施されています。

当番弁護士制度とは、弁護士会の中で当番の弁護士を決め、被疑者や家族、知人等から要請を受けしだい、当番の弁護士が、被疑者が拘禁されている警察署や拘置所に出向いて、本人と接見する制度です。かけつけた弁護人に被疑者が依頼するしないは自由で、接見によって刑事事件の基本的な知識、流れを知ることができます。（連絡先一八一頁参照）

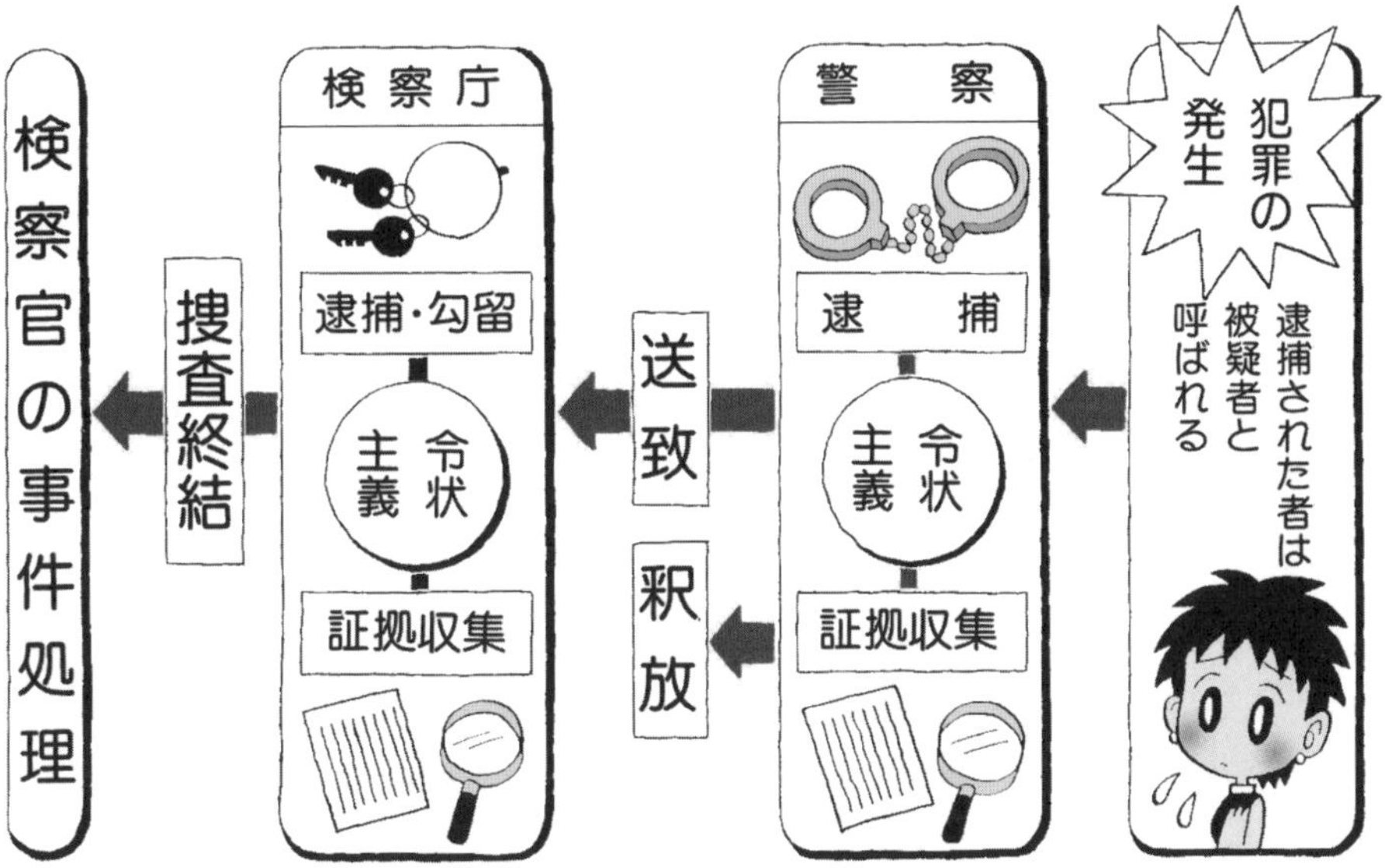

●捜査とは何か

捜査とは、将来刑事裁判を行なうために、有罪を立証するための証拠を収集し、保全し、必要があれば、被疑者を逮捕・勾留してその身柄を確保する一連の手続きのことです。司法警察職員が逮捕した被疑者は、逮捕後48時間以内に釈放するか、検察庁に送致するかしなくてはなりません。事件を受理した検察庁でも、再度、捜査が行われますが、二四時間以内に、裁判官に勾留の請求をするか釈放しなければなりません。

これら一連の手続きは、すべて前述の「令状主義」で行われます。

●勾留とは何か

勾留は、犯罪を犯したと思われる正当な理由があり、しかも住所が不定であったり、証拠隠滅や逃亡のおそれがある場合に、「勾留状」という令状に基づいて行われる身柄拘束です。勾留には「起訴前の勾留」と「起訴後の勾留」があります。起訴前の勾留に保釈は認められません。

起訴前の被疑者の身柄拘束は、留置・勾留を通じて最大限23日間という時間制限があります。検察官は、この時間制限内で、起訴するか釈放するかの処分を決定しなければなりません。

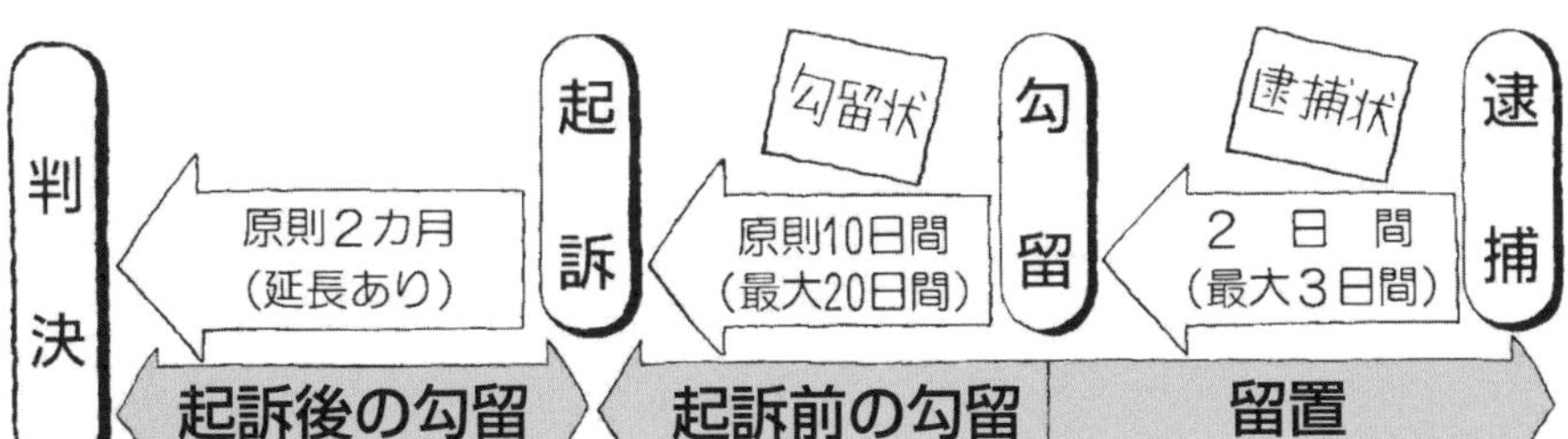

4 公訴の提起と公訴手続き

検察官は割子さんを起訴しました。
地方裁判所
起訴状
起訴状を受理した裁判所は公訴の手続きを開始します。
裁判所
起訴状謄本の送達
弁護人選任権の告知
割子さんは保証金を出し保釈中です。
弁護人？
裁判所は起訴状の謄本を被告人に送達し、さらに被告人に対し弁護人がいなければ開廷することができないことを告知します（被疑者段階で弁護人がいない場合）。
割子さんは弁護人として上司の紹介のX弁護士を依頼しました。
よろしくお願いします
頑張りましょう
公判期日が指定され、裁判所から「召喚状」が送られてきました。
召喚状

〔書式〕起訴状のサンプル

令和　年○支庁外領第　号　令和　年検第　号
令和　年○支領第　号　令和　年検第　号

起　訴　状

令和２年○月○日

東京地方裁判所○○○支部　殿

東京地方検察庁○○○支部
検察官検事　丙野Ｂ郎

下記被告事件につき公訴を提起する。

記

本籍　東京都新宿区新宿１２丁目２４番地７号

住居　東京都世田谷区喜多見１０丁目４５番地２号

職業　会社員

(勾留中)　雲　野　割　子

昭和60年12月21日生

公訴事実

被告人は，令和　年○月○日午後10時ごろ，東京都文京区春日１丁目所在の●●電鉄△線○駅１番ホーム上において，Ｃ男に執拗にからまれて畏怖し，Ｃ男に対し，その右肩付近を両手で強く突く暴行を加え，同人を同ホーム下の電車軌道敷内に転落させて，同人に加療約２か月を要する後頭部挫傷の傷害を負わせたものである。

罪名及び罰条

傷害　刑法第２０４条１項

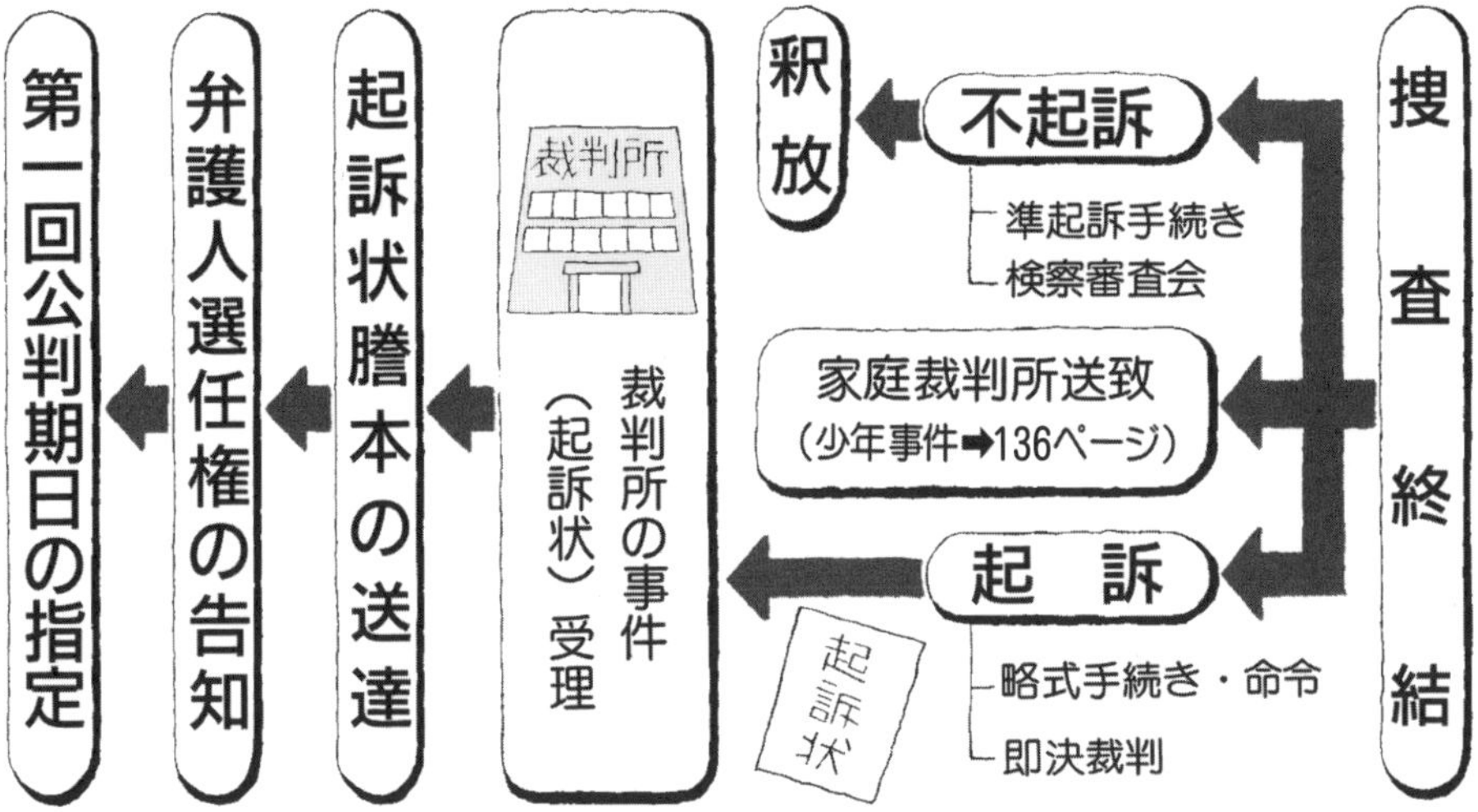

●起訴（公訴）とは何か

起訴とは、検察官が特定の刑事事件について裁判所の審判を求める行為のことです。検察官は、社会秩序の維持という公益の観点から、公益の代表者として起訴をします。なお、不起訴処分に不服の時には、検察審査会に申立てる制度があります。

●公訴の手続き

検察官の提出した起訴状を裁判所が受理することで、第一回公判期日前の手続きが開始されます。まず、裁判所は「起訴状の謄本」を被告人に遅滞なく送達しなければなりません。さらに被告人に対し、弁護人がいなければ開廷することができない旨を告知します。そして、第一回公判期日を指定して「召喚状」を送達します。

なお、一定の重大事件は第一回公判期日前に「公判前整理手続き」を行うことができ、また裁判員裁判の対象事件では必ず実施されます。

●保釈とは何か

保釈とは、勾留された被告人を、保証金を差し出させて、判決が下るまでの間、かりに釈放し、もしその期間に逃走その他不都合な行為をしたら、その保証金を没収するという手段によって、被告人の出頭を確保しようという制度です。被疑者には認められていませんから、保釈は起訴された後の問題です。

Q　起訴は必ずしなければならないのか

検察官は犯罪の嫌疑があるときは、必ず起訴しなければならないわけではなく犯人の性格、年齢、境遇、犯罪の軽重、犯罪後の情況などを総合して、起訴しないことが相当であるときは起訴猶予処分にすることができます。これを起訴便宜主義といいます。（刑訴法二四八条）。

起訴便宜主義は、具体的、個別的な事情を加味することができ、起訴の基準が弾力性に富むという特徴をもちますが、反面、検察官の裁量の範囲を広げることにもなり、公訴の提起を検察官に限っている起訴独占主義とともに、適正な運用が望まれるところです。

5 公判手続きと判決

公判期日になりました。保釈されていた割子さんはX弁護士と共に法廷に出頭しました。
第6法廷
公判は
①冒頭手続き
②証拠調べ手続き
③弁論手続き
の順に進められ結審すると裁判官が判決を下します。事件によっては第一回公判期日前に公判前整理手続きを行う場合があります。一定の事件は裁判員裁判により行われます。
被告人側
検察側
1 冒頭手続き
①人定質問
被告人
雲野割子
生年月日、職業、本籍、住所は……
以上間違いはありませんか?
はい
まず、裁判長が法廷に出頭している人物が訴状に記載されている被告人に間違いないかどうかを確認します。
②起訴状の朗読
起訴事実
被告人
雲野割子は
○月×日23時30分
△線○駅1番線
ホームにおいて…

次に、検察官が、起訴状記載の事項のうち起訴事実、罰条の部分を朗読します。

不明な点があれば、裁判長や陪席裁判官は検察官に釈明を求めます。

また、被告人、弁護人から裁判長を通じて釈明のための発言がなされることもあります。

③黙秘権などの告知
被告人には黙秘権があり終始沈黙あるいは個々の質問に対し陳述を拒むことができます
また
陳述することもできますが陳述の内容は被告人にとって利益な証拠にも不利益な証拠にもなります

④被告人側の陳述
起訴状記載の起訴事実のうち……………の部分を否認します
そして、被告人側が起訴事実を認めるかどうかを述べます。起訴事実についての認否をさせて、事件の争点を明らかにするためのものです。この陳述を「罪状認否」ともいいます。

2 証拠調べ手続き

刑事裁判では、犯罪事実の認定は証拠によらなければならず、検察官は被告人の有罪について全面的に立証する責任を負います。

⑤冒頭陳述
………
まず、検察官が、事件の大要、立証の方針などを明らかにするための冒頭陳述を行ないます。

⑥証拠申請
この証拠を!!
続いて、証拠調べの申請が行なわれます。まず、検察官、続いて被告人側が申請します。

⑦証拠決定
調べましょう
裁判所は、申請のあった証拠について証拠調べをする旨（または却下）の決定をします。

Q 黙秘権は保障されているのか

黙秘権とは、自己に不利益な供述をしなくていい権利のことをいいます。

憲法三八条一項がこれを規定しており、刑事訴訟法も被疑者、証人、被告人にそれぞれ黙秘権を認めています。

被疑者については、およそ自己の意思に反して供述をする義務はありません（刑訴法一九八条）。

次に証人は、その事由を述べ、裁判所がそれを認めたときに黙秘権をもちます（刑訴法一四六条）。

被告人については、その事件について法律上当然に全面的な黙秘権を持ちます（刑訴法三一一条）。

3 弁論手続き

⑧実　施

証人尋問
……
証拠書類
物証

証拠書類の取調べは朗読により、証拠物の取調べはこれを示し、場合によっては更に朗読することによって行なわれます。証人尋問は、検察官、被告人側の順に行なわれ、又聞きや誘導尋問は原則として許されません。

⑨論告・求刑

これらの事実により……と認められます
よって懲役〇年を求刑します

証拠調べのあとで、検察官が行なう事実および法律の適用についての意見の陳述を、俗に「論告」といいます。通常、同時に刑の量定についての意見も述べられ、こちらは「求刑」といいます。「求刑」は、単に裁判所に対する参考意見であり、裁判所を拘束するものではありません。

⑩弁　論

……以上の事実により被告人の行為は正当防衛であったと考えられます　よって被告人の無罪を主張します

続いて、弁護人が事実および法律の適用、刑の量定について意見を述べます。弁護人による弁論は、被告人に有利な角度から行なわれるのが普通です。

⑪最終陳述

被害者の方には申訳なかったと反省しています　あのときは恐怖のあまり夢中だったんです　今後は……

最後に被告人に陳述の機会が与えられます。

結　審

以上で結審します　判決期日はおって知らせます

最終陳述が終わると結審となります。

判　決

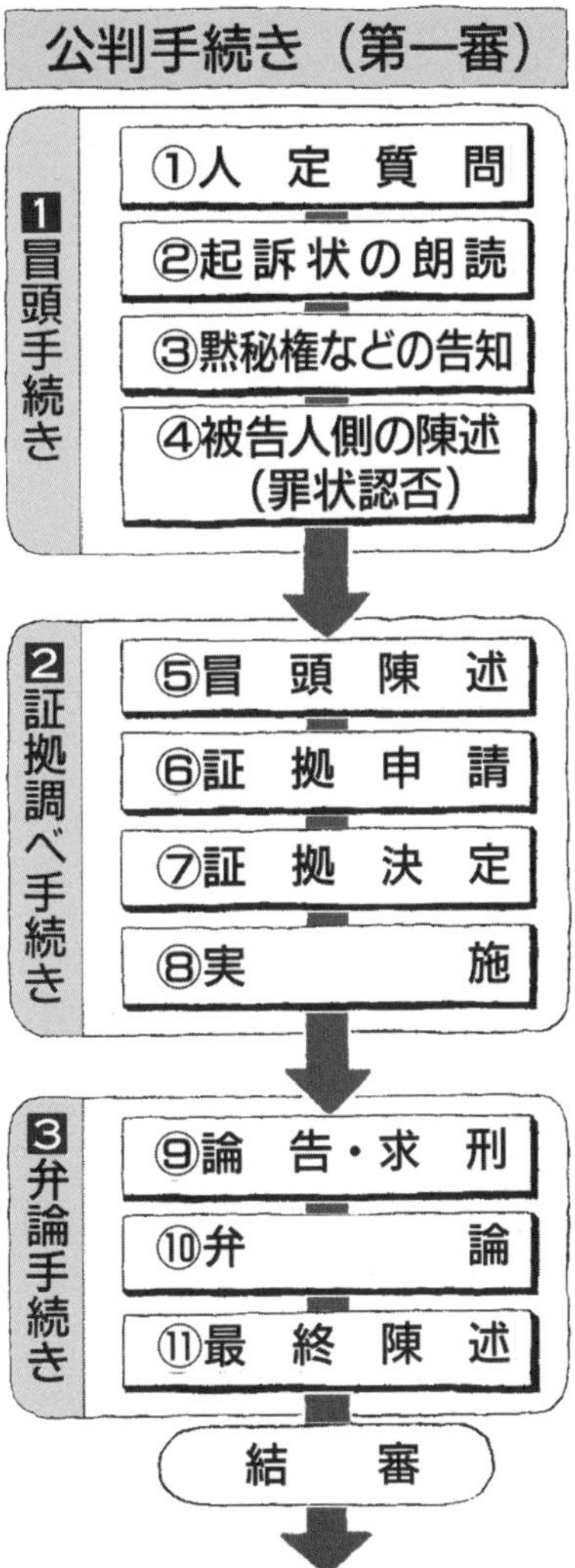

●刑罰

刑罰は、生命刑、身体刑、自由刑、名誉刑、財産刑に分類することができます。このうち、刑法は、生命刑である死刑の他、自由刑として懲役、禁錮、拘留を、財産刑として罰金、科料、没収を認めています。

●刑の種類

刑法が規定する刑の種類は、死刑・懲役・禁錮・拘留・罰金・科料・没収の七種類です。

このうち、それ自体を独立に科しうる刑を主刑といい、主刑を言い渡す場合にこれに付加してのみ科しうる刑罰を付加刑といいます。

刑法は、死刑・懲役・禁錮・罰金・拘留・科料を主刑とし、没収を付加刑としています。

●未決勾留

被疑者・被告人の勾留を併せて未決勾留といいます。有罪判決が確定するまでは、被疑者・被告人は無罪と推定され、勾留による身柄拘束は、刑罰としての拘留と異なり、刑の執行ではありません。しかし、自由を拘束される点で刑の執行に類似します。そこで、裁判所の裁量により未決勾留日数の全部または一部を刑期に算入し既にその期間の刑の執行は終わったものとして扱うことにしています。

●公判手続きにおける被害者支援

証人尋問の際の証人の負担軽減措置(付添人、つい立ての設置、ビデオリンク方式の採用)、被害者の意見陳述制度、などがあります。

Q 証拠調べにおいて重要なことは

証拠は、犯罪事実の認定のために、重要な資料なので、裁判官の判断を誤らせるおそれがあるもの、違法に収集されたものがあったりすると、真実の発見が損なわれ、被告人の人権が侵害されるおそれがあります。

そこで、どんな証拠が犯罪の事実認定のための資料として、法廷で取り調べることを許されるかどうかを考えておく必要があります。これが証拠能力の問題です。

また、自分が直接に聞いたのではない、又聞きに基づく証言を原則として排除し、違法な捜査活動があった場合に収集した証拠を採用しないなどの原則を設けています。

6 判決言渡しと不服申立て

判決
懲役○年執行猶予×年に処する…
ありがとうございました…有罪にはなりましたけど執行猶予がつきました
あなたには、まだ上訴をする権利が残されてますよ
判決期日被告人雲野割子さんに有罪の判決が下されました。
上訴?
判決に対する不服申立てです
あなたの裁判は地方裁判所での第一審でしたから高等裁判所に控訴を申立てることができます
さらに控訴審の判決にも不服のあるときは最高裁判所に上告を申立てることもできます。
上告審
上告
控訴審
判決
控訴
第一審
判決
控訴・上告をあわせて上訴といいます。
また、上訴は、検察官の側からもすることができます
控訴
判決
上訴
確定
いずれも判決後、14日以内に申立てる必要があります。
でも…わたし一審の判決に服します
そうですか
では検察から上訴の申立てがなければ判決は確定します
やがて判決は確定しました。
雲野割子さんは執行猶予中です。

上訴		再審
控訴	上告	
判決後、14日以内に申立てる		判決確定後の不服申立て
第一審の判決に不服のある検察側、被告人側が、直接上級裁判所に審査してもらうための制度。控訴理由がある場合に限り、控訴できる。	原則として第二審裁判所の判決に対する上訴で、管轄は常に最高裁判所。上告審は「法律審」であり、法的評価の面からだけ不服を申立てることができる。	確定判決における不当な事実認定から被告人を救済するために認められた非常手段で、主として事実認定の誤りを救済するためのもの。被告人の利益のためにのみ申立てることができる。再審には法に定められた再審事由が必要で、不服申立ての方法としては極めて例外的な手段。

※判決に対する不服申立てとして一般的なものには、上訴の他に「再審」と「非常上告」があります。ただし、「再審」と「非常上告」は確定した判決に対する不服申立てであり、例外的なものです。

●控訴の申立て

控訴理由には、法令違反たる控訴理由と、それ以外の控訴理由があります。法令違反以外の控訴理由としては、刑の量定不当、事実の誤認、再審事由および原判決後の刑の廃止変更、または大赦があります。

控訴裁判所は、適法に申立てのあったものについては調査を開始し、適法でない申立てについてはこれを棄却することになります。

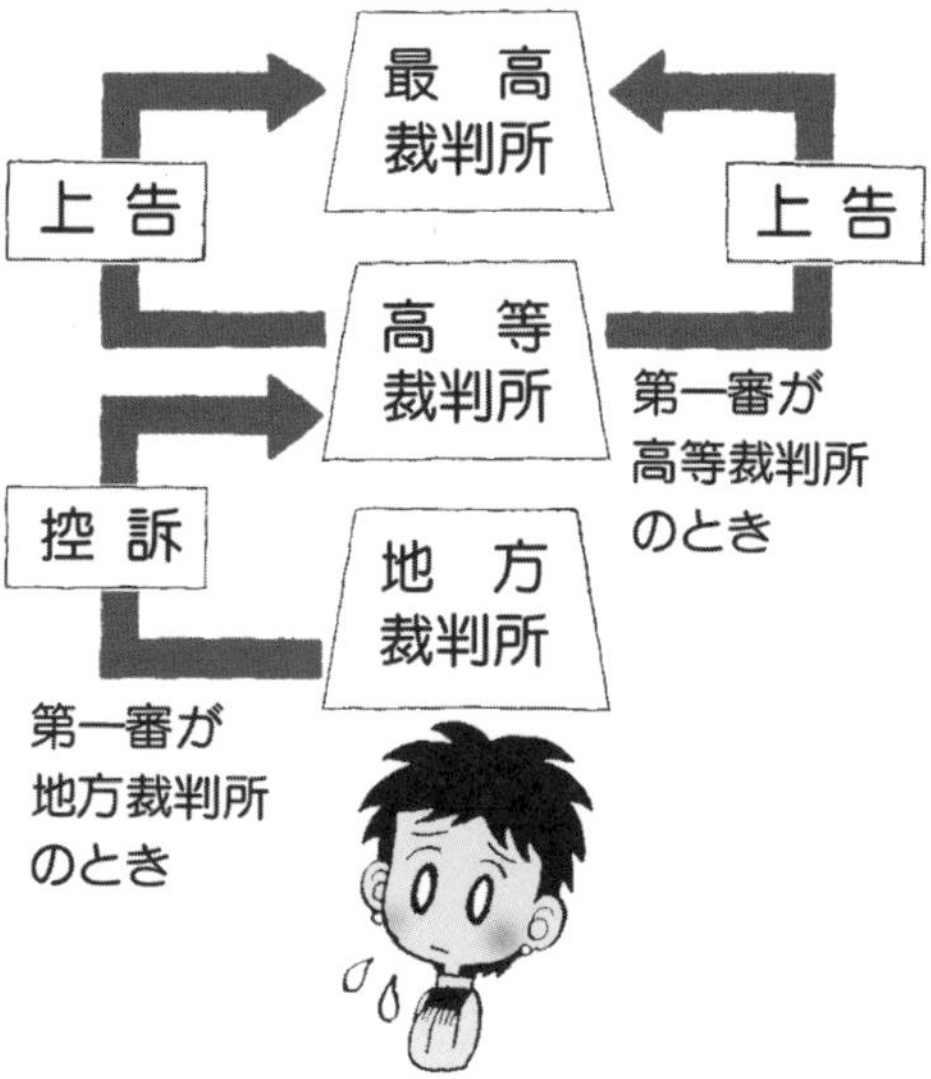

※第一審が高等裁判所のとき控訴はできず、第二審がいきなり上告となります。

Q 執行猶予がつくとは

執行猶予というのは、刑事政策的効果を重視するところにより一定の犯人に対し、一定期間（一年以上五年以下の期間内で裁判所が定めた執行猶予の期間）二度と罪を犯さないことを条件に刑罰権を消滅させる制度です。

執行猶予は、執行が一時ストップされているだけで、やがて執行されるようにも思えますが、猶予期間中に不合理な行為をしなければ、永久に執行されることはありません。

しかし、執行猶予は、無罪ではなく、有罪の判決です。ですから、猶予期間が無事に経過しないと、原則として有罪の宣告を受けたものとされ、一定の資格制限の理由とされています。

7 裁判員裁判

選任手続期日のお知らせ
平成21年5月から裁判員制度が始まりました。
裁判所
最終的に裁判員に選任されると、刑事事件の審理に出席することになります。
裁判員裁判は裁判官3人、裁判員6人の計9人で構成されます。
裁判員裁判
裁判員裁判では、公判前整理手続きが行われ、予め争点や証拠が整理されます。その他、裁判員の負担を軽減するよう工夫されています。
公判前整理手続き
審理期間の短縮
裁判官などによる説明
審理では裁判員も証拠品を見るほか被告人や証人等に質問することもできます。
弁論手続き終結後、評議が行われ、有罪か無罪か、有罪の場合の刑を決定します。
全員一致をみない場合は多数決により評決します。
最後に法廷で裁判官が評決内容に基づき、判決を言い渡します。
裁判所
これで裁判員の仕事は終了します。

●裁判員の辞退理由

原則辞退はできませんが、70歳以上の人、学生・生徒、一定のやむを得ない理由（重い病気やけが、親族・同居人の介護・養育、事業上の重要な用務を自分で処理しないと著しい損害が生じる恐れがある、妊娠中または産後8週間以内など）がある場合は、辞退が認められています。単に気が進まない、やりたくない、仕事が忙しいという理由だけで辞退することはできません。

●裁判員裁判の構成

裁判官3人に対し、一般国民から選ばれた裁判員6人の計9人で構成されます（ただし、一定の事件については裁判官1人と裁判員4人）。

●裁判員裁判の対象となる事件

「裁判員の参加する刑事裁判に関する法律」により、次のように定められています。

①死刑または無期の懲役・禁固にあたる罪に関する事件

②法定合議事件（法律上合議体で裁判することが必要とされている事件）であって故意の犯罪行為により被害者を死亡させたもの

具体的には、殺人、強盗致死傷、傷害致死、現住建造物等放火など国民の関心が高い重大事件が対象となります。

●裁判の審理期間

裁判員裁判では、必ず「公判前整理手続き」を行うこととなっています。できるだけ毎日開廷することとなっているので、多くの事件では審理は3日間程度で終わると見込まれています。

●裁判員の権限と仕事

裁判員の権限は、どのような犯罪が行われたかという「事実の認定」、どのような罪に当たるかという「法令の適用」、刑をどれぐらいにするかという「刑の量定」の3つです。

裁判員に選任されると、裁判官とともに公判に立ち会い、判決の言い渡しまで参加します。公判では証拠調べが行われ、裁判員も証拠を見たり、被告人や証人等に対して質問することができます。

●評議と評決

証拠調べや弁論手続き終結の後、事実の認定と、被告人が有罪か無罪か、有罪の場合はどのような刑にすべきかを、裁判官と裁判員全員で評議し、決定します（評決）。このとき評議を尽くしても、全員の意見一致をみなかったときは、多数決により評決を行います。ただし、裁判員のみ5人の多数意見では、被告人に不利な判断（被告人が有罪か無罪かの評決で有罪の判断）はできません。少なくとも裁判官のうち1人は多数意見に賛成することが必要になります。

なお、裁判員には評議における秘密など一定の守秘義務が課されます。

Q 裁判員の選任手続きはどうなっているか

裁判員は一般国民から選ばれます。①まず前年の秋頃市町村の選挙管理委員会がくじで選んだ裁判員候補者名簿が作成されます。②次に、候補者には調査票とともに裁判員候補者名簿に載ったことが通知されます。③候補者名簿の中から事件ごとにくじで候補者が選ばれます。④原則、選任手続期日（裁判の当日）の六週間前までに質問票とともにお知らせ（呼出状）が送付されます。質問票を返送し、辞退が認められれば裁判所へ行く必要はありません。⑤辞退が認められた人を除き、選任手続期日に裁判所へ出向きます。⑥裁判長から辞退希望の有無などの質問があり、再度辞退者が除かれ最終的に裁判員六人がくじで選ばれます。

裁判員制度における手続のイメージ

起　訴

＊ 法定刑に死刑・無期刑が含まれる罪の事件等一定の重大事件が対象

↓

第一回公判期日前の準備手続

＊ 争点整理とそのための証拠開示、審理経過の策定
（→刑事訴訟法改正）

↓

裁判員の選任決定

＊ 合議体は、原則として裁判官３人、裁判員６人
一定の場合、裁判官１人、裁判員４人とすることも可

↓

公判審理

＊ 連日的開廷
（→刑事訴訟法改正）

↓

評議、評決

＊ 有罪・無罪及び刑の決定は合議体全員の過半数で、裁判官・裁判員各１名以上の賛成要
法令解釈及び訴訟手続上の判断は裁判官の過半数

↓

判決宣告・裁判員の任務終了

↓

控訴審

（裁判官のみによる審理）

裁判員候補者名簿の作成

1年毎・裁判所毎に、年齢20歳以上の者を選挙人名簿から無作為抽出

↓

候補者に通知

裁判員候補者名簿に記載されたことを通知し、弁護士や司法書士、自衛官といった就職禁止事由や70歳以上といった客観的な辞退事由に該当しているかどうかなどを尋ねる調査票を送付。返送してもらう。

↓

事件毎に名簿からくじで候補者を選出

事件毎に候補者名簿の中から、くじで裁判員候補者を選出（1事件あたり50～100人程度）。

↓

選任手続期日のお知らせ

原則、裁判の６週間前までに、質問状を同封した選任手続期日のお知らせ（呼出状）を送付し、返送してもらう。辞退が認められる場合は呼出しを取り消す。

↓

選任手続期日

候補者は選任手続期日（裁判の当日）、裁判所へ行く。裁判長は辞退希望の有無・理由などについて質問をする。

↓

裁判員選任

最終的に事件毎に裁判員６人を選任（必要があれば補充裁判員も選任）。通常、午前中に選任手続を終了し、午後から審理が開始される。

（→ 裁判員の選任決定へ）

裁判員に選ばれる確率

最高裁判所の資料（試算）によれば、裁判員候補者として裁判所に来てもらう人は1年間で18万人～36万人で、約300人～600人に1人程度（0.18～0.35%）、実際に裁判員または補充裁判員として裁判に参加してもらう人は、約3500人に1人程度（約0.03%）となる。

（出所）司法制度改革推進本部資料、最高裁判所資料より抜粋して作成

8 犯罪被害者の支援制度

刑事事件の発生で忘れてはならないのが被害者の存在です。その家族、遺族には適切な保護と支援が必要です。支援制度のいくつかを紹介します。

被害者支援員

検察庁は全国の地方検察庁に「被害者支援員」を配置しています。被害者支援員は被害者の相談に応じ、各種手続きの手助けや付添いなどのほか、被害者支援を行っている機関、団体等の紹介も行います。

証人の負担軽減

被害者が証人として法廷に立つ場合、被告人や傍聴人に見られることで心理的圧迫を受けるようなときには、つい立てなどを置いたり、別室でモニターを通じて証言するなどの方法がとられます。

被害者の意見陳述

被害者や遺族などが今の気持ちや事件についての意見を法廷で述べたいときには、検察官にその旨希望することができます。

出所情報の通知

刑務所に入った犯人が、いつ釈放されるのか気になる場合があります。

被害者、その親族などは、検察庁に希望して犯人の出所情報の通知を受けることができます。とくに、再被害防止の必要がある場合には重要な制度です。

●一般的な被害者支援の制度

①被害者支援員等　被害者や遺族の相談や各種手続きの援助を行います。被害相談の専用電話として「被害者ホットライン」もあります。

②被害者等通知制度　犯人の処分や裁判の進行状況、服役中の場合の満期出所予定時期等について、被害者や遺族、目撃者等の参考人が通知してほしい旨希望すれば、原則通知されるものです。再被害防止のため必要がある場合に限り、釈放直前の釈放予定時期等も通知されます。

●刑事訴訟法上の支援制度

①証人の負担軽減　被害者等が証人尋問を受ける場合の精神的負担を軽減するため、付添人を付ける、証言台の回りについ立てを設けて相手方の視線を遮断する、別室に在席しモニターを通して証言する（ビデオリンク方式）、などの措置がとられます。

②被害者の意見陳述制度　被害者や遺族が事件について被害感情や意見を述べたい場合、法廷で陳述することができます。

③刑事和解　犯罪により生じた損害賠償の請求など被告人と被害者等との間に民事上の争いについて合意が成立した場合に、刑事事件が係属している裁判所に対し双方の共同で和解の申し立てができます。それが公判調書に記載されると、裁判上の和解と同一の効果が認められ、「債務名義」となります。

④被害者特定情報の非公開　裁判所は、被害者等から申し出があるときは、被告人または弁護人の意見を聴き、相当と認めるときは、被害者特定事項（氏名及び住所その他の当該事件の被害者を特定させることとなる事項）を公開の法廷で明らかにしない旨の決定をすることができます。

●検察審査会法上の支援制度

①検察審査会への申立て　検察官が不起訴処分したことに対して、被害者や遺族、告訴人は、検察審査会へ審査請求することができます。検察審査会は審査後、起訴相当、不起訴不当、不起訴相当のいずれかを決定します。起訴相当または不起訴不当の決定がされた場合、検察庁は再捜査を行うことになります。

　起訴相当の議決があっても検察官が起訴しなかった場合、検察審査会が再度審査した後起訴議決がなされたときは、裁判所の指定した弁護士によって公訴が提起されます。

②不起訴記録の閲覧　不起訴記録は原則閲覧できませんが、被害者が損害賠償請求等をするために必要と認められる場合には、捜査・公判に支障がなく、かつ関係者のプライバシーを侵害しない範囲で、交通事故の実況見分調書等を閲覧することができます。

Q　犯罪被害者給付制度とはなにか

　殺人や傷害など不幸にして犯罪に遭い死亡したり障害を負った被害者・遺族、重傷病（入院一四日以上）を負った被害者に国から給付金を支給する制度です。ただし、親族間の犯罪や被害者にも責任がある場合などは、支給されないことがあります。

　給付金の種類は、①遺族給付金、②障害給付金、③重傷病給付金の三つで、①②は被害者の収入（基本日額）、扶養の有無、年齢、障害等級（一級～一四級）などから算出します。

　現在、遺族給付金は最高二九六四・五万円、最低三二〇万円、障害給付金は最高三九七四・四万円、最低一八万円、重傷病給付金は上限一二〇万円となっています。

　手続きなど詳しくは都道府県公安委員会へお尋ね下さい。

被害者参加人は公判で意見を述べたり被告人に質問したりできます。

●犯罪被害者保護法上の支援制度

①公判傍聴の配慮措置　裁判所は被害者等の傍聴席を確保することにつき、できるだけの配慮をすることとされています。

②公判記録閲覧　被害者や遺族は原則として、公判中の記録を閲覧、コピーできます。

③被害者参加制度　殺人、傷害致死など故意の犯罪行為により人を死傷させた罪、強制わいせつ、強姦の罪、逮捕及び監禁の罪、営利目的等略取及び誘拐の罪など一定の罪にかかる事件（未遂罪も含む）の被害者や被害者の法定代理人等は、事件を担当する検察官に申し出、裁判所が被告人または弁護人の意見を聴いて犯罪の性質等を考慮し、許可した場合に「被害者参加人」として公判に出席できます。被害者参加人は検察官の訴訟活動や、事実や法律の適用について法廷で意見を述べたり、証人に尋問したり、被告人に質問したりすることができます。

　なお、被害者参加人は弁護士に委託もできますが、資力の乏しい方のために「被害者参加人のための国選弁護制度」もあります。

④損害賠償命令制度　損害賠償命令制度とは、刑事事件を審理している裁判所が、その犯罪事実に基づく被害者の損害賠償請求についても審理を行い、被告人に対し損害賠償命令を出す手続きのことです。

　殺人、傷害など故意の犯罪行為により人を死傷させた罪、強制わいせつ、強姦の罪、逮捕及び監禁の罪、営利目的等略取及び誘拐の罪など一定の罪にかかる事件（未遂罪を含む）の被害者または被害者の一般承継人は、起訴後に刑事裁判の弁論終結までの間に刑事裁判所（地裁に限る）に対し、損害賠償命令の申立てができます。裁判所では、刑事裁判の第1審の判決後すぐに審理が開始され、原則として4回以内の審理で終結し決定を下します。

Q 少年事件の被害者支援は

少年審判事件にも犯罪被害者支援の制度があります。主なものをあげると、①少年審判開始決定のあった事件について、被害者等の申し出により原則として記録の閲覧・コピーができます。②被害者等の心情や意見を裁判官等が聴取し、審判廷などで述べてもらうことができます。③殺人や傷害など故意の犯罪行為により人を死傷させた等の事件については、被害者等の申し出により少年審判を傍聴することができます。④少年審判で保護処分を受けた加害少年について、少年院入院や出院の年月日、保護観察の終了日など処遇状況について通知が受けられます。⑤家庭裁判所から少年審判の状況の説明を受けたり、審判の結果が通知されます。

第2章　少年保護事件と処分

少年法は、20歳未満の少年少女に適用される法律です。

法律上「非行少年」とされるのは、「犯罪少年」「触法少年」「ぐ犯少年」で、原則としてすべて家庭裁判所に送致されます。

裁判所は、調査官に命じたり、少年鑑別所に依頼したりして少年の資質や環境などを調査した上で処分を決定します。

これを保護手続きといいます。

1 少年事件となる場合

本当に申訳ありません
〇×高校
よく言ってきかせます
私たちも努力しますがご両親も気をつけて下さい
グイッ
何度母さんを学校に呼べば気がすむんだいあんたみたいな子は、今に警察のやっかいになるよ
へへへ…そうなっても大丈夫さ
〇×高校
俺は20歳未満だからね
いわゆる非行少年には「少年法」が適用されるのさ
非行（犯罪）少年には健全な育成を期し、保護処分をもつて臨むのが原則とされ
少年法
刑罰はやむを得ない場合にとどめるとされているんだ。
大人の場合と違つて少年にはいろんな特則が認められているんだぜ。
送致
家庭裁判所
警察につかまつたとしても、原則としてすべて家庭裁判所に送致されてそこで処分が決定されるのさ。
少しは勉強しろよな！
少年法

●非行少年

少年法が適用されるのは次のような少年（少女も含む）です。

①犯罪少年……14歳以上20歳未満の少年で、犯罪行為をした者。

②触法少年……14歳未満で刑罰法令に触れる行為をした者。

③ぐ犯少年……一定の言動などから、将来刑罰法令に触れる行為をするおそれがあると考えられる少年。

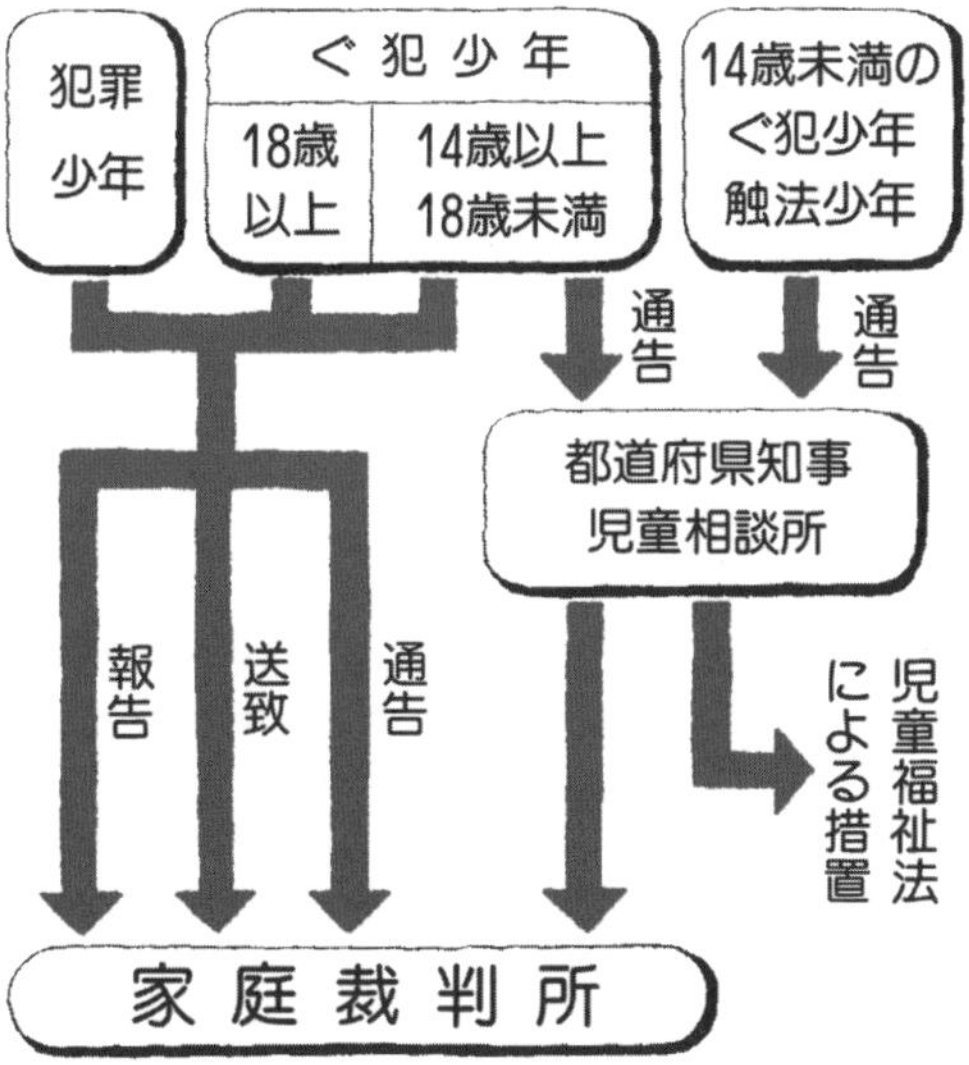

●少年法

いわゆる非行少年には「少年法」が適用されます。「少年の健全な育成を期し、性格の矯正および環境の調整に関する保護処分」をもって臨むのを原則とし、刑罰は止むを得ない場合に限られます。

少年には種々の特則が認められています。例えば、14歳未満の者には刑罰は科せられず、18歳未満の者の処断刑は緩和されます。また、少年の住所氏名や写真などの新聞などへの掲載は制限されています。

非行少年は、家庭裁判所に送致されることがあります。また、審判を行うため必要があるときは、決定を以て、①家庭裁判所調査官の観護に付すこと、②少年鑑別所に送致すること、の措置がとれます。

Q 少年事件に弁護人制度はあるのか

少年事件において、一般の刑事事件の弁護人のように、少年を補佐し、その利益を守って活動する者を「附添人」といいます（少年法一〇条）。附添人は原則として弁護士がなります。

成人に比べて、人格形成が不十分な少年にとって、附添人による援助は、重要ですが、少年事件を扱う家庭裁判所の一般保護事件で附添人のつく事件は、わずか七パーセントといった低さです。

なお、平成一九年の少年法改正により、殺人など一定の重大事件で身柄を少年鑑別所に収容する観護措置がとられている場合に、家庭裁判所が職権で公費で弁護士の付添人を選任できるようにするなど、国選付添人の制度が拡充されました。

② 少年保護事件による処分

……家庭裁判所ではまず調査官によって事件を起こした少年についての調査が行なわれます…フムフム
調査官
審判開始
調査の結果審判を開始するのが相当であると認められるときには審判が開始されます。
審判の結果保護処分が必要と思われるものについては、それぞれ処分がなされます。
保護処分
審判
現行法では、少年に対する保護処分として次の3つがあります。
保護観察
少年院送致
ガガガガ…
児童養護施設 児童自立支援施設送致
児童養護施設
ちょっと！何が少年法があるから大丈夫なの
大変じゃないの
検察官送致になる場合もあるのよ！
そしたら大人と同じ手続きで裁判を受けるんだから！
あんたみたいな子はこうしてやる！
うわ～んゴメンナサ～イ
パン

●保護観察
施設収容を伴わない保護処分で、保護観察に付された少年は、保護観察官による保護観察を受けることになります。保護観察官は、民間の篤志家である保護司の協力を得て、少年に対する指導監督および補導援護を行います。

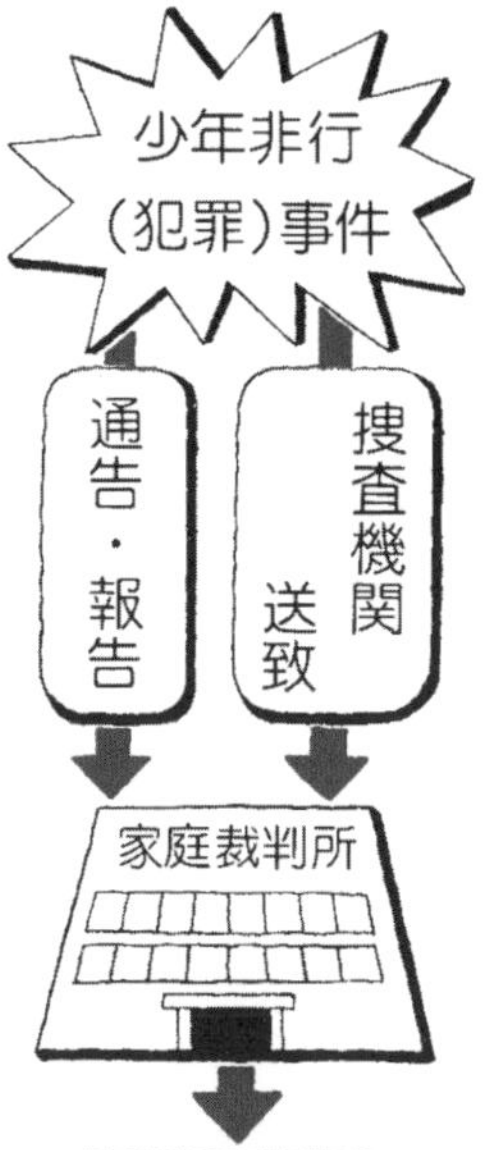

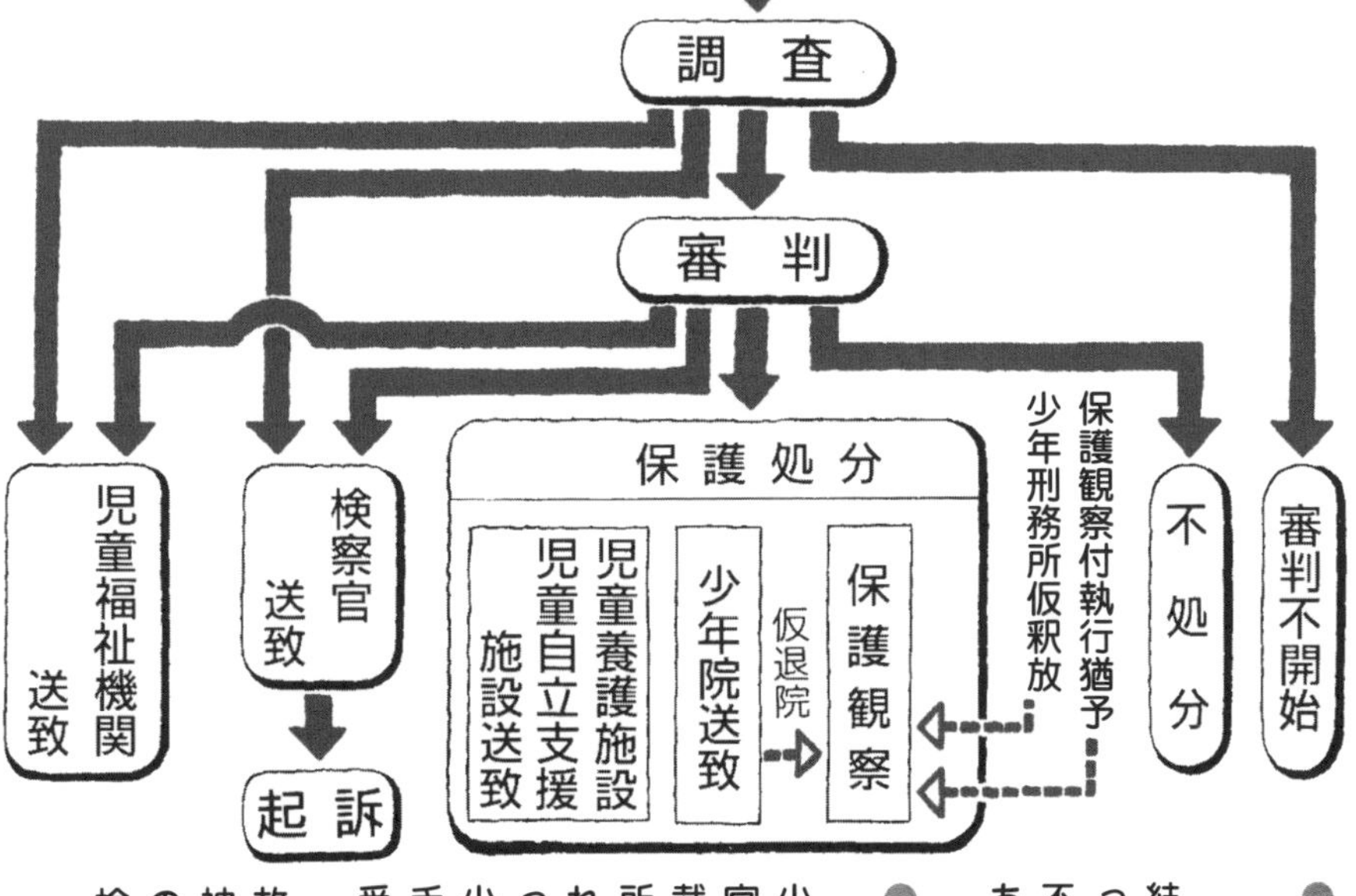

●少年院送致
少年院は、不良行為をし、あるいはするおそれのある少年を入院させる施設です。少年院を仮退院した少年は保護観察に付されます。

●児童自立支援施設・児童養護施設送致
環境の良くない少年は、児童自立支援施設、児童養護施設において必要な福祉のための措置を受けます。

●審判不開始
不処分
家庭裁判所の調査の結果、審判不開始となったり、審判の結果、不処分となるケースもあります。

●検察官送致
検察官送致となった少年については、検察官は、原則として地方裁判所または簡易裁判所に訴えを提起しなければならないことになっています。これらの少年は、成人と同様の手続きによって裁判を受けることになります。

16歳以上で殺人など故意の犯罪行為により被害者を死亡させた罪の事件は、原則として検察官送致となります。

第3章　刑事事件と時効

刑法上の時効には「公訴の時効」と「刑の時効」があります。「公訴の時効」は、ある犯罪について一定期間が経過すると、公訴の提起ができなくなる制度です。

「刑の時効」は、刑の言渡しを受けそれが確定した後、その執行を受けないで一定期間が経過すると、その執行が免除される制度です。

★「公訴の時効」と「刑の時効」

うわっ!!
キキキ～ッ
やい！降りろ
撃つわよ
ひえ～っ降ります撃たないで
現金輸送車
うまくいったな俺たちゃ億万長者だ！
チッそこがアンタの甘いところさ
今、この金を使ったら、すぐに足がついて手が後ろに回るよ
今日から7年逮捕されず起訴されなけりゃ時効成立さ！
しかし警察の目を盗んでの10年は長いなあ…
旅行でもして遊んでりゃ10年なんてすぐさ♡
しかし10年後二人組は逮捕され起訴されたのです
時効のはずだよ！
オマエら海外旅行したろ？
ガ～ン
国外にいた期間は時効期間の進行が停止するんだ！

公訴時効と刑の時効

犯罪の発生 → 公訴の時効

公訴の時効

①人を死亡させた罪で禁錮以上の刑にあたるもの（死刑は時効なし）		
懲役・禁錮	無期	30年
	長期20年	20年
	上記以外の罪	10年

②①以外の罪		
死刑		25年
懲役・禁錮	無期	15
	長期15年以上	10
	長期15年未満	7
	長期10年未満	5
	長期5年未満	3
罰金		3
拘留・科料		1

↓ 時効完成

↓ 免訴の判決

→ 公訴提起 → 判決確定 →

刑の時効

懲役・禁錮	無期	30年
	10年以上	20
	3年以上	10
	3年未満	5
罰金		3
拘留・科料		1

↓ 時効完成

↓ 執行不能

●公訴の時効

公訴の時効とは、ある犯罪について一定期間が経過したときは公訴の提起が許されなくなる制度のことです。時効期間の起算点は犯罪行為が終わったときで、そこから時効期間が進行を始めます。犯人が逃げ隠れして起訴状謄本が送達できなかったときや、犯人が国外にいる期間は、時効期間の進行が停止されます。

●刑の時効

刑の時効とは、刑の言渡しを受け、それが確定した後、その執行を受けずに一定期間が経過すると、その執行が免除される制度です。ただし、執行猶予の場合のように法令によって刑の執行を猶予したときや、受刑者が心神喪失などの理由で刑の執行を猶予した期間は、時効期間が進行しません。

なお、刑事訴訟法等の改正により、平成二二年四月二七日から殺人罪、強盗殺人罪など人を死亡させた罪で最高刑が死刑にあたるものについては、公訴時効が廃止されました。法施行時に時効が完成していない事件についても適用されます。また、死刑については刑の時効も廃止されました。

※右ページの例は、「公訴の時効」の場合です。

Q 国外逃亡と刑事の時効

刑事の時効には、刑の時効（刑法三二条）と公訴の時効（刑訴法二五〇条）とがあります。

刑の時効は、確定した刑を一定期間執行しないことで刑の執行権が消滅するものです。判決が確定した後で逃亡しているときなどがこれにあたり、刑の確定後、刑が執行されることなく国外に逃亡し、時効期間を満了すると、堂々と帰国できることになります。死刑については平成二二年四月二七日から、刑の時効が廃止されました。

ところが公訴の時効の場合には、公訴の提起のほか、犯人が国外にいるときなどは、国外にいる期間は、時効の進行が停止する（刑訴法二五五条）ので、刑の時効のようにはいきません。

●主な犯罪と刑罰

殺人罪	死刑又は無期もしくは5年以上の懲役	強盗致死罪	死刑又は無期懲役
傷害罪	15年以下の懲役又は50万円以下の罰金	強盗致傷罪	無期又は6年以上の懲役
傷害致死罪	3年以上の有期懲役	詐欺罪	10年以下の懲役
暴行罪	2年以下の懲役もしくは30万円以下の罰金又は拘留・科料	支払用カード電磁的記録不正作出罪	10年以下の懲役又は100万円以下の罰金
強制わいせつ罪	6月以上10年以下の懲役	背任罪	5年以下の懲役又は50万円以下の罰金
強制性交罪	5年以上の有期懲役	恐喝罪	10年以下の懲役
過失傷害罪	30万円以下の罰金又は科料	横領罪	5年以下の懲役
過失致死罪	50万円以下の罰金	業務上横領罪	10年以下の懲役
業務上過失致死傷罪	5年以下の懲役もしくは禁錮又は100万円以下の罰金	遺失物横領罪	1年以下の懲役又は10万円以下の罰金もしくは科料
遺棄罪	1年以下の懲役	盗品等譲受罪	3年以下の懲役
逮捕監禁罪	3月以上7年以下の懲役	盗品等有償譲受罪	10年以下の懲役及び50万円以下の罰金
脅迫罪	2年以下の懲役又は30万円以下の罰金	公文書偽造罪	1年以上10年以下の懲役
強要罪	3年以下の懲役	私文書偽造罪	3月以上5年以下の懲役
未成年者略取誘拐罪	3月以上7年以下の懲役	公務執行妨害罪	3年以下の懲役若しくは禁錮又は50万円以下の罰金
営利等誘拐罪	1年以上10年以下の懲役	建造物損壊罪	5年以下の懲役
名誉毀損罪	3年以下の懲役もしくは禁錮又は50万円以下の罰金	器物損壊罪	3年以下の懲役又は30万円以下の罰金もしくは科料
信用毀損業務妨害	3年以下の懲役又は50万円以下の罰金	現住建造物放火罪	死刑又は無期もしくは5年以上の懲役
窃盗罪	10年以下の懲役又は50万円以下の罰金	失火罪	50万円以下の罰金
強盗罪	5年以上の有期懲役	住居侵入罪	3年以下の懲役又は10万円以下の罰金

Q 刑事補償を請求したいときは

もし、無罪であるならば、犯罪の疑いをかけられることは、屈辱的で、その苦しみは甚大です。

そこで、憲法四〇条は「何人も抑留又は拘禁された後、無罪の裁判を受けたときは、法律の定めるところにより、国に補償を求めることができる」と規定しています。

刑事補償は、刑事事件に関し、逮捕、勾留など身体の自由を拘束されて取調べを受け、起訴されたが裁判の結果無罪になった場合に拘束されていた期間に対してなされます。したがって、犯罪の嫌疑を受けても、身体の自由を拘束されないとき、いったん逮捕・勾留されたが、すぐ釈放された場合などは、刑事補償は受けられず、捜査機関にミスがあれば、国家賠償の問題となります。

第三部・各種の訴訟関連の手続きと活用法

第1章　内容証明郵便の出し方と活用法

内容証明郵便とは、「どんな内容の手紙を出したか」ということを郵便局で証明してくれるものです。さらに配達証明付きにすると、「いつ届けたか」まで証明してくれます。内容証明郵便は、訴訟になったとき証拠になるくらいのもので、手紙に書いた内容が法的な強制力を持つわけではありません。しかし、受取った相手方にかなりの心理的動揺を与えることができるでしょう。

★内容証明郵便の制度と利用法

その手紙どこへ送るんですか？
えっ？債務者のところですよ
重要な書面を通常の郵便で送って相手にそんな手紙は受取っていないそんな内容ではなかったと言われたらどうします？
えっ
重要な書面は「内容証明郵便」を「配達証明付」で送ることです。
1通は自分の保管用1通は郵便局で保管残りを相手に送ります。
郵便局は、それを5年間保存して内容と配達を証明してくれるのです。
差出人控え
郵便局が保管
3通
受取人
数人いれば人数分
内容証明郵便で出してもその内容に法的な強制力が生まれるわけではありませんが
ギクリ
相手にかなりの心理的動揺を与え
そのうちの何割かは何らかの反応があるものです。
返事
証拠
また、訴訟になれば証拠にもなります。
内容証明郵便を出せるのは郵便物の集配を行なっている集配郵便局と特に指定された無集配郵便局です。
こっち
手続きの詳細は郵便局の窓口で教えてくれます。
この手紙も内容証明にしようかな…

〔書式〕貸金請求の内容証明郵便のサンプル

令和○年○月○日

東京都△区△町2丁目2番2号

△△△△殿

東京都○区○町1丁目1番1号

○○○○　㊞

催告書

私は、貴殿に対し、平成□年□月□日、金500万円を、利息年1割、弁済期を平成○年△月△日と定めてお貸ししましたが、現在まで全く返済されておりません。

よって本書面到達後7日以内に上記元本500万円およびこれに対する平成□年□月□日から完済まで年1割の割合による利息をつけてお支払い下さいますよう、本書をもって催告いたします。

上記期間内にお支払いのない場合は、訴訟その他の法的手段をとらせていただきますことを申し添えます。

●内容証明郵便にした方がよいとき

①債権譲渡の通知
②契約を解除するとき
③債権を放棄するとき
④債権の消滅時効を中断するとき

この他、債権を回収するときや、相手が横着で約束を守らないとき、相手の考えをさぐりたいときなどに、内容証明郵便を出すのが一般的です。

●内容証明郵便を受け取ったら

必ず返事を出した方がよいもの

①抵当権の実行の通知を受けたとき
②選択債権の選択の請求
③解除するかどうかの請求
④遺言に従うかどうかの請求

●内容証明郵便は必ず配達証明申請をすること

●電子内容証明

電子内容証明は、内容証明郵便をインターネット回線を利用して郵便局に差し出すシステムです。差出人は、文書をワープロソフト等で作成し、新東京郵便局へ送信すると、郵便局の方で内容証明郵便を2通作成して受取人と差出人に1通ずつ配達します。詳しくは郵便局へお問い合わせください。

Q 内容証明を書くときの注意事項は

字数等は一行二〇字以内、一枚に二六行以内と決まっていますが、この範囲であれば字数×行数を変更してもかまいません。また縦書きでも横書きでも自由です。

また、枚数によって証明料の値段が違っている事に注意する必要があります。用紙は市販されていますが、どんなものでもかまいません。ただ、同文の手紙を最低三通（相手の手紙プラス二通）作る必要があります。

記載内容は自由ですが差出人、受取人双方の住所氏名を記載しなければなりません。二枚以上になるときはそのつなぎ目に契印（割り印）を押します。

なお、内容証明郵便の料金については、巻末資料（一七五ページ）を参照して下さい。

第2章　公正証書の作り方と活用法

公正証書とは、当事者の依頼によって公証人が法令の定めるところに従って作成する証書のことです。
公正証書にできるのは、法律行為（土地売買契約など）に関するものと、私権（所有権その他）の得喪変更に関連のある事実を証明する書面です。公正証書は公文書であり、一般の人が作る私文書にはない、いろいろな特長があります。

1 公正証書の制度と利用法

金策に困っている知人に金を貸すことになったんですが
てへへ……
大丈夫ですよね?
それはぜひ公正証書にしておくべきです
公正証書!?
そりゃいったい何です?

強制執行

訴訟より早くて安くて簡単♡
公正証書

公正証書には一般の私文書にはない特長があります。中でも、金銭債権などは訴訟をして判決を受けなくても、執行認諾文言があれば公正証書で強制執行ができるという点です。

訴訟での証拠

公正証書
ウググ…

また、訴訟になったときにも便利です。訴訟の際に証拠書類を提出すると、その立証が必要になります。その点、公正証書は公証人が関与して作成しているので立証の手間が省けるのです。

このような意味で、将来争いを生じそうな契約書や法律的文書は公正証書にしておいた方がよいのです。逆に、相手から公正証書にすることをもちかけられたときには慎重に対処すべきでしょう。

〔書式〕金銭消費貸借の公正証書のサンプル

金銭消費貸借契約公正証書

本公証人は、当事者の嘱託により、次の法律行為に関する陳述の趣旨を録取し、この証書を作成する。

第１条　債権者○○株式会社（以下「甲」という。）は、平成○年○月○日、金○○万円（以下「元金」という。）を貸し渡し、債務者○○（以下「乙」という。）は、これを受け取り借用した。

第２条　乙は、前条に記載の元金○○万円を、計○回に分割し、令和○年○月から平成○年○月まで、月額金○万円を、毎月末日限り、甲の指定する金融機関の口座に振り込み送金して支払う。振込手数料は乙の負担とする。支払日が金融機関の休業日に当たるときは、翌営業日とする。

2　利息は、年利率○・○○パーセントと定め、毎月末日限り、その月分を甲の指定する金融機関の口座に振り込み送金して支払う。振込手数料は乙の負担とする。

3　期限後又は期限の利益を失ったときは、乙は、その翌日から完済に至るまで、年利率○・○パーセントの割合の遅延損害金を直ちに支払う。

（以下省略）

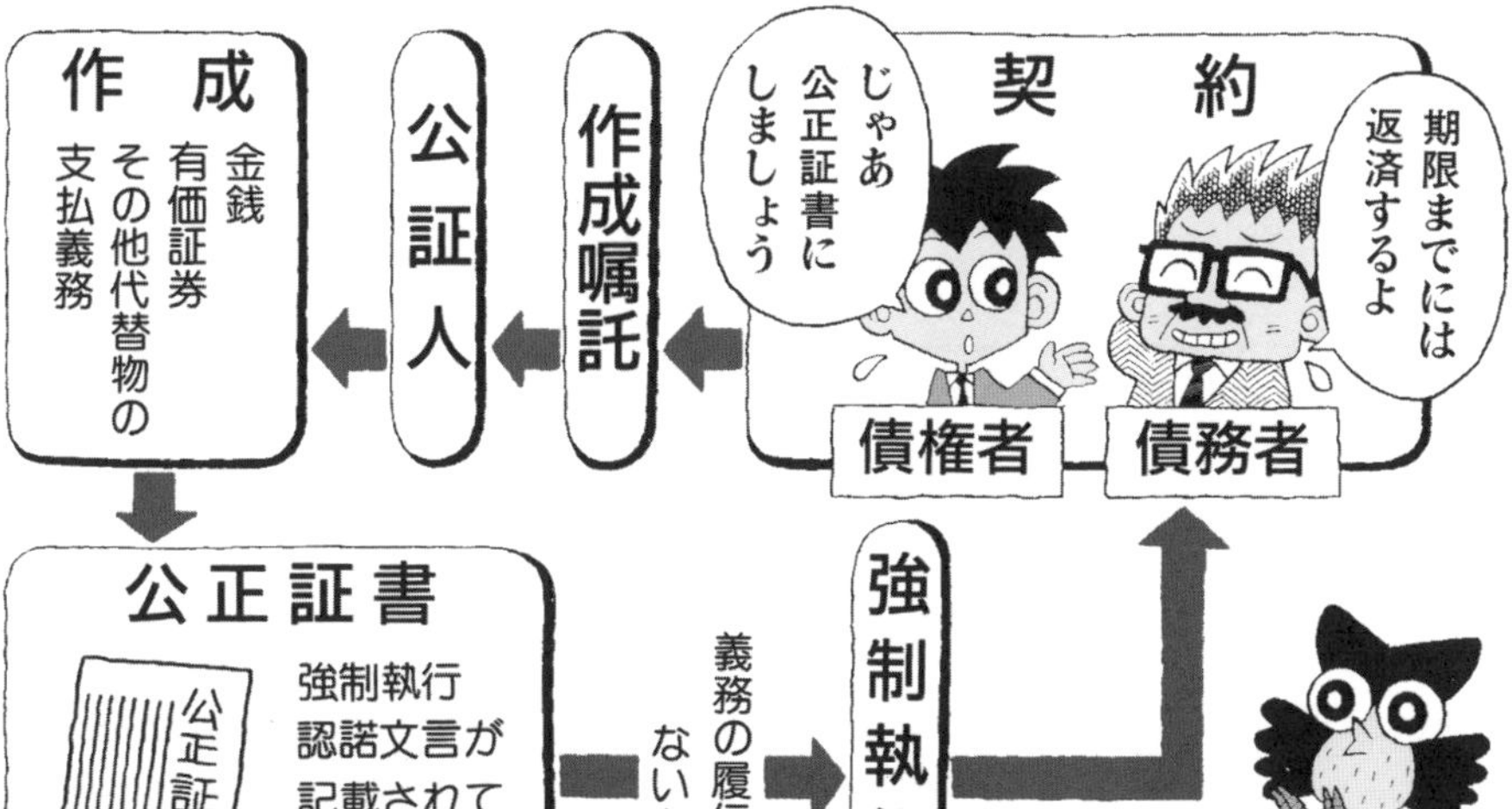

Q 公正証書にするメリットは

公正証書は、公務員である公証人によって作成される公文書です。したがって、一般人の作る私文書にはない、いろいろのメリットがあります。

まず公正証書は、内容が明確で証拠力も強く、真正に成立した文書と推定されますから（民訴法二二八条二項）、紛争がおきた場合は、虚偽の文書であるという主張は通常認められません。

また証書の原本が公証人役場に保存されますので、必要なときは、謄本の請求もできます。したがって、証拠の保全という点でも安心です。

さらに、一定額の金銭の支払いなどについては、判決を受けなくても、執行認諾文言があれば強制執行をすることができるので、迅速かつ経済的に対応できます。

②公正証書の作り方

公正証書で強制執行ができると言いましたがこれには2つの要件があります
美術品や家屋の引渡しはできない
まず、公正証書の目的が一定額の金銭や有価証券、あるいは代わりのものがすぐ手に入るような物（代替物）の引渡しを請求するものであることです。
公正証書
強制執行してもいいです。
次に、公正証書に「期限がくればただちに強制執行を受けてもよろしい」という内容（強制執行認諾文言）が記載されていることが必要です。
さらに、何よりもまず相手に公正証書を作成することを合意させなければなりません。
公正証書にしましょう
公正証書？
公正証書がどんなものか知っていれば相手も慎重になるはずです。
公正証書を作成することで合意ができたら公証人役場へ行きます。その前に、合意に達した内容を私文書の形で作成しておくとよいでしょう。
公証人役場
公証人役場では公証人が立会って公正証書を作成してくれます。
公正証書の原本は公証人役場に一定期間保存され
公正証書
番号さえメモしておけば謄本がとれます。

合意

公正証書を作成するにはまず、公正証書作成について当事者双方の合意が必要である

準備するもの

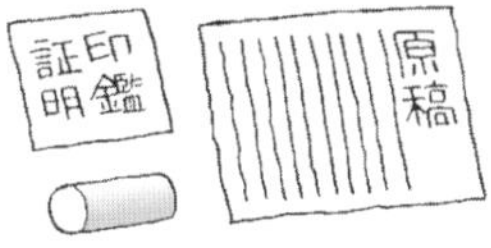

①公正証書にしたい内容を書いた原稿（口頭も可）
②本人であることを証明するもの（パスポートなど）
③実印と印鑑証明
②と③は、当事者双方の分が必要

申請

公証人は公証人役場にいる

作成

どのような文書を作成したいのか申出れば、公証人が作成してくれる

●当事者が法人のとき

当事者が法人の場合には、代表者の資格証明書、商業登記簿謄本または役員欄抄本を持参しなければなりません。

●代理人によって作成するとき

公正証書を代理人によって作成するときは、

①原稿または私製証書
②本人の委任状（委任する内容は、条項を詳細に書いておく必要がある）
③委任状に押された本人の実印の印鑑証明
④代理人の実印と印鑑証明

が必要です。

●公証人と公証人役場

公証人は、通常、裁判官や検察官のOBで占められており、公証人役場で職務を執行しています。公正証書を作成してもらうには、公証人に規定の費用を支払う必要があります。また、公正証書に添付する印紙も必要ですが、印紙の額は債権の額によって異なりますので注意が必要です。

作成した公正証書は、原本が公証人役場に一定期間保存されるので、番号さえメモしておけば謄本をとることもできます。

Q 公正証書作成上の注意点は

公正証書は、法令に違反した事項や無効の行為、未成年者の行為のように法律上取り消すことのできる行為については、作成することはできません。

従って、賭博で負けた金銭の支払いや、利息制限法違反の利息を約定した公正証書は作成してもらえません。

また、公正証書の作成の嘱託を相手方に委任することがありますが、白紙委任状を渡したり、作成する証書の内容について確認を怠ると、相手方に勝手に文言を書き入れられて、公正証書を作成され、民事執行を受けたりすることがあるので、注意する必要があります。

第3章　保全処分（仮差押え、仮処分）と活用法

民事訴訟に時間がかかることは常識化しています。その間に訴えた相手の財産状態や、争いの目的となった物件の権利関係に変動が生じることは、十分に考えられます。また、債務者の中には、巧妙に財産を隠したり、名義を変更する者もないとは限りません。せっかく訴訟に勝ってもいざ強制執行となったとき相手が無一文では、骨折り損になってしまいます。このような危険を防ぐのが、保全処分の制度です。

1 保全処分と利用法

こうなったら訴訟だ！
訴状
あっ
それなら今のうちに財産を隠しとけ
律事務所
どうしたらいいんでしょう？
訴訟には時間がかかります　その間に、相手が訴訟の目的である財産を隠したり物件の名義を変更したりする可能性があります
訴訟には勝っても相手の財産が取れなくなっていては何にもなりません
そのまま
保全処分
訴訟
このような危険を防ぐための制度が保全処分です。訴訟が終わるまで相手の財産の現状維持を図ったり、さし迫った危険や損害を避ける必要があるときなどに保全処分を申請します。
ただし、保全処分はいつでも認められるわけではありません。①保全されるべき権利が存在し②保全の必要性があるときに認められるのです。言い方を変えれば勝訴の見込みがあるときに認められるのです。
保全処分
認めましょう

	仮差押え	仮処分	
		係争物に関する仮処分	仮の地位を定める仮処分
保全される権利	金銭債権またはこれに換えることのできる請求権 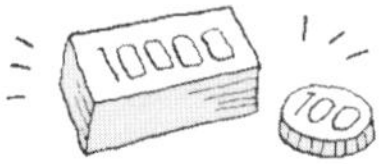	金銭以外の特定物の引渡し、その他個々の給付を目的とする請求権 	争いのある権利または法律関係 
目的	仮差押えをしておかなければ将来の強制執行が不能となり、または困難となる危険がある	争いの対象物たる特定物の現状の変更により、将来の強制執行を行なうことが不能または困難となる危険がある	将来の強制執行の保全ではなく、債務者に生じる著しい損害または急迫した危険を避けるため

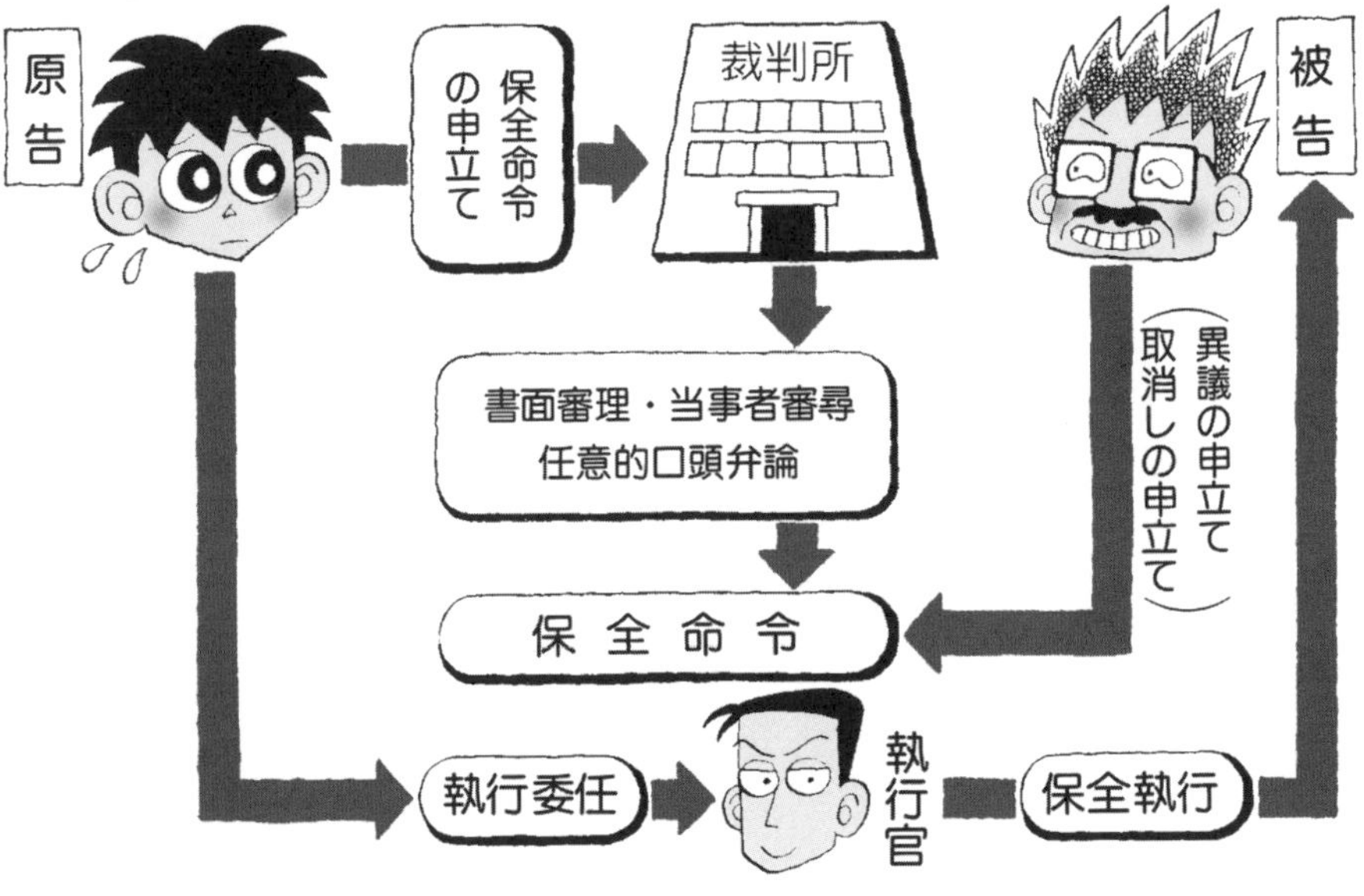

Q 仮差押え・仮処分が必要な場合とは

●仮差押の必要なケース

① 債務者が不動産などの資産は持っているが、隠匿（たとえば、妻や子や友人名義に変更する）の心配がある場合

② 資産はなくて、給料などが唯一の収入の場合

③ 銀行預金を押さえて打撃を与えたい場合（不動産がないとき）

●仮処分の必要なケース

① 商品などの動産を売ったが、代金が支払われる前に債務者が倒産したとき、なおその商品が債務者方に存する場合

② 抵当権を設定する契約は結んだが、印鑑証明、登記済証が揃わずに、抵当権設定登記がなされていない場合

③ 不動産の占有者が価格減少行為をするとき、債務者や不動産の占有者が売却を困難にする行為をするとき・など

2 保全処分の申立ての仕方

まず、被保全債権が存在すること
保全の必要性があることを記載した
「仮差押命令申請書」または
「仮処分命令申請書」を作成します。
さらに、右の書面の
内容を疎明（本格的な
立証である証明に対し
簡易な立証を疎明とい
う）する書面を添えま
す。
裁判所
現に民事訴訟が係
属している裁判所、
または、目的物、
係争物を管轄する
裁判所に申請しま
す。
保全の権利と必要性を明確に
申立書
審理
審理には
いろいろな方式が
ありますが、
書面審理あるいは
債権者のみの
審理による場合が
大勢を占めます。
審理に続いて
裁判官から
保証金を
積むよう
言渡しが
あります
保証金
申立ての内容が
ウソだつたときに
相手がそこから
損害賠償金を
とれるように
するためです。
供託
10000
債権額
目的物
係争物の
価額
お金か有価
証券で供託
する
供託物の額は、裁判所
の実務裁量に属し、
債権額または、目的物、
係争物の価格の10〜30
%程度です。
ただし、仮処分の場合
内容によっては
70%以上になることも
あります。
担保額をできるだ
け小さくするため
には、疎明資料を
より正確かつ完全
なものとし
疎明資料
被保全権の存在と
保全の必要につい
て、裁判官の疑念
を少しでも軽くす
ることです。
担保を積んで保全
命令が決定したら、
執行官に執行を委
任します。
保全命令決定正本

〔書式〕強制執行・仮差押・仮処分 執行申立書のサンプル

強制 仮差押・仮処分　**執行申立書**	受付印	
東京地方裁判所 支部　執行官　御中 令和　年　月　日		
	予納金	担当 区

(〒　　)	住　所	世田谷区成城3丁目7番21号
	債権者	甲野太郎　㊞
(〒　　)	住　所	港区新橋1丁目5番10号
	代理人	弁護士　丙野三郎　㊞
(〒　　)	住　所	港区東3丁目10番30号
	債務者	乙野次男
(〒　　)	住　所	
	債務者	
(〒　　)	住　所	
	債務者	

執行の目的及び執行の方法

イ．動産執行（家財・商品類・機械・貴金属・その他）

ロ．建物明渡・土地明渡・建物退去・代替執行（建物収去等）・不動産引渡・動産引渡・船舶国籍証書等取上・自動車引渡

ハ．動産仮差押・（家財・商品類・機械・貴金属・その他）
仮処分（動産・不動産・その他）
特別法に基く保全処分

連絡先　電話 ○○○局○○○○番
（担当者　　　）

―― 以下省略 ――

保全命令の申立て → 審理 → 担保を供託 → 保全命令の決定 → 執行委任

保全処分の執行は仮差押え仮処分によって違いますが、実際の手続きは執行官が行ないます。執行には債務者も立会った方がよいでしょう。

第4章　支払督促の出し方と活用法

支払督促とは、相手方に対し金銭その他の代替物の支払を求める場合に、訴訟などの手続きをとらずに、簡単・迅速な方法で判決同様の結果を得ることができる制度です。

ただし、相手方（債務者）から異議が出された場合には、訴訟に移行することになります。低額なものの請求に利用されることが多いようです。

1 支払督促の制度と利用法

確かにお借りしましたすぐに返します
あんなこと言ってのらりくらりぜんぜん返してくれないんです…
支払督促申立て
「借金をしていることは債務者も認めているが払ってくれない。訴訟になれば勝つに決まっているがどうも面倒だ」こんなときに利用される制度が支払督促です。
支払督促は訴訟などのように法廷に立ったり証拠を提出する必要がありません。費用も安く、簡易、迅速な方法で、訴訟による判決と同様の結果を得ることができます。
請求できるのは金銭、その他の代替物、有価証券に限る。
ただし、相手方にも異議申立ての機会が与えられており、異議申立てがあると訴訟に移行します。
異議
訴訟
チッ
払うか…
したがって、相手方も訴訟になるのは面倒だから債務を払ってしまおうと考えるような少額の請求にむいていると言えます。

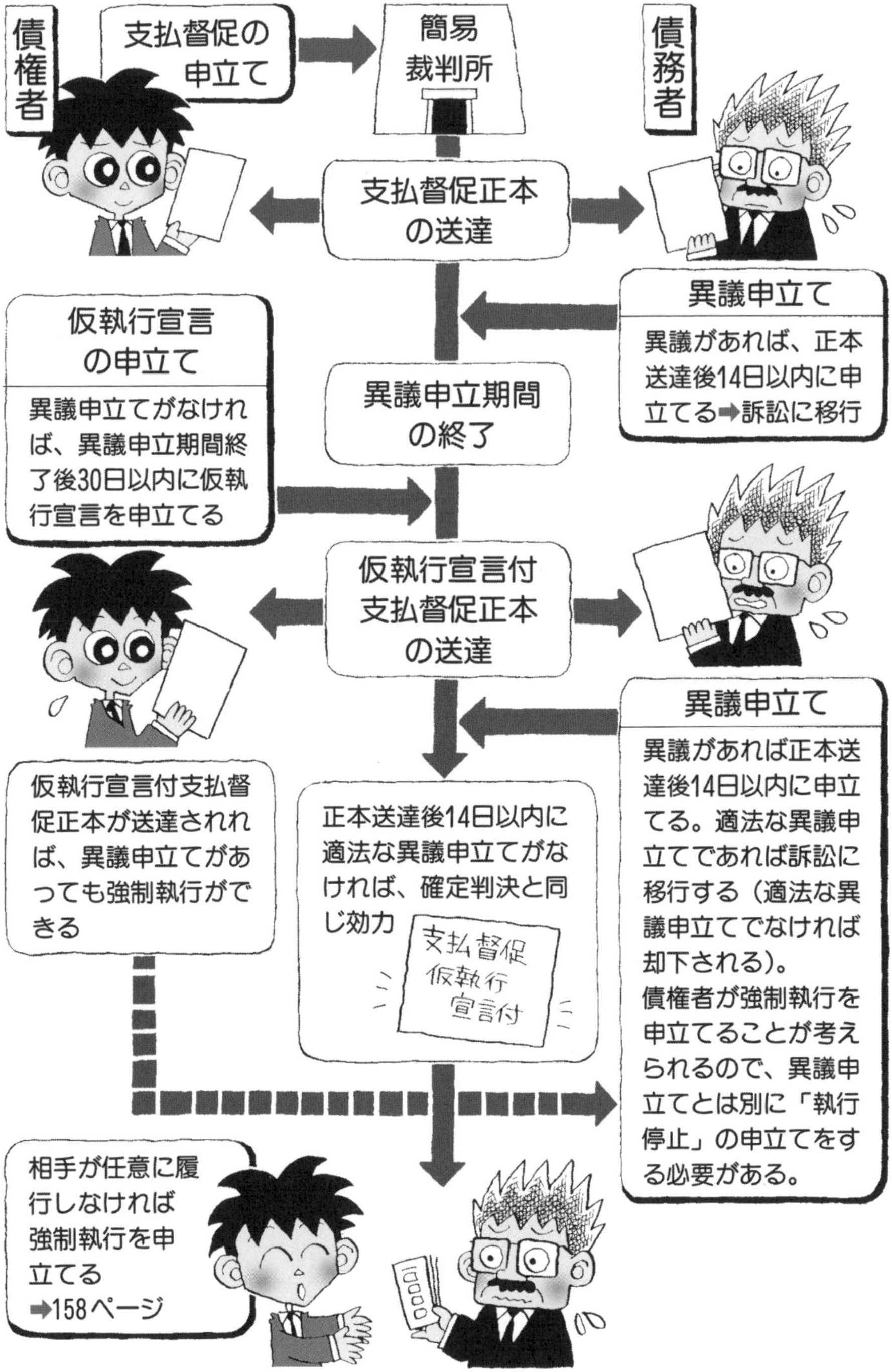
債権者
支払督促の申立て
簡易裁判所
債務者
支払督促正本の送達
異議申立て
異議があれば、正本送達後14日以内に申立てる➡訴訟に移行
仮執行宣言の申立て
異議申立てがなければ、異議申立期間終了後30日以内に仮執行宣言を申立てる
異議申立期間の終了
仮執行宣言付支払督促正本の送達
異議申立て
異議があれば正本送達後14日以内に申立てる。適法な異議申立てであれば訴訟に移行する（適法な異議申立てでなければ却下される）。
債権者が強制執行を申立てることが考えられるので、異議申立てとは別に「執行停止」の申立てをする必要がある。
仮執行宣言付支払督促正本が送達されれば、異議申立てがあっても強制執行ができる
正本送達後14日以内に適法な異議申立てがなければ、確定判決と同じ効力
支払督促
仮執行
宣言付
相手が任意に履行しなければ強制執行を申立てる
➡158ページ

2 支払督促申立ての仕方

前ページの図のように支払督促には相手にも異議申立ての機会が与えられており異議申立てがあると訴訟に移行します。
手形、小切手による金銭の請求の場合異議申立てに備え
手形・小切手訴訟（⬇74ページ）による審判、裁判を希望するなら、あらかじめ申立書にその旨記載します
支払督促を申立てると、相手方に支払督促の正本が送達されます。
異議申立てができるのか…
正本送達後14日以内に申立てます。
でもやめよう
異議申立てがなければ相手の異議申立て期間終了後30日以内に仮執行宣言を申立てます。
仮執行宣言申立書
裁判所
支払督促を申立てたのと同じ裁判所
30日以内に申立てをしないと支払督促は効力を失うことになります。
仮執行宣言を申立てると、相手方に仮執行宣言付の支払督促の正本が送達されます。
げっ
異議申立てができるのか
異議申立てができるのは、正本送達後14日以内です。
債権者の方は仮執行宣言付の支払督促の正本が送達されさえすれば、強制執行ができますが
よし
強制執行できるぞ!
支払督促
正本送達後14日以内に相手から異議申立てがなければ支払督促は確定判決と同じ効力を持ちます。

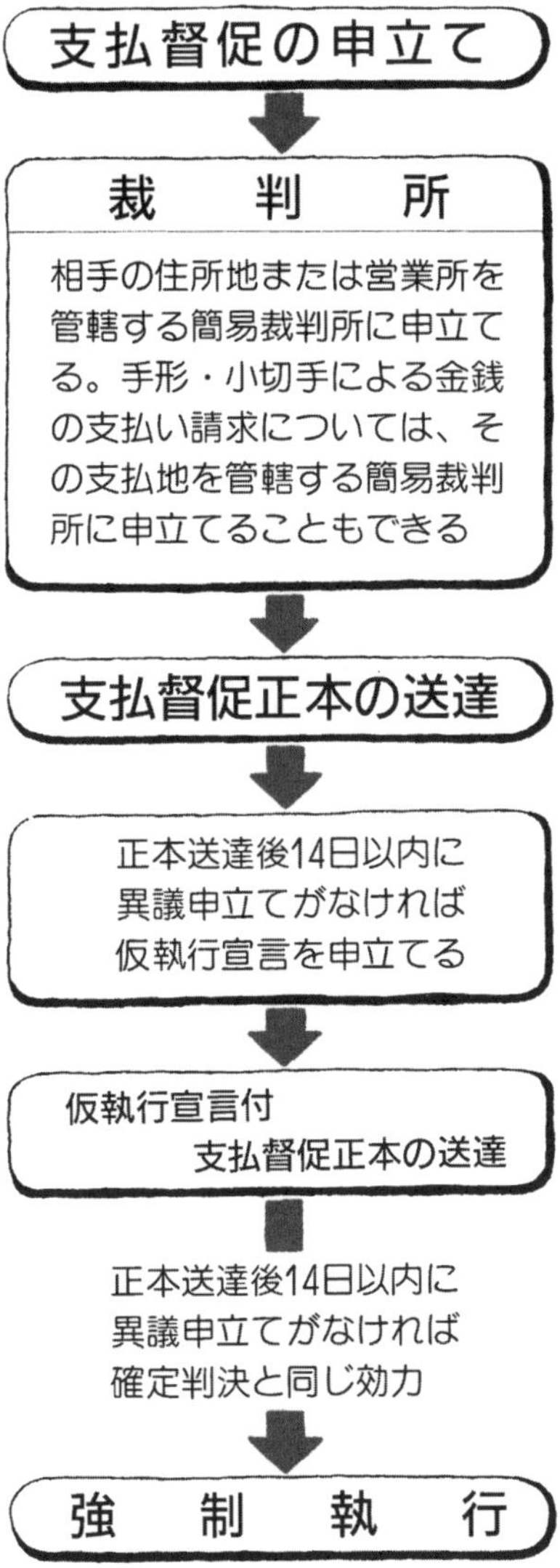
支払督促の申立て
裁　判　所
相手の住所地または営業所を管轄する簡易裁判所に申立てる。手形・小切手による金銭の支払い請求については、その支払地を管轄する簡易裁判所に申立てることもできる
支払督促正本の送達
正本送達後14日以内に異議申立てがなければ仮執行宣言を申立てる
仮執行宣言付
支払督促正本の送達
正本送達後14日以内に異議申立てがなければ確定判決と同じ効力
強　制　執　行

〈書式〉支払督促申立書のサンプル（東京簡裁の例）

支払督促申立書

請求事件

当事者の表示　　別紙当事者目録記載のとおり
請求の趣旨及び原因　　別紙請求の趣旨及び原因記載のとおり

「債務者　　は，　　　　債権者に対し，請求の趣旨記載の金額を支払え」
との支払督促を求める。

申立手続費用　　金　　　　　　円
内　　訳
　申立手数料(印紙)　　　　　　円
　支払督促正本送達費用（郵便切手）　　円
　支払督促発付通知費用　　　　円
　申立書作成及び提出費用　　　円
　資格証明手数料　　　　　　　円

令和　　年　　月　　日
住　　所：〒
（所 在 地）
債権者氏名：
(名称及び代表者の
資格・氏名)
　　　　　　　　　　　　印
（電話：　　　　　　）
（FAX：　　　　　　）

簡易裁判所　裁判所書記官　殿

価額　　　　円
貼用印紙　　円
郵便切手　　円
葉書　　　　枚
添付書類　□資格証明書　　通
　　　　　□　　　　　　　通
　　　　　□　　　　　　　通

受付印

貼用印紙	円
郵便切手	円
葉書	枚

当事者目録

住　　所：〒
（所 在 地）
氏　　名：
(名称及び代表者の
資格・氏名)
電話：
ＦＡＸ：

債権者に対する書類の送達は次の場所に宛ててください。

請求の趣旨及び原因

請求の趣旨

1　金　　　　　円
2　（□上記金額，□上記金額の内金　　　　　円）に対する
　（□支払督促送達日の翌日，□平成　　年　　月　　日）
　から完済まで，年　　%の割合による遅延損害金
3　金　　　　　円（申立手続費用）

請求の原因

Q 支払督促の改正点と特徴は

旧法の支払命令は、新法では「支払督促」と名称がかわりました。これは裁判所の事務を簡略化するため、裁判官でなく裁判所書記官が出すことにしたため、命令という字を避けたのでしょう。手続きの中身は従来の支払命令とほとんどかわりません。ただ簡易裁判所の裁判官でなく裁判所書記官に対して申し立てることになります。

支払督促は訴訟手続きによらずに簡単迅速に、安い費用で判決を得るのと同様の効果を生む制度です。ただし債務者が異議を出さないという限定つきです。

なお、支払督促は「督促手続オンラインシステム」が利用できます。平成二二年一一月からは全国に運用が拡大されています。

第5章　強制執行の仕方と活用法

強制執行とは、判決の内容を実現するため、国家機関が強制的に行なう手続きのことです。強制執行の手続きは、非常に複雑・難解ですので、本書では強制執行委任、申請までの準備に重点を置いて説明します。

強制執行手続きについては、委任、申請の際に、執行官などと打合わせをすることになります。

1 強制執行の制度と利用法

訴訟に勝った全面勝訴だばんざ〜い!!
判決
喜んでいるだけで何もしないでいるとせっかくの判決も紙きれになってしまいかねませんよ
どうしてそんなこと言うんです
じゃあどうすればいいんです?
判決の内容が被告に対し金銭の支払いや不動産の明渡しを命じるものであれば、被告にそれを実行させる必要があります
被告が任意にそれを実行しなければ「強制執行」という手段で実行させます
強制執行
強制執行をするには、まず「債務名義」が必要です。
債務名義
判決
和解調書
調停調書
公正証書
支払督促
債務名義とは強制執行をすることのできる判決や判決に準ずるもののことです。

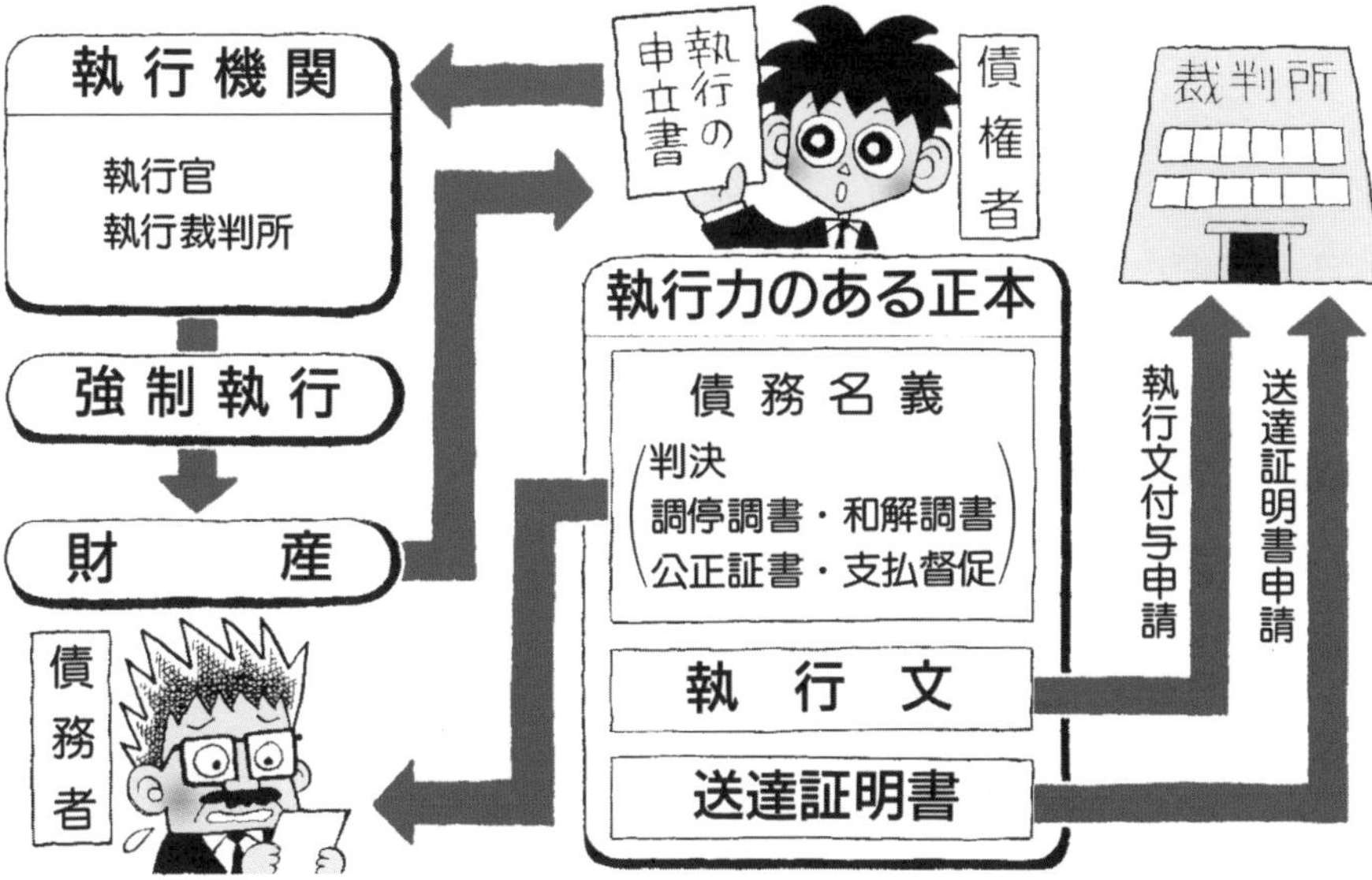

債務名義となるもの

<table>
<tr><th>判決（44ページ参照）</th><th>支払督促（154ページ参照）</th><th>調停調書
和解調書（66、71ページ参照）</th><th>公正証書（146ページ参照）</th></tr>
<tr><td colspan="2">確定したもの、または仮執行宣言が付いたものでないと、強制執行をすることはできない。</td><td></td><td rowspan="2">公正証書は、その性質上、金銭の支払いなどについてだけ強制執行ができる。さらに、公正証書上で債務者が「強制執行を受けることを承諾する」ということを明記したものでないと、強制執行はできない。</td></tr>
<tr><td colspan="3">「金○円を支払え」「どの家を明渡せ」「登記手続きをせよ」というように、一定の命令（給付判決など）を内容としたものであることが必要。単に「確認」しただけで「命令」していないものは強制執行ができない。</td></tr>
</table>

2 強制執行申立ての仕方

債務名義は確保した！あと何が必要なのかな？
債務名義
債務名義があってもそれだけで強制執行ができるわけではありません。
①執行文の付与
②債務名義の送達
③送達証明書
が必要です。
1 執行文の付与
強制執行をするには、債務名義に「強制執行をしてもよろしい」という奥書をつけてもらう必要があります。これが「執行文」です。
執行文を付けて下さい
裁判所
執行文付与申請書
支払督促と少額訴訟は執行文の必要がありません。
2 債務名義の送達
3 送達証明書
強制執行は不意打ちを許すわけではなく、債務者に「どんな理由で強制執行するのか」をあらかじめ又は同時に知らせることになっています。そのため、債務名義を債務者に送達ないしは執行と同時に示す必要があるのです。
送達申請書
裁判所
送達証明申請書
さらに、送達したことを証明する「送達証明書」が必要です。以上、例外もありますので、詳しくは左ページをご覧下さい。
これら執行力のある正本を確保したら、執行機関に執行を申請または委任します。
執行機関
執行力のある正本
★動産など⬇執行官に委任
★債権・不動産
⬇管轄の地方裁判所（執行機関）に申請
強制執行の手続きは非常に複雑難解ですが実際の手続きは執行機関が行ないます。

〔強制執行するために必要な事項のまとめ〕

	執行文の付与	債務名義の送達	送達証明書
判決	訴訟の記録のある裁判所の書記官に「執行文付与申請書」を提出。	上記の裁判所が職権で送達するので「送達申請」の必要はなし。	上記の裁判所の書記官に「送達証明申請書」を提出。
調停調書 和解調書	調停・和解の記録のある裁判所の書記官に「執行文付与申請書」を提出する。	上記の裁判所の書記官に「送達申請書」を提出。	上記の裁判所の書記官に「送達証明申請書」を提出。
公正証書	公正証書を作成した公証人役場に口頭で申立てる。	上記の公証人役場へ請求して、謄本を作成してもらう。その謄本を執行官に送達申請する。	上記の執行官に「送達証明申請書」を提出。
支払督促	執行文の必要なし。	支払督促を申立てた裁判所が職権で送達するので「送達申請」の必要なし。	上記の裁判所の書記官に「送達証明申請書」を提出。

強制執行の対象となる財産には、動産、不動産、債権（銀行預金、不動産の家賃収入ほか）などがあります。
このうち、動産に対する強制執行だけは、事前の送達が不要であり、送達証明書も必要ありません。

Q　強制執行できない財産はあるのか

債権者は、債務者の財産であれば、どんな財産でも差押さえることができるというわけではありません。

例えば、寝具、食糧など債務者が生活する上で最小限必要な物については、差押禁止物とされ、強制執行することが全面的にあるいは一部、制限されています（民事執行法一三一条）。

また、給料等は四分の三（ただし養育費等の請求の場合は二分の一）が差押え禁止債権とされ、債務者の生活を保障するという理由から、恩給、生活保護費なども、差押禁止債権とされ、強制執行することが全面的に制限されているものがあります（民事執行法一五二条、生活保護法、恩給法、国民年金法、雇用保険法など）。

第6章　供託の仕方と活用法

供託とは、目的を達するため、法律の規定により金銭・有価証券その他の物を、供託所または国家機関の指定する倉庫業者に提供することをいいます。供託関係法規は、民法、商法、民事訴訟法、民事執行法、宅地建物取引業法、土地収用法などいろいろあります。

供託の目的、供託によって達成される法律上の効果は、それぞれの法令の根拠によって異なります。

★供託制度と手続き

あっ 大家さん おはよう ございます
あのね 貸してる 家だけど 出て いって くれる？
今度 息子を住まわせる ことにしたんだよ
3カ月以内に 出てってよ それまで家賃は いらないから
そ
そんな～!!
どうしたら いいんで しょう？
相手が 何と 言おうと 家賃は払って おくことです
家賃 です
いらな いって 言った だろ！

受取って くれま せん！
このままでは 賃料不払いを 理由に解除 されかね ません 賃料を 供託して おきましょう
供託とは、目的を 達するために 金銭などを供託所 などに寄託する ことです
ケースに よって いろいろな 供託がありますが この場合 弁済供託です

「弁済供託」は、債務者が債務不履行を理由に債権者から不利益を強いられないための手段とされています。

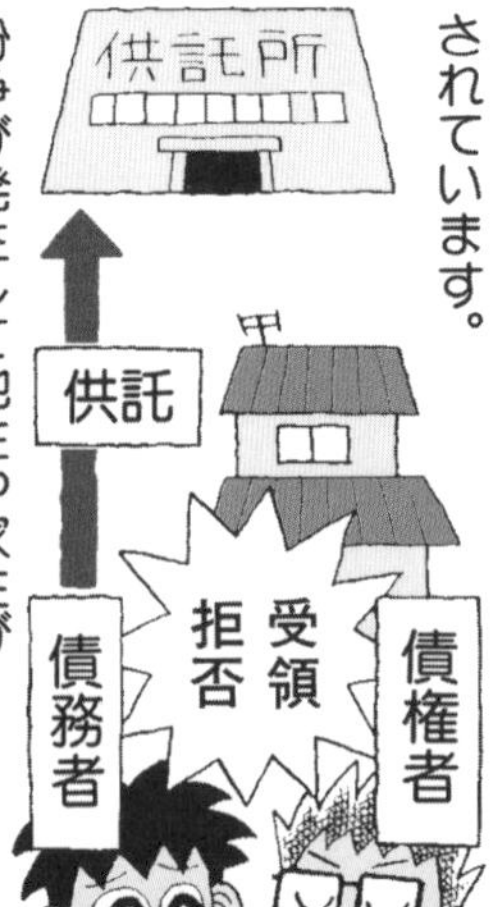
供託所
供託
債権者
受領 拒否
債務者

紛争が発生して地主や家主が賃料の受領を拒否している場合に、借主がその賃料を供託するケースが多いようです。

弁済供託
供託原因
供託原因
地主や家主が賃料の受領を拒否しているなど、供託原因のあるとき。理由なく供託はできない。
供託手続き
供託所
供託所に備付の供託書（3枚1組）に必要事項を記入し、現金を添えて供託所に差出す。供託所は、うち1通を債権者に送付する。
還付
紛争が解決し、債権者が受領を認めると供託していた金銭は債権者に還付される。
取戻し
供託原因が消滅すると、供託していた金銭を取戻せます。

供託とは、目的を達するために、金銭、有価証券、商品、その他の物を供託所または国家機関指定の倉庫業者に寄託することです。

　供託は、その目的・機能により次のように分類されます。
①弁済のための弁済供託
②保証または担保のための担保保証供託
③執行供託
④保管のための保管供託
⑤特殊なものとしての没取供託

供託所
供　託
金銭
有価証券
など

　前のページの例のような、一方的な立退き要求は法律上認められるものではありません。しかし、賃料の受領を拒否され、それをそのままにしておくと、賃料不払いを理由にして契約解除・明渡しを要求されかねません。このようなときは、供託で賃料の支払いを続けながら、大家さんとの紛争の解決を図ることです。

Q 家賃を供託したが裁判に負けた場合

　弁済供託をする供託所は、債務の履行地にある法務局地方法務局およびその支局・出張所で、家賃を持参して払っていれば家主の住所地が基準となります。

　借主が従来の家賃額が相当であると信じている以上、その額を供託すれば、家賃の不払にならず、文句をいわれることもありません。

　しかし、供託してあっても、家主の請求する額が適正であるという裁判が確定したときは、借主は、供託額との差額について、その支払期から利息をつけて払わなければなりません。

　ただ、裁判確定後、ただちに不足額と利子を家主に払えば、家主の不払いを理由に契約を解除される心配はありません。

第7章　会社の倒産処理と手続き

債務者が経済的に破綻した場合に債権者は早い者勝ちで自己の債権を取り立てようとします。また、債務者が企業などの会社組織の場合には負債も巨額になり、再起が難しくなってしまいます。このような場合にこれを放置せずに、公平、迅速に処理する手続きが必要です。そこで、私的整理と法律が認めた各倒産手続き（破産、民事再生、特別清算、会社整理、会社更生）があります。

1 倒産制度のしくみと利用の仕方

不渡り手形を出して銀行にも見はなされた…
俺の会社もこれまでか…
社長
倒産となると処理が大変だろうな…
(株)OX会社
弁護士さんに相談してみよう
社長さんはこの会社をどうなさるつもりなんです？
………!?
会社が潰れれば債権者に迷惑をかけるのはもちろん
あなたの会社の従業員も職を失うことになるんですよ
ひとくちに倒産と言っても会社を破産、解散させる清算的な倒産と会社を継続させる再建型の倒産とがあるのですよ
破産
裁判所の手続きによる方法
裁判外の方法
再建型
清算型
私的整理
会社更生
民事再生
特別清算
破産
会社の現状、倒産の目的によって最も適した倒産処理の方法を考えることです

〔各倒産処理制度の比較〕

	破　産	民事再生	特別清算	（普通）清算	会社更生
対象	個人（自然人）・法人	自然人・法人	株式会社のみ	株式会社 持分会社	株式会社のみ
法律	破　産　法	民事再生法	会社法510条以下	会社法475、644条以下	会社更生法
申立権者	債務者、債権者（法人は取締役など）	債務者、債権者	清算人、株主 債権者、監査役	—	会社、債権者 株主
管財人等	破産管財人	再生債務者	清　算　人	清　算　人	管　財　人
内容	債務者が経済的に破綻した場合に財産関係を清算し、すべての債権者に公平な弁済をする裁判上の手続き。	破産原因がなくても申立てができ再生計画認可が決定されると反対債権者にも効力が及ぶ。債務者自らが再生計画を実行する。	健全な財産状態の株式会社が解散する際に清算遂行の支障または債務超過の疑いがある場合に債権者や株主の利益を保護する。	解散した場合や設立無効判決が確定した場合等一定の法定原因が生じた場合に手続きが開始される（持分会社は任意清算）。	窮境にはあるが再建の見込みのある株式会社について利害関係人の利害を調整しつつその企業維持と更生をはかる制度。
形態	清算型 （解散が前提）	再建型 （存続が前提）	清算型 （解散が前提）	清算型 （解散が前提）	再建型 （存続が前提）
特徴	債務者の財産の清算手続き。新破産法は旧法に比べより迅速な財産の清算が図られている。	すべての法人及び個人が対象。「小規模個人再生」「給与所得者等再生」「住宅資金貸付債権に関する特則」がある。	解散後の清算中での遂行上の支障や債務超過の疑いのある場合に利用される。破産より手続きが緩やか。	特別清算と異なり、裁判所の監督制度がない、清算中の決算公告義務がないなど要件が緩やかになっている。	強力な再建手段を備えており、大企業は元より中小企業でも担保権者を拘束する必要がある場合等に適する。

Q 私的整理とはどんな制度か

債務者の経済活動が破綻した場合に、裁判所の外で債権者および債務者が任意に協議して債務者の財産関係を処理することを、私的整理（内整理任意整理）といいます。

私的整理は、裁判外の和解の一種です。私的整理にも、清算型と再建型があります。利用件数も裁判所を通じた法手続きに比べ、多いようです。

私的整理は、手続きが法定されておらず、債権者などの関係人の合意により柔軟で融通が利く整理の進め方ができるのが特徴です。

また、法手続きとは異なり管財人を選任する必要がないので、短期間に安い費用で手続きを終了させることができます。

2 会社を清算する場合（破産、特別清算）

債務を整理して会社を解散するつもりなら
破産
裁判所に破産を申立てることです
破産手続開始申立後、会社の財産は保全処分を受け
裁判所
申立書
○×会社
債務者審問で手続開始が相当であると認められれば破産手続開始が決定されます。
破産手続開始決定
同時に裁判所によって破産管財人が選任されます。
破産管財人
破産管財人は、会社の管理処分権を持ち、これを換価（現金化）して、債権者に公平に配当します。
売却
○×会社
現金化
配当します
債権者に配当
配当が終わると破産手続きは終結します。
清算型の倒産処理方法としては破産のほかに特別清算がありますが詳しくは次のページをご覧下さい

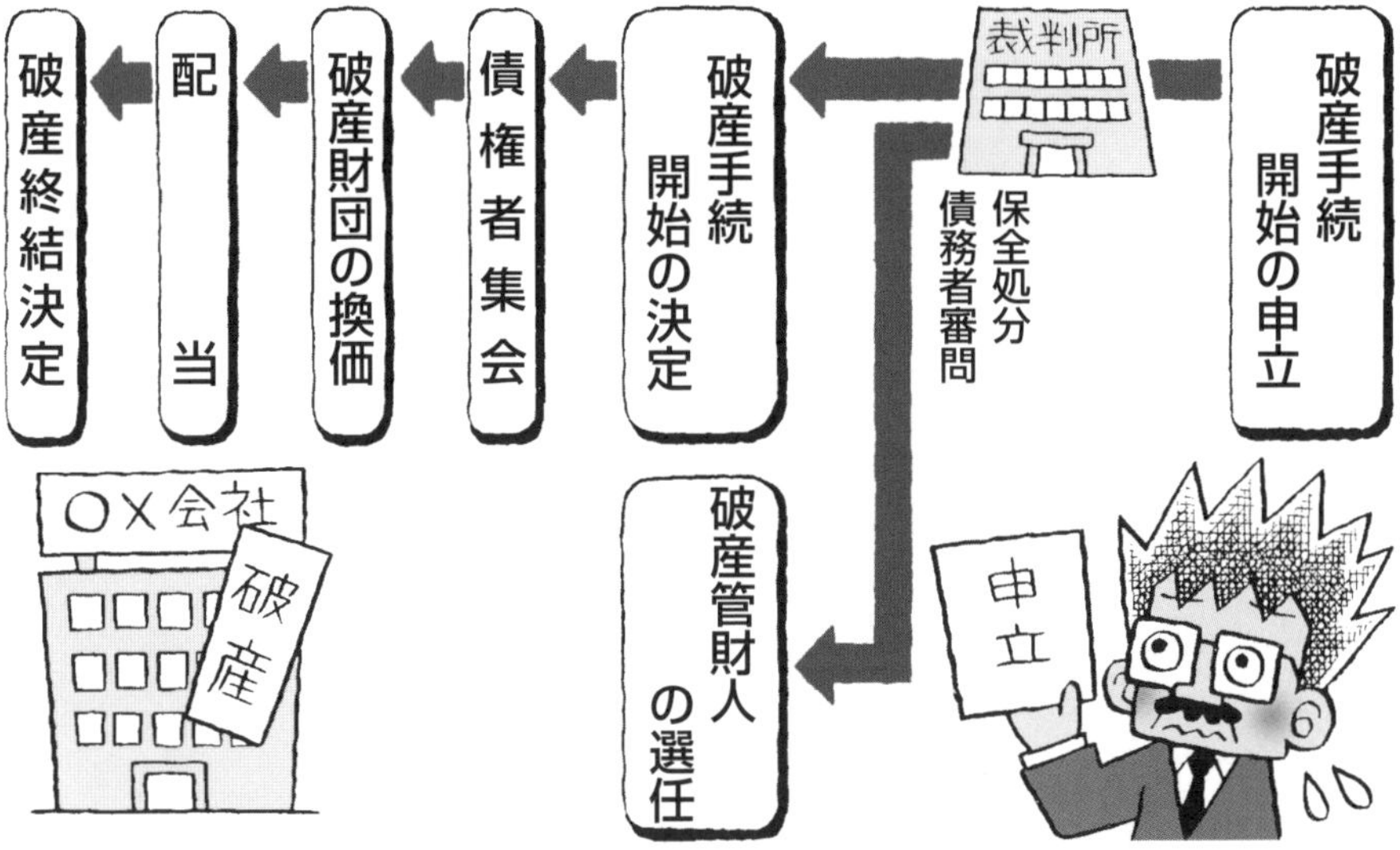

●破産（破産法）

破産は、債務者が支払い不能や債務超過などに陥った場合に、その財産関係を清算し、すべての債権者に公平な分配をすることを目的とする裁判上の手続きをいいます。

破産手続きは、申立て、破産手続開始決定というように進み、破産手続開始決定後は破産財団が債務者の財産を掌握します。裁判所から専任された破産管財人が財産の管理処分権を持ち、各債権者に公平に分配します。

●特別清算（会社法510条以下）

特別清算は、株式会社が解散し、清算をしている段階で、裁判所の監督の許で厳格な手続きで清算を行なう制度です。

会社の清算には破産のための清算もありますが、これとは別に、債務超過を理由としない解散の残務整理のための通常の清算があります。通常の清算は、健全な財産状態にある株式会社を前提としているため、手続きも緩やかです。

そこで、通常の清算の形をとっていても債務超過の疑いがある場合には、これを厳格な手続きによりチェックすべく、特別清算の制度があるのです。

Q 他の債権者に優先できる権利とは

破産手続中は、破産者の財産は破産財団を構成し、管財人が管理します。

しかし、管財人が管理する財産の中に、本来は破産者に所属しない他人の財産が混入することがあります。

この場合、当該財産の権利を主張する第三者は当該財産を破産財団から取戻す権利を有しています。この権利を取戻権といいます。

また、すでに破産財団に所属する特定の不動産について抵当権、質権、特別の先取特権などの担保物権を有する者がいるとき、これら担保権者は破産手続きの枠外で弁済を受けることができます。この権利を別除権といいます。

3 会社を再建する場合（民事再生、会社更生）

なんとか会社を継続させたいと考えるなら
裁判所に民事再生を申立てることです
民事再生
再生手続きには簡易再生や同意再生の手続きもあり簡略に行なえます。
また個人債務者再生手続もあります。
破産手続きや整理手続きなどがすでに開始されていても申立てることができます（民再法25条）。
破産手続きは開始されたが会社を続けたい！
民事再生申立て
また民事再生手続きは破産原因とまでいかなくても経済的窮境にあれば申立てることができます。
破産せずに
民事再生手続きで会社をたて直したい
民事再生申立て
民事再生手続きはうまくいかなくても手続きが廃止されるのが原則で（民再法191条）、裁判所の職権による決定（破産原因たる事実）がないかぎり破産に移行しません。
否決
可決
決議
認可
再建
頑張って再建だ！
○×会社
破産とは異なり再生手続（再生計画）開始後も債務者は自らの事業を再生計画の履行というかたちで継続でき、これによって危機を脱することが可能になります。
会社更生
このほか大規模な事業を営む株式会社の再建にむいている「会社更生」や
特定調停
債務整理の手続きとしての「特定調停」を利用する方法があります。

●民事再生手続き（民事再生法）

　民事再生手続きは、経済的に窮境にある債務者であって、債権者の多数の同意を得た者について債務者と債権者の権利関係を調整し、債務者の再生を図ることを目的とする裁判上の手続きです。破産とは異なり民事再生法ではずっと柔らかい調整の方法がとられ、債務者は事業の継続をすることができます。具体的には再生計画の認可が決定されれば、債務者自身が再生計画の実行をします。なお、再生手続きはうまくいかない場合、再生手続きの廃止はありますが、裁判所の職権による決定（破産原因たる事実）がないかぎり破産に移行することはありません。

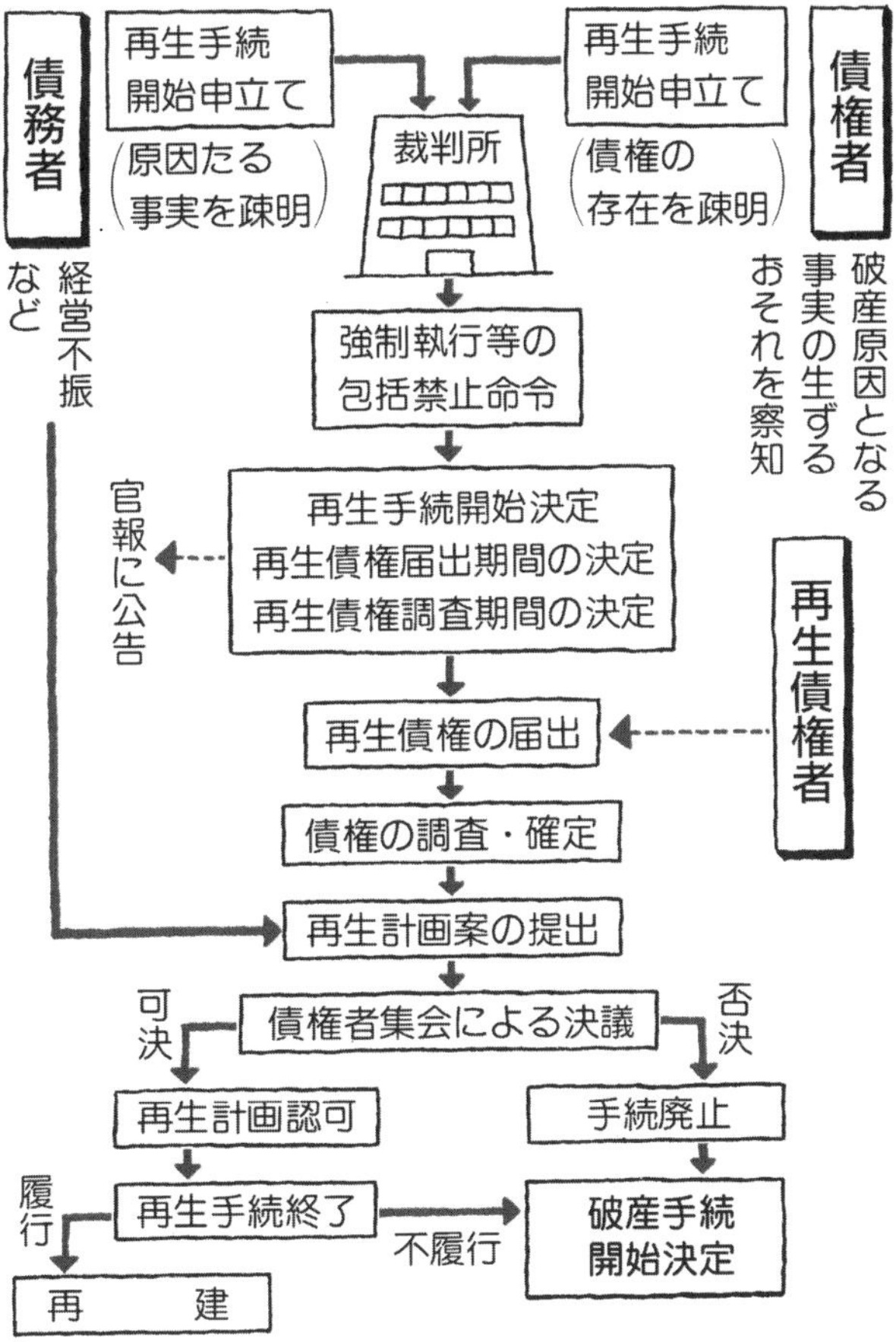

●私的整理（任意整理）

　私的整理は、法的手続きによらずに債権者・債務者との間で倒産処理を進める手続きです。平成13年学識者が策定に加わった「私的整理ガイドライン」が公表されました（平成17年にQ＆Aを一部改訂）。このガイドラインはあくまでも実務方針であり、法的拘束力はありません。

●会社更生（会社更生法）

　会社更生は、放置しておけば破産に追い込まれるおそれがあるが、再建の見込みのある株式会社について、利害関係人の利害を調整しつつ、その企業の維持更生を図ることを目的とする制度です。平成15年改正により、手続開始要件等の緩和、更生手続きの終結時期の早期化、再建手法の強化などが図られています。

　会社更生手続きは、会社または一定の資格を備えた債権者もしくは株主の申立てにより開始されます。開始決定の後、裁判所により管財人が選任されます。管財人は更生計画を作成し、更生債権者、更生担保権者等の可決及び裁判所の認可を経た後に、更生計画が遂行されます。

第8章　弁護士の頼み方

裁判をする場合、必ずしも弁護士を頼む必要はありません。ただし、本人が法廷に出頭せず代理人を出頭させる場合、訴額140万円以下の場合は裁判所の許可さえあれば誰を訴訟代理人にしてもかまいませんが、地方裁判所以上の訴訟の場合は訴訟代理人は弁護士でなければならないという制限があります。本人が出廷する場合でも、訴額（請求金額）の高い紛争は財産的価値も大きいので、弁護士に依頼することをおすすめします。

★紛争解決のための依頼法

難しい顔してどうしたんだい？
いろいろもめ事があってね…
法律上の問題が絡むようなら専門家である弁護士に相談することだよ
弁護士？
事情を話してそれが訴訟など法律上の手続きで解決できるものならアドバイスしてくれるよ
やっぱり訴訟となると弁護士に依頼しないとだめか…
民事事件で弁護士を依頼するかどうかは自由です。ただ、訴額の大きい訴訟の場合は、やはり弁護士に依頼した方がよいでしょう。刑事事件では私選で弁護士を依頼しない場合は国選弁護士がつきます。
訴訟
大きな訴訟は弁護士に…
訴訟
地方裁判所
訴状
代理人…
また代理人をたてて訴訟をする場合、簡易裁判所での訴訟は司法書士・弁護士・裁判所が許可した一部の人、地方裁判所以上での訴訟代理は弁護士でないと認められません。

でも…どうやって依頼するんだ？
不安だなあ…
電話帳や事務所の看板を見て弁護士をさがす人もいますが…
やはり、親せきや友人、知人などに知っている弁護士を紹介してもらうのが間違いのない選び方でしょう。
紹介するよ
頼む
弁護士には依頼者の秘密を守る法律上の義務があります。相談された内容はたとえ紹介者に対しても口外するものではありません。
俺は弁護士会で紹介してもらったんだけどな
弁護士会？
紹介してくれる人がいないときは各地の弁護士会で法律相談を利用し弁護士を紹介してもらうことです。
法律相談
全国の弁護士会
⬇180ページ参照。
友人です
よろしくお願いします
弁護士費用は事件の内容などによって異なり各弁護士が定めます。弁護士に相談すれば、適当な額、支払方法を教えてくれます。

Q 費用がない時はどうすればいいのか

費用がないために訴訟を起こせない、あるいは弁護士に依頼することができないということになると、経済的な理由によって法律の保護が受けられず、泣き寝入りするおそれがあります。

そこで、法は、刑事訴訟において国選弁護人制度を設け、また、民事訴訟については訴訟費用を支払う資力はないが、勝訴の見込みのある者に裁判費用、弁護士報酬などの支払猶予の規定を設けています。

しかし、民事訴訟については、事件数も多く、支払猶予の規定は機能していないのが実情です。

そこで、日本司法支援センターなどの法律相談が利用されています。同センターでは、勝訴の見込みがあると判断した者に対して、裁判費用、弁護士費用の援助なども行なっています。

法律制度の利用の支援

◎日本司法支援センターの設立

　裁判を起こしたくても、どこに相談すればわからない、経済的事情により、裁判費用を確保するのが難しい、自分が住んでいる地域には相談できる弁護士がいない…。

　このような司法全般に関する国民の悩み・不安を解消するため、法による紛争解決に役立つ情報やサービスの提供が受けられることを目的として、平成16年6月に「総合法律支援法」が公布、施行されました。この法律に基づいて設立されたのが「日本司法支援センター」（愛称は「法テラス」）」です。

　支援センターでは、次のような業務を行います。

①相談機関・団体などの情報提供

　DV（ドメスティック・バイオレンス）、ストーカー被害、児童虐待、いじめ問題等の相談にも応じます。

②民事法律扶助

　資力に乏しく裁判費用や弁護士を頼めない人のために無料法律相談に応じ、裁判費用を立て替え、代理援助や書類作成の援助を行います（従来は財団法人の法律扶助協会が行っていましたが、平成18年10月から「支援センター」に引き継がれました）。

③司法過疎地域における法律サービスの提供

④犯罪被害者に対する情報提供

　犯罪被害者支援を行っている機関等と連携し、各種支援の相談窓口の情報を提示したり、各地の弁護士会や日本弁護士連合会と連携して、犯罪被害者問題に詳しい弁護士を犯罪被害者に紹介する態勢を整備しています。

⑤捜査から裁判まで、一貫した国選弁護人確保等のサービス提供

　支援センターは、日本国民はもちろん、外国人も利用することができます（ただし、外国人が民事法律扶助を利用する場合には、一定の条件があります）。

　支援センターは、本部を東京に置くほか、全国の地方裁判所本庁所在地などに事務所が設置されています。そのほか、地域の実情に応じて地方裁判所支部所在地など必要な場所に事務所を置くことも予定されています。

　なお、トラブルを解決するための情報の提供や、弁護士会等の関係機関への紹介は無料です。詳しい情報は、ホームページで確認することができます。

　本部所在地　東京都中野区本町1―32―2
　　　　　　　ハーモニータワー8階

http://www.houterasu.or.jp

〔相談電話〕〇五七〇―〇七八三七四

巻末資料

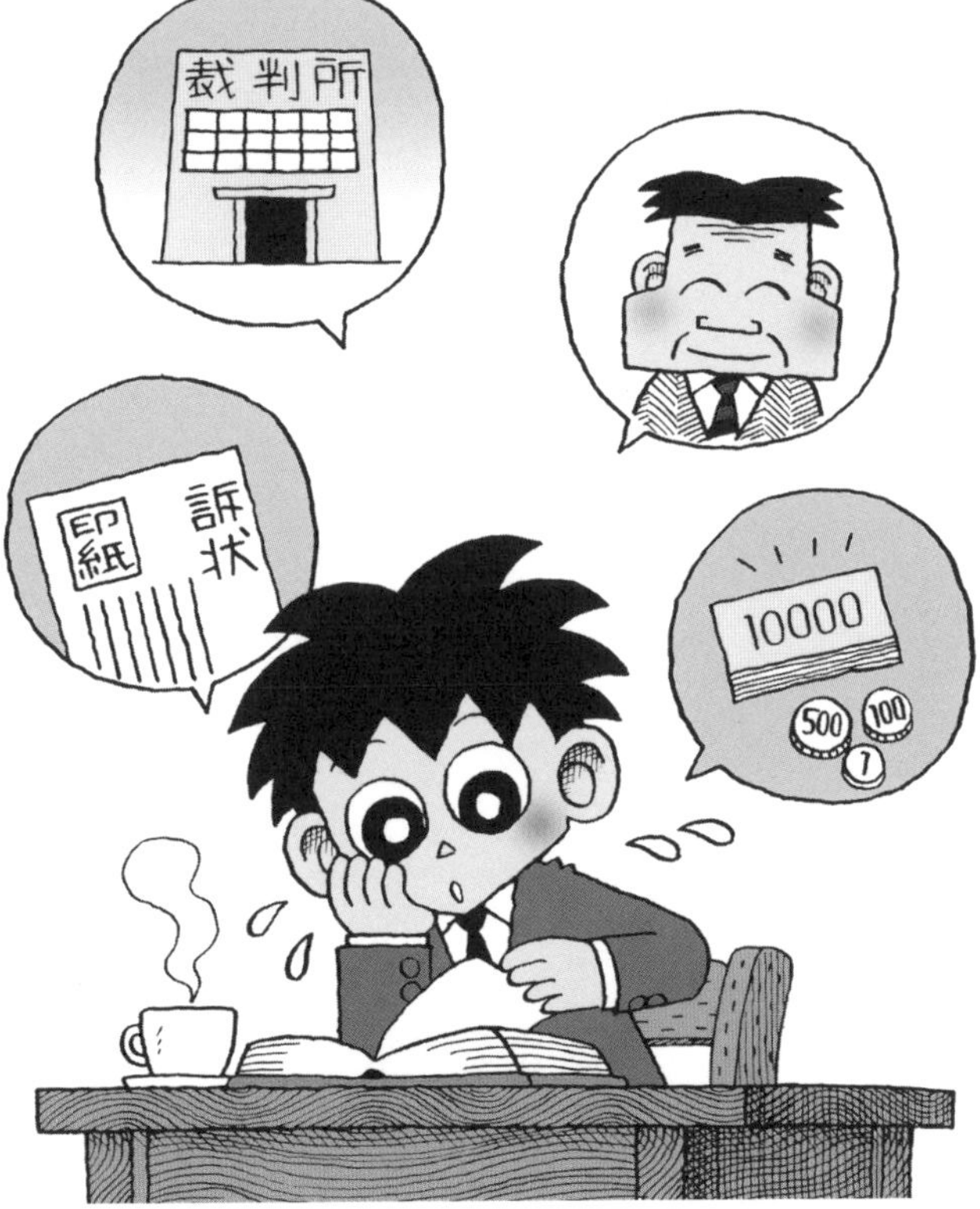
裁判所
印紙
訴状
10000
500
100

〔資料・1〕　訴訟・調停等の申立手数料額早見表（貼用印紙額）

訴額		訴状・反訴状・独立当事者参加の申出書・共同訴訟参加の申出書	控訴状（請求について判断しなかった判決に対するものを除く）	上告状（請求について判断しなかった判決に対するものを除く）	支払督促申請書・異議申立により本訴になったときの追加額	和解から本訴になったときの追加額	民事調停の申立書、労働審判の申立書	調停から本訴訟になったときの追加額
万円		円	円	円	円	円	円	円
10	10万円まで1000円ごとに	1,000	1,500	2,000	500	0	500	500
20		2,000	3,000	4,000	1,000	0	1,000	1,000
30		3,000	4,500	6,000	1,500	1,000	1,500	1,500
40		4,000	6,000	8,000	2,000	2,000	2,000	2,000
50		5,000	7,500	10,000	2,500	3,000	2,500	2,500
60		6,000	9,000	12,000	3,000	4,000	3,000	3,000
70		7,000	10,500	14,000	3,500	5,000	3,500	3,500
80		8,000	12,000	16,000	4,000	6,000	4,000	4,000
90		9,000	13,500	18,000	4,500	7,000	4,500	4,500
100		10,000	15,000	20,000	5,000	8,000	5,000	5,000
120	20万円まで1000円ごとに	11,000	16,500	22,000	5,500	9,000	5,500	5,500
140		12,000	18,000	24,000	6,000	10,000	6,000	6,000
160		13,000	19,500	26,000	6,500	11,000	6,500	6,500
180		14,000	21,000	28,000	7,000	12,000	7,000	7,000
200		15,000	22,500	30,000	7,500	13,000	7,500	7,500
220		16,000	24,000	32,000	8,000	14,000	8,000	8,000
240		17,000	25,500	34,000	8,500	15,000	8,500	8,500
260		18,000	27,000	36,000	9,000	16,000	9,000	9,000
280		19,000	28,500	38,000	9,500	17,000	9,500	9,500
300		20,000	30,000	40,000	10,000	18,000	10,000	10,000
320		21,000	31,500	42,000	10,500	19,000	10,500	10,500
340		22,000	33,000	44,000	11,000	20,000	11,000	11,000
360		23,000	34,500	46,000	11,500	21,000	11,500	11,500
380		24,000	36,000	48,000	12,000	22,000	12,000	12,000
400		25,000	37,500	50,000	12,500	23,000	12,500	12,500
420		26,000	39,000	52,000	13,000	24,000	13,000	13,000
440		27,000	40,500	54,000	13,500	25,000	13,500	13,500
460		28,000	42,000	56,000	14,000	26,000	14,000	14,000
480		29,000	43,500	58,000	14,500	27,000	14,500	14,500
500		30,000	45,000	60,000	15,000	28,000	15,000	15,000
550	50万円まで2000円ごとに	32,000	48,000	64,000	16,000	30,000	16,000	16,000
600		34,000	51,000	68,000	17,000	32,000	17,000	17,000
650		36,000	54,000	72,000	18,000	34,000	18,000	18,000
700		38,000	57,000	76,000	19,000	36,000	19,000	19,000
750		40,000	60,000	80,000	20,000	38,000	20,000	20,000
800		42,000	63,000	84,000	21,000	40,000	21,000	21,000
850		44,000	66,000	88,000	22,000	42,000	22,000	22,000
900		46,000	69,000	92,000	23,000	44,000	23,000	23,000
950		48,000	72,000	96,000	24,000	46,000	24,000	24,000
1,000		50,000	75,000	100,000	25,000	48,000	25,000	25,000
以下10億円まで100万円までごとに		3,000	4,500	6,000	1,500	3,000	1,200	1,800
以下50億円まで500万円までごとに		10,000	15,000	20,000	5,000	10,000	4,000	6,000
以下50億円超1,000万円までごとに		10,000	15,000	20,000	5,000	10,000	4,000	6,000

▶この他にも予納郵券（郵便切手）が必要です。裁判所の窓口で確認してください。

〔資料・2〕

主な申立書・申出書などの貼用印紙一らん

事件の種類	金額	注
訴え提起前の和解の申立書	2,000円	1 記録の閲覧または謄写は、事件の係属中に当事者が請求するものを除く。 2 記録の正本、謄本、抄本の交付は、用紙1枚についての値段である。 3 事件に関する事項の証明書の交付は事件1件についての値段である。
支払督促申立書	訴状貼用印紙額の2分の1	
訴状	〔資料1参照〕	
仮差押申立書	2,000円	
調停申立書	〔資料1参照〕	
労働審判手続の申立書	〔資料1参照〕	
控訴状	〔資料1参照〕	
鑑定人忌避の申立書	500円	
訴訟代理許可申請書	500円	
訴訟引受の申立書	500円	
証拠保全の申立書	500円	
判決確定証明申請書	150円	
執行文付与の申立書	300円	
判決等の送達証明申請書	150円	
不動産強制競売申立書	4,000円	
破産手続開始の申立書(債権者)	20,000円	
破産手続開始の申立書(債権者以外で自然人)	1,000円	
免責許可の申立書	500円	
少額訴訟債権執行の申立書	500円	
執行停止決定の申立書	500円	
記録の閲覧または謄写	150円	
記録の正本、謄本、抄本の交付	150円	
事件に関する事項の証明書の交付	150円	

郵便料金（特殊取扱料金）

<table>
<tr><th>種類</th><th colspan="2">区別</th><th>段階</th><th>料金</th></tr>
<tr><td rowspan="2">配達証明</td><td colspan="2" rowspan="2">配達した月日を証明するものです。</td><td>差し出しの際</td><td>320円</td></tr>
<tr><td>差し出しの後</td><td>440円</td></tr>
<tr><td rowspan="4">内容証明</td><td rowspan="4">どういう内容の文書を差し出したかを証明するものです。</td><td rowspan="2">①
同文内容証明以外のもの</td><td>謄本１枚</td><td>440円</td></tr>
<tr><td>１枚増すごとに</td><td>260円</td></tr>
<tr><td rowspan="2">②
同文内容証明</td><td>１個</td><td>①と同額</td></tr>
<tr><td>１個を超えるごとに</td><td>①の半額</td></tr>
</table>

訴訟費用等の額一覧

（令和元年5月31日改正）

項	事項	額
一	訴え（反訴を除く。）の提起	訴訟の目的の価額に応じて、次に定めるところにより算出して得た額 ㈠百万円までの部分　十万円ごとに　千円 ㈡百万円を超え五百万円までの部分　二十万円ごとに　千円 ㈢五百万円を超え千万円までの部分　五十万円ごとに　二千円 ㈣千万円を超え十億円までの部分　百万円ごとに　三千円 ㈤十億円を超え五十億円までの部分　五百万円ごとに　一万円 ㈥五十億円を超える部分　千万円ごとに　一万円
二	控訴の提起（四の項に掲げるものを除く。）	一の項により算出して得た額の一・五倍の額
三	上告の提起又は上告受理の申立て（四の項に掲げるものを除く。）	一の項により算出して得た額の二倍の額
四	請求について判断をしなかった判決に対する控訴又は上告の提起若しくは上告受理の申立て	二の項又は三の項により算出して得た額の二分の一の額
五	請求の変更	変更後の請求につき一の項（請求について判断した判決に係る控訴審における請求の変更にあっては、二の項）により算出して得た額から変更前の請求に係る手数料の額を控除した額
六	反訴の提起	一の項（請求について判断した判決に係る控訴審における反訴の提起にあっては、二の項）により算出して得た額。ただし、本訴とその目的を同じくする反訴については、この額から本訴に係る訴訟の目的の価額について一の項（請求について判断した判決に係る控訴審における反訴の提起にあっては、二の項）により算出して得た額を控訴した額
七	民事訴訟法第四十七条第一項若しくは第五十二条第一項又は民事再生法第百三十八条第一項若しくは第二項の規定による参加の申出	一の項（請求について判断した判決に係る控訴審又は上告審における参加にあっては二の項又は三の項、第一審において請求について判断し、第二審において請求について判断しなかった判決に係る上告審における参加にあっては二の項）により算出して得た額
八	再審の訴えの提起　(1) 簡易裁判所に提起するもの	二千円
	再審の訴えの提起　(2) 簡易裁判所以外の裁判所に提起するもの	四千円
八の二	仲裁法第四十四条第一項又は第四十六条第一項の規定による申立て	四千円
九	和解の申立て	二千円
一〇	支払督促の申立て	請求の目的の価額に応じ、一の項より算出して得た額の二分の一の額
一一	イ　不動産の強制競売若しくは担保権の実行としての競売の申立て、債権の差押命令の申立てその他裁判所による強制執行若しくは競売若しくは収益執行の申立て（一一の二の項イに掲げる申立て及び民事執行法第百五十三条第二項（これを準用し、又はその例による場合を含む。）の規定による差押命令の申立てを除く。） ロ　強制管理の方法による仮差押えの執行の申立て又は金銭債権の差押処分の申立て	四千円
一一の二	イ　民事執行法第百六十七条の十五第一項、第百七十一条第一項、第百七十二条第一項若しくは第百七十三条第一項の強制執行の申立て又は同法第百九十七条第一項若しくは第二項の財産開示手続実施の申立て ロ　民事保全法の規定による保全命令の申立て ハ　行政事件訴訟法の規定による執行停止の申立て又は仮の義務付け若しくは仮の差止めの申立て ニ　不動産登記法第百八条第一項の規定による申立てその他の登記又は登録に係る法令の規定による仮登記又は仮登録の仮処分命令の申立て又は申請	二千円
一二	破産手続開始の申立て（債権者がするものに限る。）、更生手続開始の申立て、特別清算開始の申立て、外国倒産処理手続の承認の申立て、責任制限手続開始の申立て、責任制限手続拡張の申立て又は企業担保権の実行の申立て	二万円
一二の二	再生手続開始の申立て	一万円
一三	借地借家法第四十一条の事件の申立て又は同条の事件における参加の申出（申立人として参加する場合に限る。）	借地借家法第十七条第二項の規定による裁判を求めるときは借地権の目的である土地の価額の十分の三に相当する額を、その他の裁判を求めるときは借地権の目的である土地の価額を基礎とし、その額に応じて、次に定めるところにより算出して得た額 ㈠百万円までの部分　十万円ごとに　四百円 ㈡百万円を超え五百万円までの部分　二十万円ごとに　四百円 ㈢五百万円を超え千万円までの部分　五十万円ごとに　八百円 ㈣千万円を超え十億円までの部分　百万円ごとに　千二百円 ㈤十億円を超え五十億円までの部分　五百万円ごとに　四千円 ㈥五十億円を超える部分　千万円ごとに　四千円

一三の二	借地借家法第四十一条の事件の申立ての変更	変更後の申立てにつき一三の項により算出して得た額から変更前の申立てに係る手数料の額を控除した額
一四	民事調停法による調停の申立て又は労働審判法による労働審判手続の申立て	調停又は労働審判を求める事項の価額に応じて、次に定めるところにより算出して得た額 (一) 百万円までの部分　十万円ごとに　五百円 (二) 百万円を超え五百万円までの部分　二十万円ごとに　五百円 (三) 五百万円を超え千万円までの部分　五十万円ごとに　千円 (四) 千万円を超え十億円までの部分　百万円ごとに　千二百円 (五) 十億円を超え五十億円までの部分　五百万円ごとに　四千円 (六) 五十億円を超える部分　千万円ごとに　四千円
一四の二	民事調停法による調停の申立て又は労働審判法による労働審判手続の申立ての変更	変更後の申立てにつき一四の項により算出して得た額から変更前の申立てに係る手数料の額を控除した額
一五	家事事件手続法別表第一に掲げる事項についての審判の申立て又は同法の規定による参加の申出（申立人として参加する場合に限る。）	八百円
一五の二	家事事件手続法別表第二に掲げる事項についての審判、同法第二百四十四条に規定する事件についての調停若しくは国際的な子の奪取の民事上の側面に関する条約の実施に関する法律第三十二条第一項に規定する子の返還申立事件の申立て又はこれらの法律の規定による参加の申出（申立人として参加する場合に限る。）	千二百円
一六	イ　仲裁法第十二条第二項、第十六条第三項、第十七条第二項から第五項まで、第十九条第四項、第二十条、第二十三条第五項又は第三十五条第一項の規定による申立て、非訟事件手続法の規定により裁判を求める申立て、配偶者からの暴力の防止及び被害者の保護等に関する法律（平成十三年法律第三十一号）第十条第一項から第四項までの規定による申立て、国際的な子の奪取の民事上の側面に関する条約の実施に関する法律第百二十二条第一項の規定による申立て、消費者の財産的被害の集団的な回復のための民事の裁判手続の特例に関する法律第十四条の規定による申立てその他の裁判所の裁判を求める申立てで、基本となる手続が開始されるもの（第九条第一項若しくは第三項又は第十条第二項の規定による申立て及びこの表の他の項に掲げる申立てを除く。） ロ　非訟事件手続法の規定による参加（一三の項に掲げる参加を除く。）の申出（申立人として参加する場合に限る。）	千円
一六の二	消費者の財産的被害の集団的な回復のための民事の裁判手続の特例に関する法律第三十条第二項の債権届出	一個の債権につき千円
一七	イ (イ)　民事訴訟法の規定による特別代理人の選任の申立て、弁護士でない者を訴訟代理人に選任することの許可を求める申立て、忌避の申立て、訴訟引受けの申立て、秘密記載部分の閲覧等の請求をすることができる者を当事者に限る決定を求める申立て、その決定の取消しの申立て、裁判所書記官の処分に対する異議の申立て、訴えの提起前における証拠収集の処分の申立て、訴えの提起前における証拠保全の申立て、受命裁判官若しくは受託裁判官の裁判に対する異議の申立て、手形訴訟若しくは小切手訴訟の終局判決に対する異議の申立て、少額訴訟の終局判決に対する異議の申立て又は同法の規定による強制執行の停止、開始若しくは続行を命じ、若しくは執行処分の取消しを命ずる裁判を求める申立て (ロ)　非訟事件手続法又は国際的な子の奪取の民事上の側面に関する条約の実施に関する法律の規定による忌避の申立て、特別代理人の選任の申立て、弁護士でない者を手続代理人に選任することの許可を求める申立て、裁判所書記官の処分に対する異議の申立て、これらの法律の規定による強制執行の停止、開始若しくは続行を命じ、若しくは執行処分の取消しを命ずる裁判を求める申立て又は受命裁判官若しくは受託裁判官の裁判に対する異議の申立て (ハ)　家事事件手続法の規定による忌避の申立て、特別代理人の選任の申立て、弁護士でない者を手続代理人に選任することの許可を求める申立て、裁判所書記官の処分に対する異議の申立て、これらの法律の規定による強制執行の停止、開始若しくは続行を命じ、若しくは執行処分の取消しを命ずる裁判を求める申立て又は受命裁判官若しくは受託裁判官の裁判に対する異議の申立て ロ　執行裁判所の執行処分に対する執行異議の申立て、民事執行法第十三条第一項の代理人の選任の許可を求める申立て、執行文の付与の申立てに関する処分に対する異議の申立て、同法第三十六条第一項若しくは第三項の規定による強制執行の停止若しくは続行を命じ、若しくは執行処分の取消しを命ずる裁判を求める申立て、同法第四十一条第二項の規定による特別代理人の選任の申立て、同法第四十七条第四項若しくは第四十九条第五項の規定による裁判所書記官の処分に対する異議の申立て、執行裁判所に対する配当要求、同法第五十五条第一項の規定による売却のための保全処分若しくは同条第五項の規定によるその取消し若しくは変更の申立て、同法第五十六条第一項の規定による地代等の代払の許可を求める申立て、同法第六十二条第三項若しくは第六十四条第六項の規定による裁判所書記官の処分に対する異議の申立て、同法第六十八条の二第一項の規定による買受けの申出をした差押債権者のための保全処分の申立て、同法第七十七条第一項の規定による最高価買受申出人若しくは買受人のための保全処分の申立て、同法第七十八条第六項の規定による裁判所書記官の処分に対する異議の申立て、同法第八十三条第一項の規定による不動産の引渡命令の申立て、同法第百十五条第一項の規定による船舶国籍証書等の引渡命令の申立て、同法第百十七条第一項の規定による強制競売の手続の取消しの申立て、同法第百十八条第一項の規定による船舶の航行の許可を求める申立て、同法第百二十七条第一	五百円

項	上欄	区分	額
	項の規定による差押物の引渡命令の申立て、少額訴訟債権執行の手続における裁判所書記官の執行処分に対する執行異議の申立て、少額訴訟債権執行の手続における裁判所書記官に対する配当要求、同法第百六十七条の十五第三項の規定による申立て、同法第百七十二条第二項の規定による申立て、同法第百八十七条第一項の規定による担保不動産競売の開始決定前の保全処分若しくは同条第四項の規定によるその取消しの申立て又は同法第百九十条第二項の動産競売の開始の許可の申立て ハ　民事保全法の規定による保全異議の申立て、保全取消しの申立て、同法第二十七条第一項の規定による保全執行の停止若しくは執行処分の取消しを命ずる裁判を求める申立て、同法第四十二条第一項の規定による保全命令を取り消す決定の効力の停止を命ずる裁判を求める申立て又は保全執行裁判所の執行処分に対する執行異議の申立て ニ　参加（破産法、民事再生法、会社更生法、金融機関等の更生手続の特例等に関する法律、船舶の所有者等の責任の制限に関する法律又は船舶油濁損害賠償保障法の規定による参加及び七の項、一三の項、一五の項、一五の二の項又は一六の項に掲げる参加を除く。）の申出又は申立て ホ　破産法第百八十六条第一項の規定による担保権消滅の許可の申立て、同法第百九十二条第三項の規定による商事留置権消滅の許可の申立て、同法第二百四十八条第一項の規定による免責許可の申立て若しくは同法第二百五十六条第一項の規定による復権の申立て、民事再生法第百四十八条第一項の規定による担保権消滅の許可の申立て、行政事件訴訟法の規定による執行停止決定の取消しの申立て若しくは仮の義務付け若しくは仮の差止めの決定の取消しの申立て、労働組合法第二十七条の二十の規定による申立て、配偶者からの暴力の防止及び被害者の保護等に関する法律第十六条第三項若しくは第十七条第一項の規定による申立て、労働審判法第四条第一項ただし書の規定による弁護士でない者を代理人に選任することの許可を求める申立て、特定債務等の調整の促進のための特定調停に関する法律第七条第一項若しくは第二項の規定による民事執行の手続の停止若しくは続行を命ずる裁判を求める申立て、人事訴訟法第三十九条第一項の規定による申立て、特許法第百五条の四第一項若しくは第百五条の五第一項の規定による申立て、著作権法第百十四条の六第一項若しくは第百十四条の七第一項の規定による申立て又は不正競争防止法第十条第一項若しくは第十一条第一項の規定による申立て ヘ　執行官の執行処分又はその遅怠に対する執行異議の申立て ト　最高裁判所の規則の定めによる申立てのうちイ又はロに掲げる申立てに類似するものとして最高裁判所が定めるもの		
一八	抗告の提起又は民事訴訟法第三百三十七条第二項、非訟事件手続法第七十七条第二項、家事事件手続法第九十七条第二項若しくは国際的な子の奪取の民事上の側面に関する条約の実施に関する法律第百十一条第二項の規定による抗告の許可の申立て	(1)　一一の二の項、一五の項、一五の二の項又は一六の項に掲げる申立てについての裁判（抗告裁判所の裁判を含む。）に対するもの	それぞれの申立ての手数料の額の一・五倍の額
		(2)　一三の項に掲げる申立て又は申出についての裁判（不適法として却下したものを除き、抗告裁判所の裁判を含む。）に対するもの	一三の項により算出して得た額の一・五倍の額
		(3)　民事保全法の規定による保全抗告	一一の二の項ロに掲げる申立手数料の額の一・五倍の額
		(4)　(1)から(3)まで以外のもの	千円
一九	民事訴訟法第三百四十九条第一項、非訟事件手続法第八十三条第一項、家事事件手続法第百三条第一項若しくは国際的な子の奪取の民事上の側面に関する条約の実施に関する法律第百十九条第一項の規定による再審の申立て又は同法第百十七条第一項の規定による終局決定の変更の申立て		千五百円

この表の各項の上欄に掲げる申立てには、当該申立てについての規定を準用し、又はその例によるものとする規定による申立てを含むものとする。

〔資料・3〕

全国の地方裁判所・所在地一らん

裁判所	電話	裁判所	電話
札幌地方裁判所	（011）231-4200	金沢地方裁判所	（076）262-3221
函館地方裁判所	（0138）38-2370	富山地方裁判所	（076）421-6324
旭川地方裁判所	（0166）51-6251	大阪地方裁判所	（06）6363-1281
釧路地方裁判所	（0154）41-4171	京都地方裁判所	（075）257-9123
仙台地方裁判所	（022）222-6111	神戸地方裁判所	（078）341-7521
福島地方裁判所	（024）534-2156	奈良地方裁判所	（0742）88-2608
山形地方裁判所	（023）623-9511	大津地方裁判所	（077）503-8112
盛岡地方裁判所	（019）622-3165	和歌山地方裁判所	（073）428-9873
秋田地方裁判所	（018）824-3121	広島地方裁判所	（082）228-0421
青森地方裁判所	（017）722-5351	山口地方裁判所	（083）922-1330
東京地方裁判所	（03）3581-5411	岡山地方裁判所	（086）222-6771
横浜地方裁判所	（045）201-9631	鳥取地方裁判所	（0857）22-2171
さいたま地方裁判所	（048）863-8519	松江地方裁判所	（0852）23-1701
千葉地方裁判所	（043）333-5276	高松地方裁判所	（087）851-1537
水戸地方裁判所	（029）224-8408	徳島地方裁判所	（088）603-0111
宇都宮地方裁判所	（028）333-0004	高知地方裁判所	（088）822-0576
前橋地方裁判所	（027）231-4275	松山地方裁判所	（089）903-4379
静岡地方裁判所	（054）252-6111	福岡地方裁判所	（092）781-3141
甲府地方裁判所	（055）235-1133	佐賀地方裁判所	（0952）23-3161
長野地方裁判所	（026）403-2008	長崎地方裁判所	（095）822-6151
新潟地方裁判所	（025）222-4131	大分地方裁判所	（097）532-7161
名古屋地方裁判所	（052）203-1611	熊本地方裁判所	（096）241-8921
津地方裁判所	（059）226-4172	鹿児島地方裁判所	（099）222-7121
岐阜地方裁判所	（058）262-5167	宮崎地方裁判所	（0985）23-2263
福井地方裁判所	（0776）22-5000	那覇地方裁判所	（098）855-3366

〔資料・4〕

弁護士会の電話連絡先

弁護士会名	電話
東京	03(3581)2201
第一東京	03(3595)8585
第二東京	03(3581)2255
神奈川県	045(201)1881
埼玉	048(863)5255
千葉県	043(227)8431
茨城県	029(221)3501
栃木県	028(689)9000
群馬	027(233)4804
静岡県	054(252)0008
山梨県	055(235)7202
長野県	026(232)2104
新潟県	025(222)5533
大阪	06(6364)0251
京都	075(231)2378
兵庫県	078(341)7061
奈良	0742(22)2035
滋賀	077(522)2013
和歌山	073(422)4580
愛知県	052(203)1651
三重	059(228)2232
岐阜県	058(265)0020
福井	0776(23)5255
金沢	076(221)0242
富山県	076(421)4811
広島	082(228)0230
山口県	083(922)0087

弁護士会名	電話
岡山	086(223)4401
鳥取県	0857(22)3912
島根県	0852(21)3225
福岡県	092(741)6416
佐賀県	0952(24)3411
長崎県	095(824)3903
大分県	097(536)1458
熊本県	096(325)0913
鹿児島県	099(226)3765
宮崎県	0985(22)2466
沖縄	098(865)3737
仙台	022(223)1001
福島県	024(534)2334
山形県	023(622)2234
岩手	019(651)5095
秋田	018(862)3770
青森県	017(777)7285
札幌	011(281)2428
函館	0138(41)0232
旭川	0166(51)9527
釧路	0154(41)0214
香川県	087(822)3693
徳島	088(652)5768
高知	088(872)0324
愛媛	089(941)6279

〔資料・5〕

当番弁護士の電話連絡先

弁護士会	電　話　番　号
東京3弁護士会 当番弁護士センター	03(3580)0082
神奈川県	045(212)0010
埼　玉	048(866)9845 川越支部　049(226)3972 熊谷·秩父支部　048(521)0844
千葉県	043(221)7330 松戸　047(366)7770
茨城県	029(228)9800
栃木県	028(689)9002
群　馬	027(235)6900
静岡県	054(252)0008 浜松　053(455)3009 沼津　055(931)1848
山梨県	055(235)7202
長野県	026(232)3658
新潟県	025(222)5551
大　阪	06(6363)0080
京　都	075(212)0010
兵庫県	神戸　078(341)2940 明石　078(360)6056 阪神　06(6412)8030 播磨　079(224)7115 但馬　078(360)8301
奈　良	0742(23)9300
滋　賀	077(511)2225
和歌山	073(422)4580 田辺支部　073(422)5560※ 新宮支部　073(422)5561※ (※休日のみ·留守番電話対応)
愛知県	052(203)1651 岡崎支部　0564(54)9449 豊橋支部　0532(52)5946 半田支部　0569(26)1611 一宮支部　0586(72)8199
三　重	059(224)0999
岐阜県	058(265)0020
福　井	0776(23)5255

弁護士会	電　話　番　号
金　沢	076(222)7570
富山県	076(421)4811 高岡　076(622)0765
広　島	三次地区会　082(222)4915 呉地区　0823(24)6755 尾道地区会　0848(22)4237 福山地区　084(923)1798
山口県	083(922)0087
岡　山	086(223)4401
鳥取県	0857(22)3912
島根県	0852(33)7086
福岡県	福岡　092(733)0333 北九州　093(583)3800 筑後　0942(32)2719 飯塚　0948(28)7555
佐賀県	0952(24)3411
長崎県	095(823)1236 佐世保　0956(22)9404
大分県	097(536)1458
熊本県	090(3661)3133
鹿児島県	099(226)3765
宮崎県	090(3328)3141
沖　縄	098(865)3737
仙　台	022(214)1054
福島県	024(534)2334
山形県	023(622)2234
岩　手	019(651)5095
秋　田	018(862)3770
青森県	017(777)7285
札　幌	011(272)1010
函　館	0138(41)0232
旭　川	0166(51)9527
釧　路	0154(41)0214
香川県	087(822)3693
徳　島	088(652)5768
高　知	088(872)0324
愛　媛	089(941)6279

※日本弁護士連合会資料(2019年4月1日現在)より

〔資料・6〕 ※この基準は平成16年４月に廃止され各弁護士が定めることになりましたが、参考として掲載しています。

弁護士報酬等基準額（日本弁護士連合会会規第38号「報酬等基準規程」による）〈抜粋〉

Ⅰ　法律相談料等

	法律相談料・書面による鑑定料	備考
法律相談	初回市民法律相談料　30分ごとに5000円～１万円の範囲内の一定額 一般法律相談料　30分ごとに5000円以上2.5万円以下	初回市民法律相談　事件単位で個人から受ける初めての法律相談であって、事業に関する相談を除くもの 一般法律相談　初回法律相談以外の法律相談
書面による鑑定	10万円～30万円の範囲内の一定額	＊　事案が特に複雑又は特殊な事情があるときは、弁護士は依頼者と協議のうえ、この額を超える書面による鑑定料を受けることができる

Ⅱ　着手金・報酬金

１　民事事件

事件等	着手金・報酬金	備考
(a)　訴訟事件、非訟事件、家事審判事件、行政審判等事件及び仲裁事件	事件の経済的利益の額が　着手金　報酬金 300万円以下の部分　８％　16％ 300万円を超え3000万円以下の部分　５％　10％ 3000万円を超え３億円以下の部分　３％　６％ ３億円を超える部分　２％　４％ ＊　事件の内容により、それぞれ30％の範囲内で増減額できる ＊　着手金の最低額は10万円。ただし、経済的利益の額が125万円未満の事件の着手金は、事情により10万円以下に減額することができる	＊　同一の弁護士が引き続き上訴事件を受任するときは、着手金を適正妥当な範囲内で減額できる
(b)　調停事件及び示談交渉事件（裁判外の和解交渉）	(a)又は(e)に準ずる ＊　それぞれにより算定された額の３分の２に減額できる ＊　着手金の最低額は10万円（(e)に準ずるときは５万円）。ただし経済的利益の額が125万円未満の事件の着手金は、事情により10万円（(e)に準ずるときは５万円）以下に減額できる	＊　示談交渉事件から引き続き調停事件を受任するとき、示談交渉事件又は調停事件から引き続き訴訟その他の事件を受任するときの着手金は、(a)又は(e)により算定された額の２分の１
(c)　契約締結交渉（示談交渉事件を除く）	事案の経済的利益の額が　着手金　報酬金 300万円以下の部分　２％　４％ 300万円を超え3000万円以下の部分　１％　２％ 3000万円を超え３億円以下の部分　0.5％　１％ ３億円を超える部分　0.3％　0.6％ ＊　事案の内容により、それぞれ30％の範囲内で増減額できる ＊　着手金の最低額は10万円	＊　契約締結に至り報酬金を受けたときは、契約書等の文書を作成した場合でも、その手数料を請求できない
(d)　督促手続事件	事件の経済的利益の額が　着手金 300万円以下の部分　２％ 300万円を超え3000万円以下の部分　１％ 3000万円を超え３億円以下の部分　0.5％ ３億円を超える部分　0.3％ 報酬金　(a)又は(e)により算定された額の２分の１。ただし、依頼者が金銭等の具体的な回収をしたときでなければ請求できない ＊　着手金は事件の内容により、30％の範囲内で増減額できる ＊　着手金の最低額は５万円	＊　督促手続が訴訟に移行したときの着手金は(a)又は(e)により算定された額との差額 ＊　報酬金につき、依頼者の金銭等の具体的な回収の達成のために民事執行事件を受任するときは、弁護士は民事執行事件の着手金として(a)により算定された額の３分の１を、報酬金として４分の１を別に受けることができる
(e)　手形・小切手訴訟事件	事件の経済的利益の額が　着手金　報酬金 300万円以下の部分　４％　８％ 300万円を超え3000万円以下の部分　2.5％　５％ 3000万円を超え３億円以下の部分　1.5％　３％ ３億円を超える部分　１％　２％ ＊　事件の内容により、それぞれ30％の範囲内で増減額できる ＊　着手金の最低額は５万円	＊　手形・小切手訴訟事件が通常訴訟に移行したときの着手金は、(a)と(e)とで算定された額との差額とし、その報酬金は、(a)に準ずる
(f)　離婚事件	離婚事件の内容　着手金及び報酬金 離婚調停事件又は離婚交渉事件　それぞれ20万円から50万円の範囲内の額 離婚訴訟事件　それぞれ30万円から60万円の範囲内の額 ＊　同一弁護士が引き続き上訴事件を受任するときは、着手金を適正妥当な範囲内で減額できる ＊　弁護士は、依頼者と協議のうえ、離婚事件の着手金及び報酬金の額を、依頼者の経済的資力、事案の複雑さ及び事件処理に要する手数の繁簡等を考慮し、適正妥当な範囲内で増減額できる	＊　離婚交渉事件から引き続き離婚調停事件を受任するときの着手金は、離婚調停事件の着手金の額の２分の１ ＊　離婚調停事件から引き続き離婚訴訟事件を受任するときの着手金は、離婚訴訟事件の着手金の額の２分の１ ＊　財産分与、慰謝料など財産給付を伴うときは、弁護士は財産給付の実質的な経済的利益の額を基準として、(a)又は(b)により算定された着手金及び報酬金の額以下の適正妥当な額を加算して請求することができる
(m)　行政上の不服申立事件（行政上の異議申立て、審査請求、再審査請求その他の不服申立事件）	着手金　(a)により算定された額の３分の２ 報酬金　(a)により算定された額の２分の１ ＊　審尋又は口頭審理等を経たときは(a)に準ずる ＊　着手金の最低額は10万円	

〔資料・7〕

公証人手数料

公証人手数料令（平成5年政令第224号）平成5年8月1日施行

	目的の価額	手数料
証書の作成	100万円まで	5,000円
	200万円まで	7,000円
	500万円まで	11,000円
	1,000万円まで	17,000円
	3,000万円まで	23,000円
	5,000万円まで	29,000円
	1億円まで	43,000円
	以下超過額5,000万円までごとに 3億円まで13,000円　10億円まで11,000円　10億円を超えるもの8,000円加算	

その他	私署証書の認証	11,000円 （証書作成手数料の半額が下回るときはその額）	外国文認証は6,000円加算
	会社定款の認証	50,000円	
	確定日付	700円	
	執行文の付与	1,700円	承継等 1,700円加算
	正本等の交付	1枚　250円	
	送達	1,400円	郵便料実費額
	送達証明	250円	
	閲覧	1回　200円	

備考

1．目的の価額の算定例

金銭貸借……貸借金額
売　　買……代金の2倍の額
不動産賃貸借……期間中の賃料総額（ただし10年分まで）の2倍の額
担　　保……債権契約とともにするときは担保物件と債権の額のいずれか少ない額の半額を債権の額に合算して算定
算定不能の場合……価額500万円として算定

2．遺言手数料（遺言を受ける人数によって計算しますので、公証人に相談してください）

目的の価額が1億円まで11,000円加算
遺言の取消しは11,000円（目的の価額の手数料の半額が下回るときはその額）
秘密証書遺言は11,000円

3．建物区分所有法による建物の規約設定手数料

専有部分の個数	10個まで	23,000円
同	10個を超え　50個まで	10個までごとに11,000円加算
同	50個を超え　100個まで	10個までごとに　9,000円加算
同	100個を超えるもの	20個までごとに　6,000円加算

4．事実実験手数料

1時間までごとに11,000円（休日等加算2分の1）
拒絶証書作成は　7,000円（　　同　　）

5．役場外執務（遺言・事実実験・拒絶証書作成等）

日　　当……20,000円（4時間以内10,000円）
交通費……実費額
病床執務手数料……2分の1加算

〔著者紹介〕

石原　豊昭（いしはら　とよあき）

1928年10月山口県に生まれる。中央大学卒業。弁護士（東京弁護士会所属）。三井三池労働争議事件その他暴力金融グループ・株券金融犯罪グループなどの被害者救済で活躍。著書に「訴訟は本人で出来る」「遺言書の正しい書き方・活かし方」「女性のための離婚の本」「遺産分割と紛争解決法」「債権なにがなんでも回収法」「財産相続トラブル解決なんでも事典」（いずれも自由国民社刊）などがある。

山川　直人（やまかわ　なおと）

1962年生まれ。漫画家。

主な単行本に「イラスト六法シリーズ」「マンガ法律の抜け穴③　男と女のバトル篇」（自由国民社）のほか、「コーヒーもう一杯」（KADOKAWA）、「写真屋カフカ」（小学館）、「ハモニカ文庫と詩の漫画」（ちくま文庫）などがある。

〔補訂〕

國部　徹（くにべ　とおる）

1960年12月9日神奈川県生まれ。東京大学卒業。弁護士（東京弁護士会所属）。平成4年弁護士登録、平成10年國部法律事務所開設。

一般民事・家事事件をはじめ、労働事件や倒産事件、刑事事件など日常の事件全般を取り扱う。著書に『図解による労働法のしくみ』（自由国民社）などがある。

［イラスト六法］わかりやすい訴訟のしくみ

1993年12月20日　第1版第1刷発行
2020年4月17日　改訂9版第1刷発行

発行者　伊藤　滋
印刷所　奥村印刷株式会社
製本所　新風製本株式会社
DTP制作　有限会社中央制作社

発行所　株式会社　自由国民社
東京都豊島区高田3－10－11
郵便番号〔171-0033〕　振替　00100-6-189009
TEL.〔営業〕03(6233)0781〔編集〕03(6233)0786
http://www.jiyu.co.jp/